Bayerische Charakterköpfe

Christian Feldmann

Bayerische Charakterköpfe

33 besondere Porträts

Verlag Friedrich Pustet
Regensburg

Bibliografische Information der Deutschen Nationalbibliothek
Die Deutsche Nationalbibliothek verzeichnet diese Publikation in der Deutschen Nationalbibliografie; detaillierte bibliografische Daten sind im Internet über http://dnb.dnb.de abrufbar.

Gutenbergstraße 8 | 93051 Regensburg
Tel. 0941/920220 | verlag@pustet.de

ISBN 978-3-7917-3276-3
Umschlaggestaltung: Maria Seidel, Teising
Satz: Vollnhals Fotosatz, Neustadt a. d. Donau
Druck und Bindung: Friedrich Pustet, Regensburg
Printed in Germany 2021

eISBN 978-3-7917-6205-0 (epub)

Inhalt

„An diesem Volksstamm kannst zerschellen ...!“

Ein Vorwort

„An diesem Volksstamm kannst zerschellen ...!“, klagt der ausgeschmierte Tod im „Brandner Kaspar“ über die Bayern, und der muss es wissen. Denn wer kennt die Menschen besser als der Knochenmann, der um das Schicksal jedes einzelnen weiß?

(Er sagt es übrigens nicht in Franz von Kobells 1871 in den „Fliegenden Blättern“ erschienener hintersinniger Geschichte, sondern erst in der Bühnenbearbeitung von Kobells Ururgroßneffen Kurt Wilhelm für das Münchner Residenztheater 1975. Da ist der Himmel schon fest in bajuwarischer Hand und die Pforte für Preußen verschlossen; „sonst war's ja koa Paradies mehr“.)

Der Stoßseufzer des „Boanlkramers“, wie man den Sensenmann hierzulande lange Zeit plastisch genannt hat („Boanl“ sind Gebeine), könnte zu der irrigen Meinung führen, nur Sturschädel und unbelehrbare Trotzköpfe könnten richtige Bayern sein: Paradeexemplare wie Franz Josef Strauß oder Ruth Drexel, der aufmüpfige Lohnkutscher Franz Xaver Krenkl („Wer ko, der ko!“) oder der politisch unflexible Herzog Tassilo am Beginn der weißblauen Geschichte.

Nun gehören zum bajuwarischen Charakter tatsächlich immer schon das Misstrauen gegen jede Art von Obrigkeit, ein Hang zur Rebellion und ein Hauch von Anarchie. Kraftmenschen, die sich den Schneid nicht abkaufen ließen und sich nicht vor der Macht duckten, hat man hier stets geschätzt – ob es sich nun um den listigen Dorfpfarrer Johann Nepomuk Kleber handelte, der die Nazis mit hinterfotziger Ironie der Lächerlichkeit preisgab, oder um den schneidigen Wilderer Georg Jennerwein, der sich auf das uralte Gewohnheitsrecht der armen Leute berief.

Aber Kraftmensch, Selbstdenker, Charakterkopf – das ist ein Begriff mit vielen Facetten. Schon der „Charakter“ ist doppeldeutig: Ist die ganz besondere Eigenart eines Menschen gemeint, sein Naturell, seine Persönlichkeit? Oder heißt „Charakter“, dass jemand Rückgrat besitzt, Format, Standhaftigkeit, Integrität?

Charakterköpfe müssen keine Helden sein. Auch vordergründig Gescheiterte, tapfer Leidende, verzweifelt sich aus dem Leben Stehlende gehören dazu wie Elly Maldaque, Emerenz Meier, Lena Christ. Leise Rebellen, die ihre Schwäche und Melancholie nicht selten in Kraft verwandeln und uns heute noch inspirieren. Auch versponnene Romantiker wie Ludwig II., der lieber Schlösser bauen als Kriege führen, lieber von Schönheit träumen als intrigante Machtpolitik für eine Dynastie machen wollte.

Und der Autor, ist er überhaupt ein echter Bajuware? Ein Oberpfälzer mit böhmischen Wurzeln bin ich. Biografien von Franzosen und Italienern habe ich geschrieben, von US-amerikanischen Gewerkschafterinnen und jüdischen Talmudgelehrten. Aber am liebsten schreibe ich über meine bayerischen Landsleute.

Einige Gründe dafür finden Sie in diesen Lebensgeschichten.

Regensburg, im Sommer 2021
Christian Feldmann

„Der ehrwürdige, gottesfürchtige und erlauchteste Tassilo, unser verehrter Herzog"
Arbeo von Freising

„Erst Herzog, dann fast König, zum Schluss Mönch"

Warum Tassilo III. (um 741–um 796) so hoch stieg und so tief fiel

Mit seiner sozialen und frauenfreundlichen Gesetzgebung und dem hartnäckig verfochtenen Programm eines politischen Föderalismus habe Herzog Tassilo III. bereits vor mehr als zwölfhundert Jahren den Grund für das neuzeitliche Bayern gelegt. Das behauptete jedenfalls der (oft allzu gewagt spekulierende) Historiker und Journalist Rudolf Reiser 1985 in einem Buch über das Geschlecht der Agilolfinger, dessen bedeutendster Spross Tassilo gewesen ist. Doch der Bayernherzog nahm ein trauriges Ende. 788 steckte ihn der machtlüsterne Frankenkönig Karl mit seiner ganzen Sippschaft in Klosterhaft und zog seine Güter ein. Die Agilolfinger verschwanden aus der Geschichte, und Bayern gehörte jetzt zum Reich.

Im Dunkel hatte die bayerische Geschichte begonnen: mit den Kelten, die hier seit dem fünften vorchristlichen Jahrhundert festummauerte Siedlungen bauten und Handwerk sowie Eisenindustrie zu erstaunlicher Höhe führten. Mit den Römern, die ihre Götter und Mysterienkulte mitbrachten, Obstbäume und Weinbau einführten und ein hervorragendes Straßennetz anlegten. Mit den Bajuwaren, die in mehreren Schüben ins Land kamen – ob aus Böhmen, Ungarn, vom Schwarzen Meer, lässt sich immer noch nicht genau sagen.

Alle diese Volksstämme, Lebensformen und Mentalitäten mischten sich zu einem eigenständigen und eigensinnigen Menschenschlag, der seit dem sechsten nachchristlichen Jahrhundert von den Agilolfingern – dem ersten bekannten deutschen Fürstengeschlecht – beherrscht wurde. Auch deren Herkunft ist ungeklärt. Manche meinen, sie seien aus Burgund gekommen; die Mehrheit der Forscher neigt der These zu, es handle sich um ein fränkisches Geschlecht aus der Merowinger-Dynastie. Die erste ihrer Herzoginnen war eine Langobardin aus Ungarn; sie hatte zwei Ehen mit fränkischen Königen hinter sich, als sie den Agilolfinger Garibald heiratete. Ihr Herrscherhaus drängte die slawischen Nachbarn zurück und betrieb eine ausgedehnte Siedlungs- und Missionierungspolitik.

Chronisten beschrieben Bayern damals als Paradies, „lieblich anzusehen, reich an Hainen", mit jagdbaren Tieren, Wein, Honig, Salz, Gold und Silber gesegnet, wie Arbeo von Freising schwärmte, Bayerns erster Schriftsteller. „Das Erdreich war fruchtbar und brachte üppige Saaten hervor, in Seen und Flüssen gab es Fische in großer Zahl, (...) das Bergland war ergiebig an Obst und bot Weiden und saftiges Gras."

Von Anfang an stand dieses von den Agilolfingern geführte Wunderland in einem vibrierenden Spannungsverhältnis zum aufstrebenden Frankenreich. Zwar hatte der erste Merowinger, Chlodwig, viel für die Missionierung des bayerischen Raums getan, und die althochdeutsch sprechenden Franken zogen die anfangs noch im römischen Sprachgut verhafteten Bayern in ihren kulturellen Bann. Der erste Agilolfingerherzog, Garibald, war mit der Witwe eines Merowingerkönigs verheiratet.

Doch in Garibalds Familie wird bereits der Konflikt deutlich, der am Ende zur Auslöschung seines Geschlechts führte: Seine Tochter Theodolinde ehelichte den Langobardenkönig Autari in Oberitalien; ihre Enkel und Urenkel wurden dort Könige. Zwei Jahrhunderte lang funktionierte die politische Achse Regensburg – Pavia zwischen Bayern und Langobarden. Sehr zur Empörung der Franken, welche die Langobarden als Todfeinde betrachteten, vor allem seit sie den Kirchenstaat bedrohten, für den die Frankenkönige eine (nicht uneigennützige) Schutzfunktion übernommen hatten.

Herzog von Pippins Gnaden

Und nun schob sich dieser unzuverlässige Partner Bayern als störender Pufferstaat zwischen Frankenland, Langobardenreich und Kirchenstaat und drohte sich der Oberherrschaft der Franken zu entziehen. Die bayerischen Emanzipationsgelüste erreichten ihren Höhepunkt mit dem um 741 geborenen Tassilo III. (der Name ist langobardisch und bedeutet vielleicht „kleiner Dachs"). Sein Onkel und Vormund, der fränkische Hausmeier und spätere König Pippin, wachte mit Argusaugen über die Entwicklung des früh zum Waisen gewordenen Tassilo, schickte seine Spitzel an den Agilolfingerhof in Regensburg – das alte Römerlager am nördlichsten Punkt der Donau war zu einer der bedeutendsten Metropolen im Reich geworden – und ließ Tassilo 757 in der Königspfalz von Compiègne den Vasalleneid leisten.

Tragisch: Tassilo III.

In der ersten überlieferten Lehensübertragung der Geschichte wurde Tassilo bayerischer Herzog von fränkischen Gnaden. Nach fränkischem Brauch habe er seine Hände zwischen die von König Pippin gelegt, berichtet der Geschichtsschreiber Einhard von dieser rührenden Szene. Zu diesem Zeitpunkt hatte der kaum fünfzehnjährige Tassilo bereits die ersten Kampfeinsätze an Pippins Seite hinter sich; im italienischen Pavia hatte er ihn und den Papst in Scharmützeln mit den Langobarden unterstützt; deren König Haistulf hatte sich ergeben, Tribut zahlen und Geiseln stellen müssen.

Doch Tassilo war ganz wild darauf, sich – und sein Land – von der Oberherrschaft der Franken zu emanzipieren. Schließlich galt der Lehenseid von Compiègne nur für Aktivitäten außerhalb Bayerns. Tassilo trat gern mit Zepter und Reichsschwert auf, ließ sich als „höchster Fürst und Herzog" anreden und betrieb eine eigenständige, ziemlich fortschrittliche Politik: Auf einer in Dingolfing abgehaltenen Synode, zu der er alle bayerischen Bischöfe und Äbte versammelte, erließ er ein Gesetz, das jeder Frau – zum ersten Mal im Reich – die sofortige Scheidung garantierte, wenn sie ihr Mann vor der Hochzeit über seine Vermögensverhältnisse getäuscht hatte.

Eine Ehefrau, deren Gatte sein Eigentum verlor, wurde in diesem Gesetz außerdem vor dem Verlust ihrer Rechte geschützt. Auch indem er das Eigentum an Grund und Boden genau definierte, sorgte Tassilo für mehr Rechtssicherheit. Die Bildung förderte er, indem er jedem Bischof vorschrieb, eine Domschule – Vorläufer der späteren Universitäten – zu unterhalten. Bischöfen und Äbten schärfte er ein, sich in ihrem Privatleben streng nach den Kirchengesetzen beziehungsweise Ordensregeln zu richten. Auf einer weiteren Synode in Neuching bei München, in der Nähe von Erding, erleichterte Tassilo das Los der Sklaven, die es damals auch noch in Bayern gab.

Seine Klostergründungen dienten der Förderung von Glauben und Kultur gleichermaßen. Das erste Projekt ist vermutlich die Abtei Benediktbeuern am Fuß der Benediktenwand gewesen, die schnell durch eine hervorragende Predigtsammlung berühmt wurde. Die ersten Äbte hatten eine rührige Schwester, Gailswind, die in der Nähe das Frauenkloster Kochel errichtete und als Äbtissin zur Blüte führte. Innichen im Pustertal, Polling, Thierhaupten gehen auf Tassilo zurück, Gars am Inn und Metten in Niederbayern, vor allem aber Wessobrunn (wo eine Tassilo-Linde an ihn erinnert und an seinen Jäger Wezzo, der hier eine heilkräftige Quelle entdeckt haben soll) und Kremsmünster, das als Stützpunkt der Mission nach Osten gedacht war. Hier hütet man heute noch den kostbaren „Tassilokelch", den englische Goldschmiedemeister zwischen 764 und 768 für seine Hochzeit mit der Langobardin Liutbirga gefertigt haben. Der Abendmahlskelch zeigt Christus, die vier Evangelisten und (vermutlich) Johannes den Täufer, den gemeinsamen Patron der bayerischen und langobardischen Herrscherhäuser – und die Inschrift „Tassilo dux fortis – Liutpirc virgo regalis, Tassilo, der starke Herzog, und Liutbirga, die königliche Jungfrau".

> „In Gottes Namen, ich, Tassilo, Herzog der Bayern, schenke und übergebe von dem Gedanken an Gottes Barmherzigkeit und die ewige Seligkeit durchdrungen, mit starker Hand und unter Zustimmung der Mächtigsten aus Bayern, den Ort India, der im Volksmund Gelau heißt, dem Abt Atto (...) zu Bau und Unterhalt eines Klosters; vom Taistnerbach bis zur Slawengrenze, das heißt zum Erlbach, schenke ich alles ganz und gar, Gefilde und Gebirge, Weide und Jagd, Moos und Au, was immer zu diesem Ort gehört, sodass kein Mensch in Zukunft sich unterfangen soll, unter was für einem Vorwand oder Anspruch auch immer, diesen Ort und seine Bewohner (...) zu beunruhigen. Darum habe ich eigenmächtig, so gut ich konnte, in Gegenwart meiner Richter und Vornehmsten, den Anfang der Buchstaben dieser Handschrift nachgebildet. Wir wissen auch, dass diese Gegend seit alter Zeit öd und unbewohnt ist, darum habe ich das demütige Bitten erhört und damit das ungläubige Volk der Slawen auf den Weg der Wahrheit geführt werde. Geschehen in Bozen, bei der Rückkehr aus Italien."
> **Klostergründungsurkunde für Innichen im Pustertal, 769**

Kremsmünster erinnert allerdings auch an einen ersten schweren Schicksalsschlag in Tassilos tragischem Leben: Gemeinsam mit seinem Sohn Gunther soll er dort im Gebiet der Enns gejagt haben; Gunther hatte es auf einen mächtigen Eber abgesehen, den er in einem wütenden Zweikampf erlegte. Doch das Wildschwein hatte ihn so schwer verletzt, dass er verblutete. Gunthers treuer Hund führte den Vater zur Leiche, und der soll so erschüttert gewesen sein, dass er spontan hier ein Kloster zu errichten versprach. Tatsächlich birgt die Klosterkirche einen wunderschönen, ein halbes Jahrtausend später gestalteten Epitaph für Sohn Gunther.

Gescheiterte Friedensinitiative

Zu einem ersten Affront war es gekommen, als Tassilo 763 seinen Onkel Pippin bei dessen Feldzug gegen die an der Loire siedelnden Aquitanier unterstützen musste – die peinlicherweise mit Tassilos Vater verbündet waren – und mitten im Krieg das Schlachtfeld mit seinen Truppen verließ. Glatte Fahnenflucht, obwohl er sich darauf berufen konnte, dass daheim an der bayerischen Ostgrenze wieder einmal Attacken der Awaren drohten. Pippin plante einen Rachefeldzug, Tassilo bat den Papst um Vermittlung, Pippins plötzlicher Tod löste das Problem – scheinbar.

Tassilo schloss ein Bündnis mit den Langobarden, heiratete deren Prinzessin – und schöpfte Hoffnung, als sein Cousin Karl (der spätere Karl der Große), Pippins Sohn, eine Schwester Liutbirgas zur Frau nahm und Pippins Witwe Bertrada die Aussöhnung zwischen Franken und Langobarden betrieb. Bertrada, Tassilos Tante, stattete ihm in seiner Regensburger Herzogspfalz einen Besuch ab und wurde herzlich empfangen. Doch Karls Bruder Karlmann und der die Langobarden wie den Teufel fürchtende Papst machten die Friedensinitiative zunichte, es gab neue Feldzüge, heimtückische Morde.

Der auf Unabhängigkeit bedachte Bayernherzog geriet immer stärker ins Visier der misstrauischen fränkischen Führung. Es half ihm wenig, dass er den Aufstand der Osttiroler Karantanen im Auftrag Karls bravourös niedergeschlagen hatte und von begeisterten Klosterchronisten mit Kaiser Konstantin verglichen worden war. 781 wurde er vor die Reichsversammlung in Worms geladen, wo er seinen Vasalleneid erneuern musste. Als er auch noch unter den bayerischen Adeligen und Bischöfen auf zunehmende Opposition stieß, suchte Tassilo in Panik und völliger Verkennung der politischen Realitäten den Schulterschluss mit den Hunnen, den Todfeinden des fränkischen Reiches. Damit war sein Schicksal besiegelt. Karl – der sich jetzt etwas angeberisch „König der Franken und

Langobarden" nannte – rüstete zum Krieg gegen Bayern. Tassilo flehte ihn um Gnade an, bekam Verzeihung gewährt, unter demütigenden Bedingungen, er musste Karl die Füße küssen und ihm sein Zepter überreichen – und schon nahm er erneut Verhandlungen mit den Hunnen auf. Obwohl er Karl zwölf Geiseln gestellt hatte, darunter seinen eigenen Sohn.

788 wurde er auf der Reichsversammlung von Ingelheim entwaffnet, verhaftet und wegen des Bündnisses mit den Reichsfeinden und der ein Vierteljahrhundert zurückliegenden Fahnenflucht zum Tod verurteilt; die wütendsten Ankläger gehörten dem bayerischen Adel an, der sich bei König und Papst einschmeicheln wollte. Karl wandelte die Todesstrafe generös in dauernde Klosterhaft um und verbannte den Herzog zunächst nach St. Goar und dann nach Jumièges an der Seine. Auch Liutbirga und Tassilos vier Söhne und Töchter verschwanden für immer hinter Klostermauern, in Trier, in Chelles, in Laôn, damit sie keinen Kontakt miteinander aufnehmen konnten.

Nach 792 ist Tassilo gestorben, angeblich im Kloster Lorsch an der Bergstraße. Seine Bayern liebten ihn bis zuletzt, trotzig tauften sie ihre Kinder auf die Namen der Verbannten. Tassilos Standbild in seiner stolzen Gründung Kremsmünster trägt die melancholische Inschrift: „Tassilo, zuerst Herzog, dann fast König, zum Schluss Mönch."

„Herr Papst, wärt Ihr hier,
ich getraute mich wohl, Euch zu sagen ...“

Ein feuriger Elias

Warum der nicht sehr bibelfeste Bruder Berthold von Regensburg (um 1210–1272) zu einem der besten Volksprediger des Mittelalters wurde

Er war der prominenteste deutsche Volksprediger des Mittelalters. Einen „feurigen Elias“ nannte man ihn oder die „leuchtende Fackel“. Wo er auftauchte, strömten die Menschen in Scharen zusammen. Der Bauer ließ die Ochsen vor dem Pflug stehen und der Metzger seine Schinken unter dem Rauchfang liegen. „Seit den Aposteln bis auf unsere Tage“ sei ihm niemand gleichgekommen, zumindest in deutschen Landen, schwärmt der italienische Geschichtsschreiber Salimbene de Adam in seiner nach 1280 entstandenen sehr unterhaltsamen Chronik:

„Wenn er über das Jüngste Gericht predigte, da zitterten alle so, wie die Binse zittert im Wasser. Und sie baten ihn um Gottes willen, über dieses Thema nicht zu predigen, weil sie fürchterlich und schrecklich Not litten, wenn sie ihn anhörten.“

Dass Kirchen und Basiliken Bertholds Publikum nicht fassen konnten, dass er auf Baumkanzeln und Holzgerüsten reden musste, ist gut bezeugt – ebenso wie die massive Erschütterung, die diese Ansprachen auslösten. Hartgesottene Sünder bekehrten sich, erbitterte Feinde fielen einander weinend in die Arme, Patrizierinnen und Edelhuren trennten sich von ihren Juwelen. Das zumindest hatte der Wanderprediger Berthold mit seinem großen Vorbild, dem durch Galiläa ziehenden Rabbi Jesus, gemeinsam: Beide veränderten nicht unbedingt die Welt, aber die Lebensläufe einzelner Menschen, und zwar radikal.

Franziskus und die Arroganz der Gelehrten

Bertholds Geburtsdatum liegt irgendwann zwischen 1200 und 1210; es sind die Jahre, in denen Franziskus durch Umbrien wandert und seine Kirche einlädt, dem armen Christus wieder mehr zu vertrauen als der Herrschaftssicherung durch Besitz und Waffen. Wo Berthold zur Welt kam, wissen wir nicht, manche nehmen an, in Regensburg. Familienname, Elternhaus, Beruf des Vaters: unbekannt. Um 1226, zwei Jahre nach dem Tod des bezaubernden Francesco von Assisi, soll er in dessen Orden eingetreten sein, in Regensburg vermutlich.

Charismatisch: Bruder Berthold von Regensburg

Damals hatten die Franziskaner hier gerade vom Bischof Konrad ein altes Kirchlein und ein Wohnhaus geschenkt bekommen und eine ihrer ersten deutschen Niederlassungen gegründet. Das Volk nannte die ohne Schuhe durch die Straßen eilenden Mönche respektlos „Barfüßer". Sie selbst bezeichneten sich etwas seriöser als Minoriten, „mindere Brüder".

Seine Ausbildung absolvierte Berthold wohl in Magdeburg, wo die Franziskaner ein sehr anspruchsvolles Studienzentrum für Philosophie und Theologie aufbauten. Die so schlicht auftretenden Minderbrüder hatten nämlich vor, sich auf Predigt und Seelsorge in den Städten zu spezialisieren. Francesco selbst freilich hatte die Arroganz der Gelehrten wie die Pest gefürchtet.

Berthold jedenfalls erwarb sich ein solides Wissen, das zeigen die Anspielungen in seinen späteren Predigten. Wahrscheinlich ging er in Magdeburg bei dem hochgebildeten Engländer Bartholomaeus

Anglicus in die Schule, der Naturwissenschaft und Astronomie streng sachlich vermittelte, ohne die damals üblichen weitschweifigen Allegorien.

Dort in Magdeburg hat Berthold möglicherweise einige Jahre als Lektor gewirkt, bevor er zu predigen begann. 1246 wird er als Visitator des Regensburger Damenstifts Niedermünster erwähnt: Die vornehmen Fräulein lebten hier zwar nach der Regel des heiligen Benedikt; deren Strenge war aber durch eine Menge Freiheiten gelockert, und die kirchliche Obrigkeit fand es angebracht, von Zeit zu Zeit nach dem Rechten zu sehen. Berthold als Klostervisitator – das setzt voraus, dass er ein erfahrener Ordensmann von untadeligem Ruf war und von der Bistumsleitung geschätzt wurde.

„Habgieriger, wie gefällt dir das?"

Von jetzt an beginnen die Quellen zu fließen. Wir wissen, dass Berthold zwischen 1250 und 1265 rastlos unterwegs war. In Niederbayern, in Speyer, Pforzheim und Augsburg hat er gepredigt, im Elsass und in der Schweiz, in Österreich, Böhmen und Schlesien, Thüringen und Ungarn. Es war die „kaiserlose, schreckliche Zeit" des Interregnums, als Bürgerkrieg, Faustrecht und Straßenraub die Szene beherrschten. Fürsten und Adelige bekämpften sich auf Kosten der unteren Schichten, eine korrupte Justiz bot keinen Schutz. Doch auch eine frisch aufgebrochene religiöse Sehnsucht gehört zur Epoche, mit Alternativmodellen zur machtverkrusteten Kirche in neuen Frömmigkeitsformen und Gemeinschaften – und mit Aberglauben, Wundersucht und wilden apokalyptischen Ängsten.

Bertholds Namen scheint man bald in halb Europa gekannt zu haben. Er predigte meist im Freien, von der Stadtmauer oder von einem hölzernen Turm herunter. Salimbene de Adam: „Auf dessen Spitze wurde eine Fahne aufgepflanzt, um festzustellen, aus welcher Richtung der Wind wehte und wohin das Volk sich setzen sollte, um am besten zu hören." Bisweilen sind es solche technischen Details, die den begnadeten Redner verraten.

Wenn Berthold oben auf seiner Linde oder seinem Holzturm wie auf einer Kanzel stand und das Volk sich auf einer weiten Wiese ringsum lagerte, hatte er die schönste Kulisse für seine breit ausgemalten Gleichnisse. Die furchterregende Begegnung mit dem Satan schilderte er, als entwerfe er ein Bühnenbild:

„Und wäre es so, dass man den Teufel möchte sehen mit fleischlichen Augen, dass man vor Grauen nicht stürbe, und dass er jetzt dort her ginge aus dem Wald, und es stünde hier vor uns ein glühender Ofen, es gäbe das allergrößte Gedränge in den glühenden Ofen, das die Welt je sah ...!"

Bertholds Predigten müssen eine unglaubliche Suggestivkraft entfaltet haben – was sicher vor allem an ihrer Drastik und ihrem Bilderreichtum lag. Gebannt lauschten die Zuhörer, wenn Berthold sich über die scheinbar frommen Anstrengungen eines notorischen Geizhalses lustig machte und dabei die feine Ironie Schritt für Schritt mit wütender Anklage vertauschte. Er soll nur das Kreuz nehmen und ins Heilige Land pilgern, der Geizkragen, es wird ihm nichts nützen:

„So nimm das Kreuz, welches der Papst gibt, und nimm dazu das Kreuz, an dem der gute Schächer hing, und nimm des Sankt Andreas Kreuz und Sankt Peters Kreuz – das sind alles gar gute Kreuze – und dazu nimm das Kreuz, an welchem Gott als Mensch selbst starb, und führe die Kreuze alle übers Meer und erschlage Heiden und Tataren, und lass dich im Dienste Gottes erschlagen, und lass dich in das Grab legen, in welchem Gott selbst lag, und lass auf dich legen die heiligen Kreuze allesamt, und lass Gott selbst und Sankt Maria und die vier Evangelisten und die heiligen Apostel zu deinen Füßen und zu deinem Haupt stehen und alle Gottes Heiligen neben dir, und nimm den heiligen Leib Gottes in deinen Mund, und du bist nur acht Pfennige schuldig, die hast du als unrechtes Gut, und du weißt wohl, wem du sie schuldig bist, und magst sie nicht zurückerstatten und wiedergeben: Ihr Teufel, kommt her im Namen des Vaters und des Sohnes und des Heiligen Geistes, und zerrt ihm seine Seele aus dem Leib und führt sie in die ewige Marter, wo dir nimmermehr Rat wird. Sieh, Habgieriger, wie gefällt dir das?"

Woher bezogen diese Predigten ihr Charisma? Von Ohnmachten und lauten Schuldbekenntnissen berichten die Chronisten, manchmal klingt es nach einem Ausbruch von Massenhysterie. Todfeinde versöhnten sich – wie lange der Friede anhielt, wissen wir natürlich nicht –, Diebe und Raubritter brachten zurück, was sie gestohlen hatten. Als Berthold 1256 im schweizerischen Graubünden über Habgier und Machtmissbrauch sprach, soll er den Ritter Albert von Sax so beeindruckt haben, dass der dem Kloster Pfäfers das Schloss Wartenstein zurückgab, welches er sich widerrechtlich angeeignet hatte.

Manche Notizen in den alten Chroniken lesen sich wie Szenen einer Seifenoper: Da steht mitten in so einer donnernden Moralpredigt eine Frau auf, die für ihren lockeren Lebenswandel bekannt ist, beginnt hemmungslos zu schluchzen und gelobt, auf der Stelle ein neues Leben zu beginnen. Der Franziskaner, der wohl weiß, dass gute Vorsätze nicht immer lange halten, packt die Gelegenheit beim Schopf. Er fragt in die Runde, wer die bekehrte Sünderin zum Weib nehmen wolle. Tatsächlich meldet sich ein Bräutigam, und noch bevor die Predigt beendet ist, hat man unter der begeisterten Zuhörerschaft zehn Pfund Silberpfennige als Mitgift gesammelt.

Virtuoser Erzähler

Bruder Berthold, der Wundermann, hat auch keine bessere Predigttechnik als die übrigen Bettelmönche. Theologisch ist er ganz gut beschlagen, aber die Bibel zitiert er oft schlampig oder schlicht falsch, er wirft Personen und Fakten durcheinander oder dichtet nach eigenem Gusto dazu. Worin liegt dann das Geheimnis seines durchschlagenden Erfolgs?

Es ist das unnachahmliche persönliche Flair seiner Rede. Es ist die Farbe seiner Bilder, die lebendige Kraft seiner Sprache, die Anschaulichkeit seiner Gleichnisse. Es ist die Virtuosität, womit er eine bunte Vielfalt von Stilmitteln zu bändigen weiß, mit Fantasie, Humor, Lust am Erzählen, nicht ohne boshaften Sarkasmus, manchmal derb, dann wieder charmant, zart lockend und plötzlich in ein Donnerwetter ausbrechend, nicht jedes Mal tiefschürfend in seinen Gedanken, aber immer interessant, häufig von epischer Breite, aber nie langweilig.

Schon die Überschriften, die Bertholds Predigten in den ältesten Sammlungen tragen, machen neugierig: „Von sechs Mördern." – „Von zehn Chören der Engel und der Christenheit." – „Von zwölf Junkern des Teufels." Titel wie Schlagzeilen. „Von des Leibes Siechtum und dem Tod der Seele." – „Von rufenden Sünden." – „Von achterlei Speise im Himmelreich." Die Methode, den Predigtinhalt eingängig aufzulisten, teilt Berthold mit vielen Volkspredigern des Mittelalters bis hin zu Martin Luther.

Langweilig wird dieses Aufzählen nie. Wie ein geschickter Dramaturg beherrscht Berthold den Wechsel von behäbigen Schilderungen und stoßweisen Attacken, reiht er zauberhafte Bilder und Schreckensvisionen aneinander, inszeniert er von der Kanzel herab spannende Dialoge. Er kündigt an, etwas enorm Wichtiges sagen zu wollen, zögert den entscheidenden Satz dann aber so geschickt hinaus, dass sein Publikum bloß noch atemlos auf die erlösende Information wartet.

Berthold arbeitet mit Übertreibungen und grellen Kontrastwirkungen, er führt auf seiner Baumkanzel komplette kleine Dramen auf wie in seiner Predigt vom Jüngsten Gericht: Da lässt er einen eben Gestorbenen auftreten und die Qual des Sterbens beschreiben, die Teufel debattieren am Totenbett über ihren Anspruch auf die Seele, und Gott selbst fordert den armen Sünder zur Rechenschaft auf, was der Prediger wiederum mit beschwörenden Mahnungen an die Zuhörer kommentiert. Berthold-Experten sind sicher, dass er solche Reden wie ein Schauspieler vorgetragen hat, die einzelnen Rollen mit unterschiedlichen Stimmlagen und dramatischen Gesten verkörpernd.

„Mancher läuft hin nach (Santiago de) Compostela zu Sankt Jakob (...). Nun, was findest du in Compostela? Da findest du Sankt Jakobs Haupt. Das ist sehr gut; doch ist es ein toter Schädel, der bessere Teil ist im Himmel. Nun, was findest du hier zu Hause bei deinem Hofzaun? Wenn du morgens in die Kirche gehst, dann findest du den wirklichen Gott!"

Und dann diese Fülle von Bildern! Wunderschön illustriert Berthold den Glaubenssatz von der Auferstehung der Toten: „In der Auferstehung wird die Seele einen Leib haben, lichter als der Sonnenschein, schneller als der Augenblick, beweglicher als die Luft."

Die ziemlich abstrakte Lehre von der Dreifaltigkeit erklärt er so, dass ja auch Friedrich II. gleichzeitig römischer Kaiser, König von Deutschland und Herzog von Schwaben sei, ein und derselbe Mensch, der lediglich verschiedene Funktionen ausübe. Genauso seien Vater, Sohn und Heiliger Geist nicht drei Götter, sondern ein einziger Gott.

Und dann geht die Kanzelrede auf einmal in ein fast intimes Zwiegespräch mit einem armen Sünder über, der Franziskaner greift fiktive Einwände auf, stellt kritische Fragen und gibt sogleich selbst die Antwort, oder er wendet sich direkt an irgendeine Gestalt aus der Bibel oder ruft die Engel oder auch die Teufel zu Zeugen an. Er kann sanft schmeicheln, besonders wenn er die Frauen anspricht, die gewiss lieber beten als die Männer – und er kann dreinfahren wie ein Fuhrknecht: „Pfui Kupplerin, du Lockpfeife des Teufels, damit er manche Seele fängt!" – „Pfui Fresser!" – „Pfui Geizhals, wie hart dein Amen vor Gottes Ohren, wie Hundegebell!"

Anders als viele todernste Bußprediger seiner Epoche verfügt Bruder Berthold über einen bärbeißigen Humor. Die triviale Vorstellung, Gott sitze in seliger Muße droben im Himmel und lasse die Beine auf die Erde herunterbaumeln, pariert er mit dem Seufzer: „O weh, lieber Gott, da müsstest du lange Hosen haben!" Den alten Leuten wirft er gern an den Kopf, sie sollten sich bloß nichts einbilden auf ihre Tugendhaftigkeit; zu Sünden wider die Keuschheit seien sie schlicht nicht mehr rüstig genug: „Ihr altes Gebein hat ausgehüpft, und jetzt denken sie daran, was sie in der Dummheit getan haben, und bereuen es oft mehr, als billig und ziemlich wäre."

Warum gibt es so viele Arme?

Mit seiner Realistik, seinem aufmerksamen Blick für die Alltagswelt erhebt sich der Prediger Berthold weit über den Durchschnitt seiner

Kollegen, die sich in der Regel auf das saft- und kraftlose Herbeten der Kirchenväter beschränkten. Darum waren die Germanisten um Jacob Grimm hell begeistert, als sie diese frische, unverwechselbare Stimme vor zweihundert Jahren wiederentdeckten.

Umso größer der Schock, als sich Bertholds Prosa als Produkt irgendwelcher anonymer Bearbeiter entpuppte. Die hatten aus den überlieferten lateinischen Predigtfassungen deutsche Übersetzungen gefertigt – mit den Eigenmächtigkeiten und Unschärfen, die zu erwarten sind, wenn von einem mittelalterlichen Wanderprediger lediglich verstreute Redensammlungen existieren, und wenn er selbst sich über schlampige Nachschriften beschwert, aber keine autorisierte, letztgültige Ausgabe vorgelegt hat. Man weiß außerdem, dass er mit Vorliebe improvisierte und sich keineswegs an die eigenen Entwürfe hielt. Die 263 über Europa verstreuten Handschriften mit seinen lateinischen Predigten sind Rekonstruktionen, und die deutschen Sammlungen sind wiederum nachträgliche Bearbeitungen dieser Rekonstruktionen.

Sei's drum, Bruder Bertholds Botschaft ist zeitlos: Christsein, wie er es in seiner von Gewalt und Unrecht geprägten Epoche versteht, ist eine sehr praktische Sache. Reue und Buße müssen Folgen haben, auch soziale. Die Entscheidung für Christus muss das alltägliche Leben verändern, sonst bleibt sie fromme Heuchelei. Wobei Berthold keineswegs nur mit der Hölle droht, sondern eindringlich Gottes leidenschaftliche Liebe zu den Menschenkindern verkündet. Statt ihn ebenso stürmisch wiederzulieben und den Himmel erobern zu wollen, geben die sich aber mit dem bequemsten Weg zufrieden: „Lehre uns, wie wir gemächlich in das Himmelreich kommen!", mokiert er sich über seine trägen Zuhörer und vergleicht sie mit Kriechtieren.

Wozu ist der Mensch denn auf der Welt? Um Gott lieb zu haben und seine Seele zu bewahren. Barmherzig sollen sie miteinander umgehen, seine Zuhörer. Ein Ehemann darf seine Frau nicht einfach beschimpfen und verprügeln, weil sie ihm untertan zu sein habe, „denn sie hat Gott in ihrem Herzen und deshalb soll sie dir gleich sein." Und nur deshalb gibt es so viele Arme, weil die Reichen prassen und saufen und im Luxus leben wollen.

Den Umsturz predigt Berthold nicht – wer tat das damals schon? Aber eine Bekehrung, die auch die Spitzen der Gesellschaft und der kirchlichen Hierarchie nicht ausspart. Seine ungeheure Popularität ermöglicht es dem Franziskaner, dem Kaiser und den Fürsten, den hohen Prälaten und dem Papst in Rom einen Spiegel vorzuhalten. „Herr Papst, wärt Ihr hier ...!", pflegt er solche Standpauken zu beginnen. „Herr Papst, wärt Ihr hier, ich getraute mich wohl, Euch zu sagen: Alle die Seelen, die Ihr dem allmächtigen Gott zugrunde richtet oder die durch Eure Schuld verloren gehen, sofern Ihr's abwenden solltet und könntet, die müsst Ihr Gott erstatten zu Eurem großen Schaden."

Was die Päpste nicht daran hindert, Berthold mit so heiklen Aufgaben zu betrauen wie der Kreuzzugspredigt gegen die Waldenser. Die gelten als Ketzer, weil sie eine arme Kirche ohne Hierarchie fordern, den Kriegsdienst ablehnen, Frauen predigen lassen und den Ablass ebenso überflüssig finden wie die Heiligenverehrung. Der Auftrag ist deshalb so heikel, weil er für eine Sache werben soll, an die er selbst nicht glaubt, schlimmer noch: die ihm zuwider ist. Denn für ihn grenzen die von Päpsten und Theologen hochgepriesenen Kreuzzüge an Mord.

„Pfui, Bluttrinker, wo ist dein Bruder?", hat er den ersten Kreuzrittern zugerufen. Jetzt muss er der Kirchenführung gehorsam sein und Zwang und Gewalt im Namen Gottes legitimieren. Nach eineinhalb Jahren, in Rom ist gerade der Papst gestorben, stellt man ihn endlich von der ungeliebten Aufgabe frei. Als Ratgeber und Schlichter bei Familienstreitigkeiten und politischen Konflikten hat er genug zu tun.

Im Dezember 1272 stirbt Bruder Berthold im Regensburger Minoritenkloster. Seine Gebeine befinden sich im Regensburger Dom, in der Bischofsgruft.

„Gott leitet die Naturdinge durch natürliche Ursachen"

Pionier der mündigen Welt

Warum die Regensburger den Wandermönch Albertus Magnus (um 1200–1280) nicht als Bischof haben wollten

Eigentlich war der gelehrte Mönch Albert aus dem 13. Jahrhundert ein ganz moderner Mensch: Er wollte Christ sein ohne Berührungsängste gegenüber fremden Weltbildern. Er konnte Ideen, die zunächst nicht christlich gewesen waren, dankbar aufnehmen und in seine gläubige Weltsicht integrieren. Leidenschaftlich bemühte er sich darum, Frömmigkeit und kritisches Denken zu verbinden, Treue zur Erde und Liebe zum Himmel. Denn auch die Vernunft hielt er für ein Geschenk Gottes, und seine Spuren entdeckte er überall in der Schöpfung.

Merkwürdig, dass ausgerechnet dieser Beamtensohn aus der tiefsten Provinz eine Pioniergestalt der abendländischen Geistesgeschichte werden sollte! Aufgewachsen ist er in der schwäbischen Kleinstadt Lauingen. Bauern, Winzer, Fischer waren seine Freunde. Über seine Schulbildung wissen wir nichts. Albert stand bereits im vierten Lebensjahrzehnt, da tauchte er plötzlich in den Studentenlisten der italienischen Universität Padua auf.

Ein Examen legte er dort nicht ab, aber er kam in Padua in Kontakt mit den Dominikanern, damals ein Bettelorden, der auf die Predigt spezialisiert war und seinen Leuten deshalb ein theologisches Studium zur Pflicht machte. Die Dominikaner schickten den schon etwas angegrauten Schwaben als Studenten nach Köln. Ein paar Jahre später unterrichtete er bereits, publizierte erste Schriften und bildete in Straßburg den Ordensnachwuchs aus.

Als Lehrer muss er so faszinierend gewesen sein, dass ihn sein Orden um 1244 als ersten deutschen Professor an die berühmte Universität Paris sandte. Der größte Hörsaal war hoffnungslos überfüllt, wenn „Albert der Deutsche“ Vorlesung hielt. Man bewunderte seine verwegene Vorliebe für Aristoteles: Erst kürzlich hatte eine Synode in Paris das Studium von dessen naturphilosophischen Schriften verboten.

Albert ließ sich davon nicht abschrecken. Zu viel, meinte er, war von dem genialen Heiden zu lernen. Er war sich seines Glaubens so sicher, dass er keine Angst vor dem Dialog hatte. Man musste eben genau unterscheiden, was die Vernunft ergründen kann und was man aus Vertrauen auf die Wahrheit Gottes schlicht und einfach glauben muss. Albert: „Zwar handeln Glauben und Wissen vom gleichen Gegenstand, jedoch nicht in der gleichen Hinsicht, und daher entleert das eine das andere nicht.“

Gottes „Verstandeslicht“ erhellt die Welt

Natürlich geht es in der Theologie um mehr als um Erkennen und Wissen. Es geht um das letzte Glück des Menschen, um die Leidenschaft für Gott, die Verstand und Willen mitreißt. Aber lieben kann man nur, was man kennt. Darum nimmt Albert die Ansätze begeistert auf, mit denen der große Aristoteles bereits von einer mündigen Welt spricht und von der Eigengesetzlichkeit der Naturvorgänge.

Als Albert beschloss, sein Bild von der Welt nicht auf das Studium antiker Gewährsleute zu gründen, sondern auf die eigene Erfahrung, setzte er sich damit in Gegensatz zu allen Naturkundigen seiner Zeit. „Das Experiment allein gibt Gewissheit“, hieß sein Motto. „Ein Grundsatz, der vom praktischen Versuch nicht bestätigt wird, ist kein Grundsatz.“ Und: „Es ist nicht genug, zu sagen, das geschieht durch ein Wunder. Wir müssen Rechenschaft geben!“

Deshalb war sich der gefeierte Professor Albert nicht zu schade, eigenhändig das Auge eines Maulwurfs zu sezieren oder durch eigene Geschmackstests herauszufinden, wo der Saft der Bäume am bittersten ist: in der Wurzel nämlich. Deshalb unternahm er ausgedehnte Studienreisen, um in Bergwerken Metalle zu analysieren. In einer Zeit, als den Menschen die ungerodete Natur noch als finstere Bedrohung erschien, staunte Albert, der prächtigste Dom sei im Vergleich zu einem majestätischen Tannenwald doch nur ein wüster Steinhaufen.

„Gott ist in der Welt durch Zeichen seiner Gegenwart. Da nämlich der Schöpfer kraft Vernunft und Verstand alles schuf, ist er in der Welt, weil er darin Zeichen seines Verstandeslichtes zurückgelassen hat."

Die Liebe zur Erde trieb ihm nicht die Sehnsucht nach dem Himmel aus – im Gegenteil. Das eigentliche Wunder war ihm nicht ein spektakuläres Eingreifen Gottes in die natürlichen Abläufe, sondern das ganz alltägliche Funktionieren der Natur nach den sinnvollen Gesetzen, die der Schöpfer in sie hineingelegt hat und die von der menschlichen Vernunft zu erforschen sind.

„Der erhabene Gott regiert die Naturdinge und leitet sie durch natürliche Ursachen, und diese suchen wir hier, weil wir die göttlichen – uns nicht so nahe – nicht so leicht finden können."

Die Natur erhält ihren eigenen Wert zurück – und wird damit entzaubert. Die Menschen haben sie gefürchtet und zum Geisterreich erklärt; jetzt dürfen sie die Natur als Kreatur Gottes, des einzigen Herrn über alle Dinge, bewundern und lieben. Ein Leben lang hat Albert seine Umwelt mit einer fast besessenen Leidenschaft beobachtet. Auch noch, als er in Köln die erste deutsche Hochschule aufbaute und bald darauf zum Provinzial der deutschen Dominikaner gewählt wurde.

Albertus war damals schon ein Sechziger, aber wie ein Wandermönch zog er von Kloster zu Kloster, durch halb Europa: Polen, Frankreich, die Schweiz, die Niederlande, immer zu Fuß. Auf Landstraßen und Ackerwegen, an Flussufern und Meeresstränden machte er epochale Beobachtungen. Als erster Zoologe beschrieb er den Zug der Krähen und die Lebensgewohnheiten von Wiesel, Marder und

Haselmaus. Er wusste, dass Spechte von Larven leben, die sie aus der Baumrinde heraushacken, und dass der Uhu eine seiner Zehen nach Lust und Laune vor- und rückwärts bewegen kann. Eigenhändig untersuchte Meister Albert das Verdauungssystem der Bienen; er entdeckte den Bauchnervenstrang bei den Insekten.

Gelehrtes Genie und armer Bettelmönch

Doch „will man fragen nach den tiefsten Geheimnissen Gottes", mahnte er seine Professorenkollegen, „so frage man nach dem ärmsten Menschen, der mit Freude arm ist aus Liebe zu Gott; der weiß von den Geheimnissen Gottes mehr als der weiseste Gelehrte." Ein Mensch, der seinem Nächsten in seinem Leid zu Hilfe komme, soll Albert einmal gesagt haben, handle besser als jemand, der auf dem Pilgerweg von Schwaben bis Rom bei jedem Meilenstein ein Münster aus reinem Gold errichten würde. Denn Jesus Christus sei nicht um einer Kathedrale willen gestorben, sondern für den Menschen.

Fromm wie ein Kind, bedürfnislos wie ein Eremit, lebte der international geschätzte Wissenschaftspionier das arme Leben eines Bettelmönchs. Unerbittlich kämpfte er gegen klerikale Machtpolitik und Habgier. Einem Kölner Prälaten, der ihm stolz berichtete, die römische Kurie habe ihm den Besitz mehrerer einträglicher Pfründen gleichzeitig erlaubt, entgegnete er sarkastisch: „Jawohl, jetzt könnt Ihr mit Erlaubnis zur Hölle fahren!" Im Dominikanerorden setzte der Provinzial Albertus sehr schmerzhafte Konkretisierungen des Armutsgelübdes durch.

Auf seine Initiative beschloss das Ordenskapitel, Dominikaner müssten in Zukunft beim Reisen auf einen Wagen verzichten und dürften sich ohne triftigen Grund auch nicht von einem Wagen mitnehmen lassen. Führende Ordensmitglieder, die gegen das Armutsgebot verstießen, wurden unnachsichtig bestraft oder sogar abgesetzt. Albert ging selbst mit gutem Beispiel voran: Seine Reisen durch Europa machte er grundsätzlich zu Fuß, unter härtesten Bedingungen, in sommerlicher Gluthitze, bei Eis und Schnee, ein armer Wandermönch.

Und das Verblüffendste: In den Marschpausen legte sich der erschöpfte Wanderer nicht etwa auf die faule Haut. Für ihn war das die Mußezeit zum Schreiben seiner hochgelehrten Abhandlungen über Ethik und Metaphysik, Logik, Mathematik, Zoologie und Botanik – vierzig Bände im Lexikonformat in der kritischen Neuausgabe. Dieses Riesenwerk, welches das gesamte Bildungsgut der damaligen Zeit ordnet, entstand in bescheidenen Herbergen und in den Gastzellen irgendwelcher Klöster. Machte man an der Landstraße Rast, so zog Albert gern eine Pergamenthandschrift mit Aristoteles-Texten aus seinem Bündel. Kam er in ein Kloster, durchforstete er regelmäßig die Bibliothek und schrieb sich aus Büchern, die er noch nicht kannte, in aller Eile die interessantesten Stellen ab.

Naturverliebt: Albertus Magnus

Natürlich geriet der unbestechliche Prophet einer armen Kirche oft genug in Konflikt mit den Machtinteressen besitzstarker Bischöfe und Kardinäle. Er führte eine offene Sprache, wenn es um die Sünden der Kirchenleitung ging, genoss an der römischen Kurie aber dennoch einen so guten Ruf, dass man den Siebenundsechzigjährigen 1260 plötzlich zum Bischof von Regensburg machte.

Ein Bischof als Finanzminister

Regensburg, das war damals ein ausgeplündertes, verrottetes Bistum, das niemand haben wollte. Alberts Vorgänger, ein gewisser Graf von Pietengau, hatte die Diözese mit skrupelloser Machtpolitik, Krieg und Mord zugrunde gerichtet. Ein Bettelmönch als neuer Bischof, als Reichsfürst – in einer auf Geld und Pomp versessenen Kirche mochte das durchaus als Signal zur Umkehr verstanden werden.

Ohne jeden Prunk zog er zu Fuß in seine Bischofsstadt ein. Er fand die Vorratsspeicher leer, dafür Schulden in astronomischer Höhe. „Nahrung für ihn und sein Gesinde gab es nicht", berichtet ein Chronist schaudernd, „auch kein Futter für die Pferde. Es war nichts vorhanden, was auch nur den Wert von einem Ei gehabt hätte."

Albert, das Multitalent, wurde auch mit dieser Herausforderung fertig. Der Naturforscher und Theologe verwandelte sich in einen Finanzminister. Er traf geschickte Maßnahmen zur Haushaltssanierung; binnen eines Jahres war das Bistum tatsächlich schuldenfrei. Die Menschen dankten es ihm nicht. Die einfachen Leute zeigten sich enttäuscht von dem Hungerleider auf dem Bischofsthron, der ihnen das Schauspiel der Prachtentfaltung vorenthielt und auf alle Zeichen seiner Würde verzichtete.

Bisher hatte man im Gefolge des Bischofs prunkvoll aufgeputzte Rösser bewundern können. Albert aber pflegte zu Fuß durch seine Diözese zu marschieren. Ein Esel trug die Gewänder für den Gottesdienst. Unangemeldet tauchte er zur Visitation auf, leitete eine Klosterreform ein, suchte sich qualifizierte Laien zur Verwaltung der Bistumsfinanzen.

Von seinen Predigten aber zeigten sich die Menschen fasziniert. Albert fing das ausgesprochen geschickt an: Er ließ seine wichtigsten Sätze von Malern zusammen mit eingängigen Illustrationen auf Holztafeln übertragen, die dann in den Kirchen aufgestellt wurden. Diese sogenannten Alberti-Tafeln fanden bis nach Westfalen und Österreich Verbreitung; heute können sie in Museen bewundert werden. Die Merksprüche des Bischofs wollen deutlich machen, worauf es beim Christsein wirklich ankommt:

„Verurteile niemand, das ist Gott wohlgefälliger, denn dass du dein Blut vergießest sieben Stunden am Tag."
„Wer ein hartes Wort geduldig erträgt in der Liebe unseres Herrn, das ist Gott wohlgefälliger, denn dass er zerschlüge

auf seinem Rücken so viel Besen, als auf einem ganzen Acker gewachsen sind."
„Geh selber zu Gott, das ist dir nützer, denn dass du all die Heiligen und alle die Engel hinsendest, die im Himmel sind."

Zwei Jahre nach seiner Bischofsweihe gab Albert das Amt zurück. Das Reformprogramm war eingeleitet, ein guter Nachfolger stand bereit. Der Wandertrieb erfasste ihn wieder. Wir finden ihn in Augsburg, Würzburg, Frankfurt, Köln, im Elsass, in Brandenburg, in Basel und Antwerpen. Er weihte Kirchen ein, erstellte Gutachten, schrieb Bücher, betätigte sich als Schiedsrichter: Alberts Name steht unter rund hundert Friedensschlüssen aus jener Zeit. Damals hatte er schon die achtzig überschritten.

Erst in Alberts allerletzten Lebensjahren setzte ein rapider Verfallsprozess ein. Die Sehkraft ließ nach, Arthrose und Gicht plagten den alten Mann. Eine Legende deutet den körperlichen Verfall auf zarte Weise als Berührung Gottes: Während einer Vorlesung verließ den greisen Lehrer plötzlich sein Gedächtnis, und er musste abbrechen. Die Zuhörer waren bestürzt. Nach einer Weile fasste sich Albertus und erzählte seinen „lieben Brüdern", vor vielen Jahren sei ihm die Gottesmutter erschienen und habe ihm prophezeit, Gott werde durch seine Wissenschaft die ganze Kirche erleuchten. Damit er aber nicht dem Hochmut verfalle, werde Gott vor seinem Tod alle Weisheit von ihm nehmen und ihm die Einfalt eines Kindes wiedergeben.

Am 15. November 1280, im gesegneten Alter von über achtzig Jahren, starb Albert der Große einen friedlichen Tod, im Sessel sitzend, umringt und getröstet von seinen Mitbrüdern.

„Bernauerin auf dem Wasser schwamm,
Maria Mutter Gottes hat sie gerufet an"

„Darum hat sie ertränkt werden müssen"

Warum die unglückliche Liebe zwischen Agnes Bernauer (um 1410–1435) und dem Herzogssohn Albrecht ein schreckliches Ende fand

Als sie die zierliche Frau ins Wasser warfen, von der alten Donaubrücke in Straubing, gelang es ihr mit der Kraft der Verzweiflung, ihre Beinfesseln zu lösen und in die Nähe des Ufers zu schwimmen, wobei sie mit heiserer Stimme schrie: „Helft, helft!" Unter den zahlreichen Zuschauern erhob sich ein Murren gegen die grausame Justiz. Eilig lief der Folterknecht, der die Verurteilte von der Brücke gestürzt hatte und den Zorn seines herzoglichen Auftraggebers fürchtete, herzu und drückte die sich Aufbäumende mit einer langen Stange so lange unter Wasser, bis sie tot war.

So schildert der Chronist Andreas von Regensburg das elende Sterben der „Bernauerin" am 12. Oktober 1435. Ansonsten sind nicht viele geschichtliche Tatsachen von Agnes Bernauer überliefert. Nur die Kunde von ihrer bezaubernden Schönheit und von ihrer unglücklichen Liebesbeziehung zu Albrecht, dem Sohn des Bayernherzogs Ernst, hat die Jahrhunderte überdauert. Das Volk – das zeigen die landauf, landab bekannten Lieder und Festspiele – hat der damals im Interesse kühler Erbfolgepolitik als Hexe und Kupplerin verurteilten „Bernauerin" immer die Treue gehalten.

Heuchlerische Doppelmoral

Die Geschichte der um 1410 geborenen Agnes Bernauer beginnt in einer Augsburger Badstube, und die meisten Historiker halten sie für eine Baderstochter – manche aber auch für die aus Biberach stammende Magd des Baders. Sie muss eine strahlende Schönheit gewesen sein, mit einer makellosen Figur, feinen Gesichtszügen und prächtigen blonden Haaren. Der Chronist Veit Arnpeck macht ihr das fantasievolle Kompliment: „Man sagt, dass sie so hübsch gewesen sei, wann sie roten Wein getrunken habe, so habe man den Wein in ihrer Kehle hinab fließen gesehen."

Justizopfer: Agnes Bernauer

Dort in der Badstube haben sie sich vermutlich kennen gelernt, Agnes und der bayerische Thronfolger Albrecht III., der einzige Sohn des Herzogs Ernst von Bayern-München, und das wäre noch kein Problem gewesen, denn die hohen Herren hielten sich gern Geliebte aus niederem Stand. Aber das ungleiche Paar wollte seine Verbindung legalisieren, und das war für die höfische Gesellschaft mit ihrer heuchlerischen Doppelmoral eine Todsünde.

Die Badstuben – Vorstufen unserer Saunen – waren damals im 15. Jahrhundert äußerst beliebt als Stätten der Erholung und Lust. Stundenlang plätscherten, spielten, musizierten, aßen und tranken die Gäste beiderlei Geschlechts im warmen Wasser, bedient von liebreizenden „Bademädchen". „Willst du einen Tag fröhlich sein? Geh ins Bad!", hieß es in einer frühen Reklame. Die Kirche lief Sturm gegen das Badewesen, das freilich sehr gut in eine Zeit der Extreme passte, in der sich härteste Askese mit ausschweifender Maßlosigkeit paarte, streng bemessene höfische Minne mit dumpfer Erotik.

Irgendwie passt Agnes, die von den Chronisten immer wieder als zurückhaltender, auf die eigene Ehre bedachter „Engel" geschildert wird, nicht recht in dieses Ambiente – ebenso wenig wie der Herzogssohn Albrecht, der als mutig, gerecht, sensibel, fromm beschrieben wird, als Gegner brutaler Strafen und als Freund der kleinen Leute. Das alles zählte nicht; wer in einer Badstube arbeitete, gehörte automatisch zur niedrigsten Schicht und zu einem verfemten Beruf.

Und ob Agnes und Albrecht 1432 tatsächlich heimlich heirateten, wie viele Forscher annehmen, oder ob Agnes immer nur die Geliebte des Thronfolgers blieb, in den Augen der feinen Gesellschaft war diese Beziehung indiskutabel, und vor allem stellte sie eine politische Gefahr dar. Eine derartige „morganatische" Ehe zwischen völlig unebenbürtigen Partnern schloss die übliche Erbberechtigung für Gemahlin und Kinder aus (deshalb übereignete Albrecht seiner Agnes einen Bauernhof in Niedermenzing als Absicherung); mögliche Nachkommen hätten den Herzogsstuhl Bayern-München also keinesfalls übernehmen dürfen.

Blamage beim Turnier

Die eigentliche Gefahr lag woanders: Die Bindung an eine derart unmögliche Partnerin – sei es nun eine Gattin oder eine Geliebte – führte ja dazu, dass sich der bereits dreiunddreißigjährige Herzogssohn mit keiner Fürstentochter verehelichen konnte. Was sämtliche politischen Strategien durcheinander brachte und die bayerische Führungsschicht – Ratsherren, Beamte, Patrizier – derart verärgerte, dass Albrecht 1434 auf einem Turnier in Regensburg „angegriffen und geschlagen" wurde. So formuliert es der Geschichtsschreiber Andreas; es bleibt offen, ob es sich um einen tätlichen Angriff von Standesgenossen handelte oder um den Ausschluss vom Turnier, wie ihn die „Stechordnungen" für Ritter mit einem offen unmoralischen Lebenswandel vorsahen.

Beides war jedenfalls eine fürchterliche Blamage für das Herrscherhaus. Herzog Ernst hielt seinem Sohn eine gewaltige Standpauke und entzog ihm die Verwaltungsaufgaben in der Straubinger Nebenresidenz, wo er bisher tätig gewesen war. Urkunden und Briefe mit Albrechts Siegel stammen in der nächsten Zeit nur mehr aus dem Grafenschloss in Vohburg, wo er jetzt mit der schönen Agnes lebte. Doch Albrecht dachte nicht daran, sich von der „Badhur“, wie man sie boshaft nannte, zu trennen. Er hatte immer schon seinen eigenen Kopf gehabt und war bemüht gewesen, ein eigenes politisches Profil gegenüber dem sehr konservativen Vater zu gewinnen.

Um das Problem endgültig zu lösen, ließen sich Herzog Ernst und die höfische Elite eine teuflische List einfallen: Als Albrecht gerade in Landshut weilte und Agnes in Straubing, wurde sie verhaftet und vor dem herzoglichen Gericht in einem Eilverfahren der Zauberei und des versuchten Giftmords an Herzog Ernst angeklagt. Das Urteil stand von vornherein fest, die Zeugen sagten aus, was die Richter hören wollten. Entscheidend war aber nach Aussage der Chronisten, dass sich die Bernauerin „stolz und übermütig“ benahm, dass sie „den Herzog Ernst nicht als ihren Richter und Herrn anerkennen wollte, da sie selbst Herzogin zu sein angab“, und dass sie erklärte, „dass sein Sohn ihr Gemahl sei und sie mit keinem anderen eine Ehe eingehen wollte“.

Damit habe sich die unbeugsame Frau in den Augen ihrer Verfolger „an der Weltordnung versündigt“, fasst der Bernauer-Forscher Werner Schäfer zusammen und zitiert den Chronisten Clemens Sander: „Da sie nun durch den Henker gebunden war, um ins Wasser geworfen zu werden, sagte der Henker zu ihr, wenn sie frei bekennen wolle, dass Herzog Albrecht nicht ihr Ehemann sei, so wolle er sie nicht töten, sondern frei gehen lassen. Das wollte sie nicht tun, sondern sie sagte frei, er sei ihr ehelicher Gatte. Darum hat sie ertränkt werden müssen.“

32 000 Ave Maria wider den Bürgerkrieg

Albrecht reagierte auf den schlecht bemäntelten Mord zunächst mit blinder Wut und Putschplänen gegen den Vater. In München bestellte der Rat bei den Armen im Heiliggeistspital und bei den Klosterschwestern „32 000 Ave Maria“ – gegen großzügige Geld- und Weinspenden, versteht sich –, um den drohenden Familien- und Bürgerkrieg abzuwenden. Irgendwann siegte aber dann offenbar die Staatsraison; Vater und Sohn versöhnten sich, Albrecht heiratete brav und standesgemäß die sechzehnjährige Herzogstochter Anna aus Braunschweig. Seine Tochter Sibylla aus der Verbindung mit Agnes wuchs wohlversorgt auf, und Herzog Ernst stiftete reumütig eine wunderschöne Grabkapelle für Agnes im Straubinger Friedhof St. Peter, einem idyllischen Kirchhof mit romanischer Kirche und spätgotischem Karner.

Später ließ Albrecht seine Agnes in das Straubinger Karmelitenkloster überführen, wo ihr Grab angeblich vor einem knappen Jahrhundert im Kreuzgang wiederentdeckt wurde; der Fund wurde geheim gehalten, um keinen aufrührerischen Kult entstehen zu lassen.

Volkslieder, Dramen, Musikwerke hielten das Andenken an die Bernauerin lebendig. „Was vom Geschick bestimmt, getrennt zu bleiben, beglückend wird's hienieden nie vereint“, reimte melancholisch der kunstsinnige Bayernkönig Ludwig I., „in das Verderben immer muss es treiben, wenn's gleich im Augenblick besel'gend scheint.“ Otto Ludwig, Friedrich Hebbel, in jüngster Zeit Franz Xaver Kroetz brachten das traurige Geschehen auf die Theaterbühne; Carl Orff widmete der unglücklichen Herzogin ein „bairisches Stück“ mit atemlosen Stakkato-Texten und den archaischen Klängen von Trommeln, Becken, Pauken und Holzratschen; Michael Boisrond ließ das Liebespaar in seinem Episodenfilm „Les amours célèbres“ von Brigitte Bardot und Alain Delon verkörpern, das Drehbuch schrieb Jacques Prévert.

Das sehr heroische Freilichtspiel aus der Feder des völkischen Dichters Eugen Hubrich (1935) ist seither durch mehrere Neubearbeitungen ersetzt worden, die alle sachlicher und doch anrührend klingen. Alle vier Jahre werden das kurze Glück und der bittere Tod der Bernauerin im Straubinger Herzogsschloss mit zweihundert Laiendarstellern in historischen Kostümen in Szene gesetzt, und es kommen bis zu zwanzigtausend Zuschauer.

„Der Herzog ist mein
Und ich bin sein;
Sind wir gar treu versprochen, ja versprochen.

Bernauerin auf dem Wasser schwamm,
Maria Mutter Gottes hat sie gerufet an,
Sollt' ihr aus dieser Not helfen, ja helfen.

(...) Es stund kaum an den dritten Tag,
Dem Herzog kam eine traurige Klag:
Bernauerin ist ertrunken, ja ertrunken.

Auf rufet mir alle Fischer daher,
Sie sollen fischen bis in das rote Meer,
Dass sie mein feines Lieb suchen, ja suchen.

(...) So wollen wir stiften eine ewige Mess,
Dass man der Bernauerin nicht vergess,
Man wolle für sie beten, ja beten."

Lied von der schönen Bernauerin, Autor und Entstehungsdatum unbekannt

„Das Herz, das ist ein Taubenhaus:
Ein Lieb' fliegt ein, das andre aus"

Schuhmacher und Poet dazu

Wie es der fast noch mittelalterliche Volksdichter Hans Sachs (1494–1576) auf Richard Wagners Opernbühne schaffte

Er war kein Avantgardist, sondern ein volkstümlicher Erfolgsautor, der Gedichte, Dramen und komische Bühnenstücke für ein bürgerliches Stadtpublikum machte und dessen Geschmack treffen wollte. Er verzichtete auf schneidende Kritik und boshafte Satire, aus der großen Politik hielt er sich heraus, er zeichnete die behäbigen Bürger, klatschsüchtigen Hausfrauen und dummstolzen Bauern seiner Umgebung mit gutmütigem Spott und einer stillen Liebe. Die Bilanz seines Schaffens ist gewaltig: 4000 „Meisterlieder", 180 Spruchgedichte, 126 Schauspiele, 85 Fastnachtsstücke.

Sein Lebensmittelpunkt war Nürnberg, damals eine richtige Metropole mit 50 000 Einwohnern, kulturelles und wirtschaftliches Zentrum Süddeutschlands, Drehscheibe des Fernhandels, von Patriziern regiert. Hier wurde er 1494 geboren.

> „Acht und zwaintzig fünff hundert Gassen, hundert sechzehen schöpffbrunnen, zwölf rörbrunnen, zwei thürlein und sechs grosse thor, eylff stayner brücken, zehen geordnete märkte, dreyzehen gemein badstuben"
> **Hans Sachs über Nürnberg**

Sein Vater, aus Zwickau zugewandert, war zwar nur ein Schneidermeister, aber so tüchtig, dass er bald reich wurde und seinem Sohn den Besuch der Lateinschule finanzieren und zur Hochzeit ein Haus samt Werkstatt im Herzen Nürnbergs schenken konnte. Da war

Hans Sachs bereits von seinen Wanderjahren durch Bayern, Österreich und den Westen und Norden Deutschlands zurückgekehrt (Kaiser Maximilian I. soll ihn am Innsbrucker Hof kurzzeitig in seine Dienste genommen haben, und er besuchte Singschulen an verschiedenen Orten). 1520 erwarb er den Meisterbrief als Schuhmacher.

Auftrag von der Kunstgöttin

Als Handwerksmeister soll er sehr fleißig gewesen sein, aber auch als Poet muss er hart gearbeitet haben: Vierunddreißig dicke Bände umfassen seine gesammelten Werke, Meisterlieder, Spruchgedichte, Fastnachtsspiele, Tragödien, Fabeln, Dialoge, alles eigenhändig aufgeschrieben und nach seinen Anweisungen schön gebunden und mit einem nach Inhalten und Formen geordneten Generalregister ausgestattet. Er hat wie ein Besessener gelesen, antike Mythen, Legenden, volkstümliche Überlieferungen, politische und religiöse Tagesneuigkeiten, und aus allem ein Gedicht oder ein Drama gemacht. Mehr als tausend Bücher soll seine Bibliothek umfasst haben. Er selbst berief sich auf eine „Kunstgöttin", die ihm den Auftrag erteilt habe, das Leben poetisch abzubilden:

„Zu straff der laster,
lob der tugendt,
Zu lehre der blüenden jugendt,
Zu ergetzung trawriger gmüt."

Seine Figuren sind aus dem Volk genommen, sie fühlen wie das Volk, reden wie das Volk – in Sprichwörtern und einprägsamen Bildern – und haben das Volk wohl auch deshalb so fasziniert. Dabei nimmt den Löwenanteil seiner Werke der Meistergesang ein, ein eigenartiges Kunstprodukt, das komplizierten Regeln folgt und von der Alltagssprache ebenso weit entfernt ist wie von den Liedern, die in der Küche und auf der Straße geträllert wurden: Die exklusive Zunft der Nürnberger Meistersinger ermunterte die Handwerker zum Dichten und Singen, sah ihnen aber auch streng auf die Finger und überwachte die althergebrachten Regeln von Melodik, Reim und Metrik – war der bürgerliche Meistergesang doch als Nachahmung des höfischen Minnegesangs gedacht! „Silberweis“ und „Güldenton“ sind vermutlich Hans Sachsens ureigene Erfindung gewesen.

Fleißig: Hans Sachs

In der öffentlichen „Singschule“ nach dem Sonntagsgottesdienst wurden die Lieder vorgesungen und von den „Merkern“ peinlich genau auf die korrekte Befolgung der Regeln geprüft. Etwas freier ging es später im Wirtshaus beim „Zechsingen“ zu. Erst im 19. Jahrhundert kam der seit vierhundert Jahren in Nürnberg gepflegte Meistergesang aus der Mode.

Erheblich volkstümlicher wurden natürlich Hans Sachsens gereimte Schwänke mit Titeln wie „Sankt Peter mit den Landsknechten im Himmel“, „Sankt Peter mit der Geiß“, „Schlaraffenland“ und seine zahllosen Fastnachtsspiele, die „Das Narrenschneiden“ überschrieben sind, „Der schwangere Bauer“ oder „Der fahrende Schüler im Paradeiß“. Zielscheibe des milden, aber treffsicheren Spottes sind hier immer wieder die zänkische Ehefrau mit Haaren auf den Zähnen, der lüsterne Pfaffe, der blöde Bauer. Am Ende steht aber stets eine breit ausgemalte moralische Nutzanwendung, wie sie das ehrbare Bürgertum schätzte.

Durchaus selbstkritisch schildert Hans Sachs den Menschheitstraum vom Jungbrunnen, in den man als gebrechlicher Greis mühsam hineinklettert, um „schön, wohlgefarb, frisch, jung und gesund“ herauszuspringen:

» Da dacht ich mir im schlaf: Fürwar,
alt bist auch, zwei und sechzig Jar;

dir geht ab an ghör und gesicht;
was zeichnest du dich, dass du auch nicht
wol bald in den jungbrunnen sitzest,
die alten haut auch von dir schwitzest?
Abzog ich alles mein gewand;
daucht mich im schlaf allda zuhand;

Ich stieg in jungbrunnen zu baden;
ab zu kumen des alters schaden.
In dem einsteigen ich erwacht,
meins verjüngens ich selber lacht;
dacht mir: ich muss nun bei mein tagen
die alten haut mein lebtag tragen,
weil kein Kraut auf erd ist gewachsen
heut zu verjüngen mich, Hans Sachsen."

Poetische Unterstützung für die Reformation

Doch der Lieblingsautor des kultivierten Nürnberger Bürgertums erlebte einen bösen Absturz: Es gab einen Skandal, als er 1527 zusammen mit dem Prediger und Theologen Andreas Osiander ein bitterböses Pamphlet gegen den Papst schrieb; Sachs wurde mit einem dreijährigen Publikationsverbot belegt (und produzierte fortan Meisterlieder in Hülle und Fülle, denn sie durften nach altem Herkommen nicht gedruckt werden, brachten ihrem Verfasser aber literarischen Ruhm und bürgerliches Ansehen).

„Wacht auf, es nahet sich dem Tag!
Ich höre singen im grünen Hag
Die wonnigliche Nachtigall;
Ihr Lied durchklinget Berg und Thal.
Die nacht neigt sich gen occident,
Der tag get auff von orient,
Die rotprünstige morgenröt
Her durch die trüben wolcken göt.

Nun das ir klerer mugt verstan
Wer die lieplich nachtigall sey
Die uns den hellen tag auß schrey
Ist doctor Martinus Lutther
Zuo Wittenberg Augustiner
Der uns auffweckt von der nacht
Darein der monschein uns hat bracht"

„Die Wittenbergisch Nachtigall"

Als überzeugter Parteigänger der Reformation, der die Freiheit des Gewissens über alles schätzte, veröffentlichte er später etliche intelligente Prosadialoge, welche die Überlegenheit der neuen Lehre zu beweisen suchten, das letzte Urteil aber – für die Zeit ungewohnt – dezent dem Leser überließen. Im Verlauf dieser fiktiven Streitgespräche werden Prälaten und Mönche regelmäßig von gewitzten Handwerkern, am liebsten wählt Sachs natürlich einen Schuhmacher, in die Ecke gedrängt und stehen am Ende als die Dummen da.

Am 19. Januar 1576 starb Hans Sachs einundachtzigjährig in Nürnberg, wo er auf dem Johannisfriedhof begraben liegt. Ganz in Vergessenheit geraten ist er nie. Grimmelshausen ließ ihn 1669 in seinem Schelmenroman „Der abenteuerliche Simplicissimus" wiederauferstehen. Der große Philosoph Hegel kannte ihn, rümpfte aber die Nase darüber, dass er wie ein Provinzler empfunden und die Weltoffenheit und den europäischen Geist seiner Vaterstadt immer nur „vernürnbergert" habe. Für die literarische Bedeutung des Volksdichters, der es ähnlich wie Luther fertigbrachte, aus dem Wildwuchs der Dialekte allmählich eine deutsche Sprache zu formen und das breite Publikum für die anspruchsvollere Theaterbühne zu interessieren, hatte Hegel kein Gespür.

„Hans Sachs", so eine respektvolle moderne Einordnung, „hob den Schwank aus der Verluderung und Verzotung des 15. Jahrhunderts zur Reife der satirischen Parabel empor, die die Lustspiele der antiken Klassik besaßen. Während der mittelalterliche Meistergesang nur biblische und dogmatische Stoffe kannte, machte Sachs durch seine Beiträge auch weltliche Gegenstände, Erkenntnisse der allgemeinen Lebenserfahrung und Lebensweisheit unter den Meistersingern ‚salonfähig'. Überhaupt war es sein Anliegen, den kleinen Mann, der wenig zu sagen hat, in die Literatur als Gegenstand wie als Konsument einzuführen. Er machte den Alltag literaturwürdig, die Schwächen des Menschen liebenswert und wurde so zu einem Vater des modernen Volks- und Unterhaltungsschrifttums."

Die Romantik mit ihrer Vorliebe für das Mittelalter entdeckte ihn neu, nachdem ihm schon Goethe mit seinem Gedicht „Erklärung eines alten Holzschnitts vorstellend Hans Sachsens poetische Sendung" neue Publizität verschafft hatte. Richard Wagner setzte ihm und seiner ganzen Zunft in den „Meistersingern von Nürnberg" ein prächtiges Denkmal – das freilich wenig mit den historischen Fakten zu tun hat, das mittelalterliche Nürnberg stark idealisiert und die Traditionen und Regeln der Meistersinger mit viel dichterischer Fantasie behandelt. Hans Sachs ist hier noch ganz der Repräsentant einer eindrucksvollen, aber ziemlich erstarrten Überlieferung und noch kaum der Vermittler neuer, reformatorischer Bildungsinhalte für ein breites Publikum.

Ketzerprozess gegen einen Bischof

Warum Johann Michael Sailer (1751–1832) in Rom denunziert, aber nicht verurteilt wurde

Irgendwo in der „Stanza Storica", in den hintersten Archivkellern der Heiligen Inquisition, wo Dokumente aus grauer Vorzeit schlummern, entdeckte der Münsteraner Kirchenhistoriker Hubert Wolf an der Wende zum dritten Jahrtausend die vergilbten Spuren eines bayerischen Skandalfalls. Die Akten hatte ein verhältnismäßig liberaler Kurienprälat namens Lorenzo Nina dort deponiert oder, besser gesagt, versteckt – und dem Heiligen Stuhl damit eine Riesenblamage erspart.

Denn das Denunziationsopfer, das 1873 – vier Jahrzehnte nach seinem Tod – zum Ketzer erklärt werden sollte, hieß Johann Michael Sailer und wurde in Deutschland wie ein Kirchenvater verehrt. Heute gilt Sailer als einer der Pioniere moderner Theologie; er bereitete dem Zweiten Vatikanischen Konzil mit seinem Aufbruch aus dem katholischen Getto schon den Weg, als das Erste Vaticanum, das rückwärtsgewandte Vorgängerkonzil (mit der umstrittenen Definition der päpstlichen Unfehlbarkeit) noch gar nicht stattgefunden hatte.

Die Vorgeschichte des Ketzerprozesses klingt peinlich genug: 1819 sollte der angesehene Theologe und enorm produktive geistliche Schriftsteller Johann Michael Sailer nach dem Willen des bayerischen Königs Bischof von Augsburg werden. Der Päpstliche Nuntius Severoli hintertrieb die Ernennung, gestützt auf Klatsch, Gerüchte, Anklagen vom Hörensagen. Beim Wiener Redemptoristenpater Clemens Maria Hofbauer – ein begnadeter Seelsorger und liebenswürdiger Sozialapostel, aber leider auch ein schrecklich engherziger Mensch – gab er ein Gutachten in Auftrag, das Sailer den Hals brechen sollte.

„Er ist ein Christ, aber so viel ich weiß, will er von der Form nichts wissen", entrüstete sich der biedere Ordensmann, der von Sailers zahllosen Schriften – anspruchsvolle theologische Abhandlungen, pädagogische Handreichungen, Meditationen, Gebetbücher, insgesamt 194 Titel umfasst die Gesamtausgabe – wohl nur die eine oder andere gekannt hat. „Mystizismus" wirft er ihm vor und Freundschaft mit Protestanten.

Tolerant: Bischof Johann Michael Sailer

Hofbauer: „Ich weiß bestimmt, dass Sailer gesagt hat, die Kirche habe kein Monopol auf den Heiligen Geist, dieser wirke ebenso viel in denen, die in der heiligen Kirche sind, wie in jenen, die außer ihr sind, wenn sie nur an Christus glauben." Und dann: „Gesehen habe ich Sailer nur einmal und war damals nur eine halbe Stunde bei ihm; denn ich hatte Angst, länger bei ihm zu verweilen, da ich von seinen Schülern schon so viele Nachrichten hatte, die mich schaudern machten."

Keine Belege, keine nachprüfbaren Zitate, keine Angabe von Zeugen. Eine klassische Denunziation aus Angst und geistiger Enge. Dass Sailers Schüler und Bewunderer, König Ludwig I., dem Verfemten wenige Jahre später doch noch einen Bischofsthron verschaffte, in Regensburg, gegen erbitterten Widerstand römischer und deutscher Fundamentalisten, kann als späte Rehabilitation gelten. Doch 1873, als Sailer bereits 41 Jahre tot war, sannen die Redemptoristen auf eine Seligsprechung ihres Mitbruders Hofbauer. Als Stolperstein lag sein bitterböses Statement über Sailer im Weg.

Erpresser und Arme Seelen

Um Hofbauer vom Verdacht zu reinigen, mit seinen Attacken das Gebot der christlichen Liebe und Wahrhaftigkeit verletzt zu haben, verfiel der Orden auf die famose Idee, den toten Sailer zum Ketzer (und Hofbauer damit automatisch zum prophetischen Warner) erklären zu lassen. Wie Hubert Wolf recherchiert hat, mobilisierte man eine in katholischen Traditionalistenkreisen angehimmelte Seherin namens Aloysia Beck, die sich mit Visionen von Armen Seelen, Engeln und Dämonen einen Namen gemacht hatte und abergläubische Gemüter dazu animierte, bei ihr Lebensbeichten abzulegen.

Zu den hohen Klerikern, die sich mit solchen Bekenntnissen abhängig von dem frommen Medium gemacht hatten, gehörte Sailers Nachfolger auf dem Regensburger Bischofsthron, Ignatius von Senestrey, ein ängstlicher Erzkonservativer, hoch verschuldet und wegen irgendwelcher delikater Verstrickungen, über die Kirchenhistoriker bis heute rätseln, in der Hand von Erpressern. Senestrey tat, was man von ihm wollte: Er beantragte bei Papst Pius IX. einen Ketzerprozess gegen seinen Vorgänger, und der Papst persönlich – was ungewöhnlich war – beauftragte die Inquisitionsbehörde, das Heilige Offizium, mit dem Verfahren.

Doch obwohl der Papst die Causa Sailer zur Chefsache gemacht hat, obwohl Senestreys Gutachter 105 angeblich häretische Sätze aus Sailers Werken zusammenträgt, durchschauen die Theologen, Juristen und Kardinäle der Glaubensbehörde das Spiel: Sie geben sich mit diesem Material nicht zufrieden, fordern ein neues Gutachten durch einen Zensor aus den eigenen Reihen, holen die Meinung deutscher Bischöfe ein, die zwar hundertprozentig romtreu sind, aber den toten Amtsbruder verteidigen und vor der Verurteilung eines deutschen Paradekatholiken mitten im Kulturkampf mit Bismarck warnen. Es gibt zwar keinen Freispruch, damit hätte man den Papst brüskiert, aber die Akten verschwinden ganz hinten im Archivkeller, wo sie so schnell niemand finden wird.

Ein Pionier der religiösen Toleranz

So viel hysterischen Verfolgungseifer hatte Johann Michael Sailer weiß Gott nicht verdient. Als Pastoral- und Moraltheologe und Pädagoge an den Universitäten Dillingen, Ingolstadt und Landshut baute der 1751 als Sohn eines Dorfschusters in Aresing bei Schrobenhausen geborene Vordenker dem von Aufklärern und Traditionalisten verunsicherten Katholizismus Brücken in die Zukunft. Er kämpfte gegen jene blassen Rationalisten, die Religion mit einer „Vernunftmoral“ verwechselten und in Christus bloß einen „Tugendfreund“ (Sailer) sehen wollten. Aber er kannte keine Berührungsängste gegenüber liberalen Strömungen und nahm gute Entwicklungen gern auf.

Dem Nützlichkeitsdenken der Aufklärer stellte er ein vitales, überzeugendes Christentum gegenüber. „Wo die Seele nach Totenaas riecht“, so charakterisierte er in seiner bildhaft-drastischen Sprache die blutleeren Theorien dieser Leute, „da mag ihre Kenntnis Gottes wohl nicht mehr sein als eine leere Büchse mit der Aufschrift: Gott.“ Inbegriff christlichen Glaubens war ihm vielmehr eine Liebe, „rein und sicher vor Kopfhängerei, Menschenscheu, finsterer Laune, rein und sicher vor Scheinheiligkeit und Heuchelei“.

Seinen Theologiestudenten vermittelte er die Idee der „lebendigen Überlieferung“ und ein organisches Kirchenverständnis: Die sichtbare Kirche mit all ihren Stärken und Schwächen und ihr von Christus getragenes, vom Geist beseeltes Innenleben bilden eine pulsierende Einheit. Mit solchen Gedanken sollte er die katholische Moderne prägen. Und natürlich auch mit seiner Orientierung an der Bibel, die zu seiner Zeit vielen Pfarrern und Priesteramtskandidaten – man möchte es kaum glauben – ein böhmisches Dorf war.

> „Lass alle Bücher fahren, auch die besten, und lies allein das Neue Testament!“

Seine Leidenschaft für die Wahrheit, wie er sie in der katholischen Tradition fand, verband Sailer mit der unbedingten Achtung vor der Religionsfreiheit: „Heilig sei dir wie dein Gewissen und unantastbar die Freiheit des andern!“ Religion sei Liebe, und die sei ihrer Natur nach liberal. „Der weise Mann in dem Seelsorger“ sehe „in jedem ehrlichen Genossen einer fremden Religion“ einen Funken der in Christus erschienenen ewigen Religion.

Wichtiger als enger Konfessionalismus war ihm eine lebendige Beziehung zu Christus. Für Sailer ist die Kirche Christi in der römisch-katholischen Kirche zwar anzutreffen, beide sind aber nicht einfach identisch. Deshalb ist die römisch-katholische Kirche ständig aufgerufen, sich zu verchristlichen. Katholisches Selbstbewusstsein kann deshalb nur jene Demut bedeuten, „die darum weiß, trotz menschlichen Versagens Treuhänderin einer Wahrheit und Gnade sein zu dürfen, die sie nicht besitzt, sondern nur dienend austeilt“. Damals, als Ökumene und interkonfessioneller Dialog noch Fremdwörter waren, machte man sich mit solchen Gedanken enorm verdächtig.

> „Ein Haus, viele Wohnungen, sagt Christus von dem Himmel. Ein Haus, viele Stockwerke, gilt von der Kirche.“
> „Wer in seinem Stockwerke den Mittelpunkt gefunden hat, wird aufhören, für das bloße Stockwerk zu fechten, weil er genug zu tun hat, für den Mittelpunkt zu leben – und in dem Mittelpunkte.“

„Ich buchstabiere selber noch an der Wahrheit“

Ein wilder Aufklärer ist er nie gewesen. Mit dem Jahrhundert Schritt zu halten, ist für ihn kein Wert an sich. Was sind schon weltanschauliche Moden und die jeweils neuesten wissenschaftlichen Systeme? „Im Tode fahren sie auf einer Sandbank auf.“ Im stürmischen Wellengang der Zeit gebe letztlich nur ein Leuchtturm verlässliche Orientierung: das Evangelium. Sailer spöttelt über trendbewusste Gelehrte, die im alten China und im neuen Paris Perlen der Weisheit entdecken, nur nicht in Nazaret und Rom, und er wehrt sich gegen die Herabstufung Christi zu einem edlen Menschen. Nein, er ist der Retter, der unser Herz verwandelt.

Die blassen Rationalisten jagen ihm Angst ein, aber nicht die Vernunft und der Freimut ernsthafter Wahrheitssucher: „Hütet euch, das Wort Aufklärung als einen Schimpfnamen zu gebrauchen", mahnt er, denn der Durst nach Wahrheit komme „in gerader Linie" von Gott. Sailer verteidigt das Gewissen als letzte Instanz für menschliches Denken und Handeln. Er versteht die Skeptiker und bekennt einem zweifelnden jungen Mann in rührender Offenheit: „Ich buchstabiere selber noch an der Wahrheit." Das Buchstabieren mache freilich bereit zum Lesen.

1794, als seine Neider in Dillingen die schmähliche Entlassung des Professors Sailer erreichten, spielten solche Thesen und sein ungezwungener Verkehr mit Freigeistern und Evangelischen eine entscheidende Rolle. Aber auch sein „zu freundschaftlicher Umgang mit den Studenten", wie ein Kollege zu Protokoll gab: „Professor Sailer kommunicierte ihnen Bücher, die sie nicht kennen sollten." Und wer immer gut Freund mit den jungen Leuten sein wolle, mache diese „stolz und unehrerbietig" und störe Zucht und Ordnung.

Der Rausschmiss, das weiß man heute, hatte ganz banale Hintergründe: Der zuständige Bischof, der sich von Sailer seine Hirtenbriefe hatte schreiben lassen, war in Geldnöten und wurde von einem mit Sailers Intimfeinden versippten Bankhaus unter Druck gesetzt. In München, wo der ohne Pension Hals über Kopf Entlassene Zuflucht fand, war es wiederum der Nuntius, der seine Ernennung zum Hofprediger hintertrieb.

Jahre später, der nicht gerade klerusfreundliche Montgelas hatte die Zügel im Staat übernommen, berief man den vermeintlichen Aufklärer an die Universität Ingolstadt (bald darauf nach Landshut verlegt), wo er sogleich wieder zwischen die Fronten geriet: Von der Polizei wurde Sailer als finsterer „Römling" bespitzelt, von der katholischen Reaktion als verkappter Freimaurer belauert.

Mittlerweile hätte ihn die preußische Regierung gern als Erzbischof in Köln gesehen. Doch Rom, wo man das vernichtende Gutachten von Pater Hofbauer kannte, tat nichts, um den Kandidaten zur Annahme zu bewegen. Sailer war bereits siebzig Jahre alt, als sein Schüler und Freund, Kronprinz Ludwig, seine Ernennung zum

Domkapitular und Bischofskoadjutor mit dem Recht der Nachfolge in Regensburg durchsetzte – immer noch gegen erhebliche Widerstände aus Rom. Auf die päpstliche Bestätigung musste man sechs Monate warten!

In den folgenden sechs Jahren bereiste der noch recht vitale alte Herr unermüdlich das Bistum, predigte in den abgelegensten Winkeln und firmte mehr als 74 000 junge Menschen. Als Dompropst, Generalvikar und Weihbischof hatte Sailer die eigentliche Bistumsleitung inne. Bischof Johann Nepomuk von Wolf war so hinfällig und gebrechlich, dass er das Bett kaum mehr verlassen konnte. Siebenundsiebzigjährig bestieg Johann Michael Sailer 1829 für seine drei letzten Lebensjahre den Regensburger Bischofsstuhl.

„Schonen, recht schonen soll er sich!", ließ ihm Ludwig ausrichten, der inzwischen König geworden war. Aber Sailer, dessen robuste Natur mehrere Schlaganfälle überstand, widmete sich seinen Amtsgeschäften mit Hartnäckigkeit und Freude: Er führte regelmäßige Priesterexerzitien ein, baute den Unterhaltsfonds für alte und kranke Kleriker aus. Das Wichtigste war ihm die innere Erneuerung in den Reihen der Seelsorger, an denen er Habsucht, Anmaßung und Herzenshärte kritisierte.

Am 20. Mai 1832, mit achtzig Jahren, gab er Gott sein Leben zurück.

*„Ich kann nicht halb lieben,
dies kalte Blut fließt mir nicht in den Adern"*

„Mein Herz hat noch keine Rinde angesetzt"

Wie die letzte Kurfürstin Maria Leopoldine (1776–1848) ihre Bayern vor dem Machtpoker der Habsburger rettete

So ein prächtiges Fest hatten die Münchner wohl noch nie gesehen, wie es Graf Rumford im Februar 1795 im Englischen Garten veranstaltete: Auf dem Kleinhesseloher See gab es Lustfahrten, im Apollo-Tempel wiegten sich die neun Musen im Tanz, eine Blaskapelle lud zu einer perfekt nachgestellten Bauernhochzeit, mit Hochzeitslader, Brautzug, Festschmaus und allem, was sonst noch dazu gehört. Am Abend tauchten Tausende von Lampions den ganzen Park in buntes Licht, und ein gerade in München eingetroffener Chinese in Nationaltracht hielt eine wunderliche Gratulationsrede an den Kurfürsten und seine Gemahlin.

Um die beiden ging es nämlich bei dem Spektakel: um Kurfürst Karl Theodor und seine bezaubernde Gattin Maria Leopoldine, die gerade geheiratet hatten, in Innsbruck. Die Münchner schauten sich die neue Regentin an, wie sie in Andacht versunken vor der Muttergottes in der Herzogspitalkirche kniete, und sie waren sofort begeistert. Die Gerüchte hatten nicht gelogen, die Maria Leopoldine ein apartes Äußeres, ein fröhliches Wesen und das Fehlen jeglicher Allüren bescheinigten.

Ein ungeliebter Hochzeiter

Eine peinliche Sache war diese Eheschließung trotzdem – zählte die hübsche Braut doch erst achtzehn Lenze, während der kurfürstliche Gatte im einundsiebzigsten Lebensjahr stand, körperlich verbraucht und geistig, nun ja, schon ein wenig senil. Die Münchner Lästermäuler hatten auch gleich ein hundsgemeines Couplet parat, das sie dem ungleichen Paar an allen Straßenecken hinterhersangen:

„O lieber Herr und Heiland,
was schickt der Herr aus Mailand?
Eine schöne Frau
für unsre alte Sau!"

Was erst einmal verrät, wie wenig die Bewohner der Residenzstadt – und nicht nur die – für ihren Kurfürsten übrig hatten. Man hielt ihn für einen misstrauischen Despoten, schwankend in seinen Überzeugungen, ohne Gefühlsbeziehung zu seinem Volk, einzig und allein interessiert an Erhalt und Vergrößerung der eigenen Macht. Er war ja ein importierter Herrscher ohne altbayerischen Stallgeruch, geboren in Drogenbusch bei Brüssel, lange Zeit in Mannheim residierend, ein kleiner Provinzfürst, der von seinem Großvater Pfalz-Neuburg und die Kurfürstenwürde geerbt, durch die (erste) Heirat mit seiner Cousine die wittelsbachischen Besitzungen am Niederrhein gewonnen und nach dem kinderlos gestorbenen bayerischen Kurfürsten Max III. Joseph auch noch ein vereinigtes Kurfürstentum Pfalz-Bayern bekommen hatte.

Ein „Glücksschwein" nannte ihn sein Zeitgenosse Friedrich der Große respektlos, weil Karl Theodor, ohne sich anzustrengen oder auch nur einen Tag Krieg zu führen, ein riesiges Territorium zusammengerafft hatte. Über Nacht war er der drittmächtigste Regent im Reich geworden, nach dem deutschen Kaiser und dem König von Preußen. Glücklich war er trotzdem nicht mit dieser Konstellation. München, das erschien ihm als Provinz, bäuerlich, rückständig, viel zu bieder, verglichen mit dem weltläufigen Mannheim, das er in seiner Ägide zu einer Art westdeutschem Weimar ausgebaut hatte.

Am meisten nahmen ihm seine Bayern übel, dass er das weißblaue Territorium allen Ernstes gegen die habsburgischen Niederlande tauschen wollte, um König eines neu zu schaffenden burgundischen Reiches mit den Städten Brüssel, Düsseldorf, Mannheim zu werden. Zum Glück stemmten sich Friedrich der Große und die anderen deutschen Fürsten mit Händen und Füßen gegen eine solche Machterweiterung des habsburgischen Imperiums.

Fairerweise muss man dem ungeliebten Karl Theodor aber auch ein paar gute Seiten zugestehen. Er milderte die damals noch allgemein übliche Folterpraxis, verbesserte die Stellung der unehelichen Kinder, machte das sumpfige Freisinger Moos für eine Armensiedlung urbar, öffnete den Hofgarten für die Allgemeinheit, legte der eigenen Zensurbehörde Fesseln an – wenigstens zeitweise.

Im Ehebett ging es „nicht ganz gut"

Sei's drum. Der Kurfürst mag nicht der menschenverachtende Popanz gewesen sein, den man zu Lebzeiten und auch noch später aus ihm machte – für die taufrische Italienerin kam die Ehe mit dem abgetakelten Lebemann einem Fegfeuer gleich. „Was schickt der Herr aus Mailand?", sangen die Münchner. Maria Leopoldines Vater war der Erzherzog von Modena in der Lombardei, ein Sohn der Kaiserin Maria Theresia, er residierte in Mailand und hatte dort das berühmte Teatro della Scala gebaut. Eheschließungen in diesen Kreisen hatten wenig mit Liebe zu tun, dafür umso mehr mit Politik.

Maria Leopoldine, ein aufgewecktes, manchmal wildes Kind, verbrachte eine glückliche Jugend am Mailänder Hof, musste aber früh begreifen, dass ihr junges Leben Manövriermasse in der Hand des Habsburgerclans war.

> „Ich ward in einer Zeit erzogen, wo man dachte, dass die Damen und besonders die Prinzessinnen nicht viel Bildung nötig hätten (...), und man vernachlässigte das Wichtigste, unser Herz und unseren Geist zu bilden. Bestimmt, Opfer des Herkommens der Politik der Höfe zu werden, verfügte man über unsere Persönlichkeit und fand es sehr bequem, über kleine sehr willige

> Dummköpfe zu verfügen, die unfähig waren, den Zwang zu empfinden, den man auf ihre Persönlichkeit ausübte, und folglich keinen Widerstand dagegen leisteten."

„Gottlob, dass er schon so alt ist!", hatte sie erleichtert ausgerufen, als sie ihren künftigen Ehemann zum ersten Mal auf einem Aquarell erblickte. Nun war die Mailänderin also Karl Theodors Gemahlin geworden, und es kam, wie es kommen musste. Worüber man in München alsbald leise tuschelte oder auch laut lachte, das formulierte der österreichische Gesandte Graf Lehrbach in seinen Berichten an den Wiener Hof mit vornehmer Zurückhaltung: Man spreche davon, „dass es im Ehebett nicht ganz gut gehe".

Es konnte ja auch nicht gut gehen. Auf der einen Seite das quirlige, springlebendige, unverschämt junge Mädchen mit dem Temperament einer Italienerin, der Neugier einer Philosophin und den Umgangsformen eines ungebärdigen Teenagers; wenn sie aufgeregt sei, verfalle sie in einen entzückenden alpenländischen Dialekt, erzählte man sich. Klassisch schön ist sie nach den erhaltenen Porträts nicht gewesen, aber schwarze Glutaugen, eine gerade Nase, tadellos weiße Zähne und dichte dunkle Haare verliehen ihr einen eigenartigen Reiz.

Auf der anderen Seite der Kurfürst, immer noch eine attraktive Erscheinung von „kräftiger Leibesbeschaffenheit", wie Graf Lehrbach nach Wien schrieb, aber nach einem zügellosen Lebenswandel und mehreren Schlaganfällen in seiner Gesundheit merklich beeinträchtigt. Seiner blutjungen Gattin hatte er anfangs generös zugestanden, Hauptsache, sie schenke ihm einen Thronerben, er werde nicht danach fragen, wer der Vater sei. Aber als Maria Leopoldine Gebrauch von dem freundlichen Angebot zu machen begann und sich mit hübschen Männern ihres Alters umgab, war er seine Großvaterrolle schnell wieder leid. Er machte ihr lächerliche Vorschriften, ließ jeden ihrer Schritte überwachen, doch sie trickste seine Spione aus.

Italienische Militärs hatten die besten Chancen. Aber auch dem Hofmusiker Franz Eck schenkte sie ihre Gunst. Und dem Oberstsilberkämmerer Graf von Tauffkirchen. Und dem Kämmerer Graf

Carl von Arco. Und wohl auch dem Kardinal della Genga, der für seine Frauengeschichten bekannt war und auch noch später, als er zum Papst gewählt worden war, mit Maria Leopoldine korrespondierte.

Die Münchner Gesellschaft schockierte die Kurfürstin mit den skurrilsten Ideen: Glucksend vor Vergnügen informierte sie die Gäste an der Hoftafel darüber, dass sie gerade Katzen- oder Fledermausfleisch gegessen hätten. In selbstinszenierten Komödien schlüpfte sie in die Rolle antiker Göttinnen.

Eine Zweiundzwanzigjährige macht Geschichte

Doch noch viel mehr staunten die Münchner über ihre Entschlossenheit, als den Kurfürsten nach vier Jahren Ehe am 12. Februar 1799 ein letzter, diesmal tödlicher Schlaganfall ereilte – am Spieltisch, passenderweise. Außerordentlich geschickt machte Karl Theodors scheinbar so verspielt-naive zweiundzwanzigjährige Witwe in diesen schicksalhaften Tagen die komplette politische Strategie des Wiener Hofes zunichte!

Denn natürlich stand die Wiener Verwandtschaft Gewehr bei Fuß, als die Nachricht durchsickerte, der Kurfürst liege im Sterben, es gebe kein Testament und er könne in seinem Zustand auch keines mehr diktieren. Höchste Zeit, zu handeln! Der österreichische Gesandte Graf Seilern hastete in die Münchner Residenz, bei sich hatte er einen Sonderbotschafter des Kaisers, den Grafen Colloredo – und, wichtiger noch, den ominösen Tauschvertrag „Bayern gegen die österreichischen Niederlande". Es würde ein Leichtes sein, den sprachgelähmten Kurfürsten zur Unterschrift zu bewegen, sollte er noch einmal aus dem Todeskampf erwachen.

Doch die ausgefuchsten Diplomaten hatten nicht mit der Renitenz von Maria Leopoldine gerechnet. Jetzt endlich wollte einmal sie das Gesetz des Handelns bestimmen. Die Kurfürstin pflanzte sich an der Tür zu Karl Theodors Krankenzimmer auf und verwehrte den entgeisterten Sendboten des Kaisers den Zutritt. Kaum war die Wiener Delegation unverrichteter Dinge abgezogen, schickte sie eine Depesche an den Herzog von Zweibrücken, Max Joseph; die Zweibrückener Seitenlinie der Wittelsbacher erhob ja ebenfalls Anspruch auf das Münchner Erbe. Maria Leopoldine verstand sich offensichtlich prächtig mit dem Herzog; in fliegender Hast schrieb sie ihm:

> „Im wichtigsten Augenblick meines Lebens wende ich mich an Sie; der Kurfürst ist in der Agonie. Der Kurier, der Ihnen diese Nachricht überbringen soll, ist in Eile; mir bleibt nur die Zeit, mich Ihnen zu empfehlen, da Sie mein einziger Rückhalt sind (...). Jetzt bin ich Ihre Untertanin und stolz darauf. (...) Ich erwarte Sie mit Ungeduld und werde mich nach Ihren Befehlen richten."

Vier Tage später war Karl Theodor tot. Die kaiserlichen Gesandten witterten noch eine letzte Chance, den habsburgischen Einfluss in Bayern zu zementieren: Sie fragten Maria Leopoldine mehrmals eindringlich, ob sie ein Kind vom verstorbenen Kurfürsten erwarte – was sie sichtlich genervt verneinte. Dem Wiener Kaiserhof war damit jedes Recht entzogen, sich – unter dem Vorwand der Fürsorge – weiter in die bayerischen Belange einzumischen. Maria Leopoldine hatte sich endgültig von ihrer Familie emanzipiert – und Geschichte gemacht.

> „Es gelang ihr in der Schicksalsstunde Bayerns, eine Schlüsselstellung einzunehmen, die Einverleibung des Kurfürstentums in das Habsburgerreich zu verhindern und einer neuen wittelsbachischen Dynastie den Weg zur kampflosen Übernahme der staatlichen Gewalt in Bayern zu ebnen. Diese Leistung lässt sich in einem Jahrhundert, das vier Erbfolgekriege gesehen hat, nicht hoch genug einschätzen."
> **Sylvia Krauss-Meyl, Historikerin und Archivrätin in München**

Jetzt regierte also wieder ein Pfälzer in München, Max Joseph aus Zweibrücken, der jedoch im Unterschied zu Karl Theodor volkstümlich und beliebt war. 1806 wurde er König von Napoleons Gnaden. Maria Leopoldine hielt sich vom politischen Trubel der Hauptstadt fern, sorgte aber nach wie vor für kleine bis größere Skandale.

Sachverstand und Skandale

Zum Witwensitz wählte sich die Zweiundzwanzigjährige das Gut Stepperg bei Neuburg an der Donau, weit genug von den Kontrollinstanzen der Landeshauptstadt, aber nahe an der Neuburger Residenz, wo ein flirrendes Hofleben herrschte: Bälle, Gesellschaften, Liebhaber. Ein uneheliches Kind, nach sehr unwahrscheinlichen Spekulationen war es der berühmte Kaspar Hauser, musste sie auf Betreiben des Wiener Hofes im abgeschiedenen Laibach (heute Ljubljana) zur Welt bringen, damit nur ja niemand etwas mitbekam.

Powerfrau: Kurfürstin Maria Leopoldine

Die energiegeladene Witwe sanierte ihren Besitz mit Sachverstand und Verantwortungsbewusstsein, half verschuldeten Gütlern mit Renten und Spenden, war sich nicht zu schade, beim Kartoffelsammeln und bei der Heuernte selbst Hand anzulegen. „Müßiggang ist die Mutter der Langweile", sagte sie, „und diese Krankheit wäre mein Tod."

Der nächste Skandal ließ freilich nicht lange auf sich warten. 1804, sie war jetzt fünf Jahre Witwe, heiratete sie zum zweiten Mal – und suchte sich ausgerechnet den Sohn des prominenten Sprechers der bayerischen „Landschaft" aus, also der Ständevertretung, der die politische Opposition gegen ihren Gatten, den Kurfürsten Karl Theodor, angeführt hatte: Graf Ludwig von Arco, nur drei Jahre älter als sie, Jurist, Hofrat, ein hervorragender Verwaltungsbeamter. Pikant, dass sie mit seinem älteren Bruder Carl bereits zu Lebzeiten Karl Theodors ein Verhältnis gehabt hatte. Und ganz unmöglich für damalige Begriffe, dass sie es war, die dem Auserwählten einen Heiratsantrag gemacht hatte, statt umgekehrt.

Richtig glücklich wurde sie auch diesmal nicht; die beiden Ehegatten waren zu verschieden. Maria Leopoldine interessierte sich immer stärker für ihre Güter und sämtliche landwirtschaftliche Detailfragen, sie machte aus ihrer Verachtung für höfisches Getändel kein Hehl und vernachlässigte demonstrativ ihre Toilette: „Stinkbüchslein" wurde sie von der scharfzüngigen Erzherzogin Sophie genannt, weil sie sich nicht immer sauber wusch. Ihr Mann, Graf Arco, hingegen liebte den Hauch der großen weiten Welt an der Münchner Residenz, die Kunst und die Jagd.

Ihren beiden Söhnen – Louis und Max hießen sie – widmeten sich die Ehegatten gleichwohl mit großem Pflichtbewusstsein. Sie schätzten einander und fanden einen anständigen Weg, „als Freunde in der Welt zu leben" (Maria Leopoldine), ohne sich gegenseitig mit unerfüllbaren Forderungen auf die Nerven zu fallen. Sie ging ganz in ihren Gütern und Geschäften auf, er weilte meist in München, unterzeichnete seine Schriftstücke bescheiden als „Obersthofmeister Ihrer Königlichen Hoheit der Kurfürstin Witwe", und wenn sie sich in Gesellschaft zufällig trafen, gingen sie respektvoll distanziert miteinander um wie entfernte Verwandte.

Ein rundes Jahrzehnt nach Karl Theodors Tod kehrte Maria Leopoldine vom Gut Stepperg in die Landeshauptstadt zurück. Und sogleich zerriss man sich wieder die Mäuler über das abwechslungsreiche Liebesleben der Kurfürstinwitwe. Wie sie es wohl geschafft hatte, sich durch die Kirchenbehörde von der Gehorsamspflicht gegenüber ihrem Gatten dispensieren zu lassen? Man schätzte sie aber auch als „beste aller Mütter". Es schien so, als suche sie an ihren beiden legitimen Söhnen gutzumachen, was sie an dem ersten, unehelichen Kind gesündigt hatte. Angeblich ist es bei einer Försterfamilie im Berchtesgadener Land aufgewachsen.

Jedenfalls ging Maria Leopoldine mit ihrem Nachwuchs erheblich aufmerksamer und herzlicher um, als es damals in ihren Kreisen üblich war. Für die Kindergeburtstage und Faschingskinderbälle engagierte sie Zauberer und lud – zum Ärgernis der vornehmen Gesellschaft – auch Handwerkerkinder ein, die sie mit Schweinsbraten und Bier bewirtete. Mit der leeren Hektik des Münchner Hoflebens konnte die Kurfürstinwitwe wenig anfangen:

„Arme Sterbliche, die sich Prinzen und Prinzessinnen nennen! Ich bemitleide sie inmitten ihrer Reichtümer, von Ehren umgeben, die Langweile überwältigt sie und sie verlieren das einzige wahre Glück des Lebens, das nichts zu ersetzen vermag, wenn man dessen beraubt ist, das sind die wirklichen Beziehungen wahrer, aufrichtiger, selbstloser Freundschaft, die nur auf gleichgestellter Basis bestehen können."

Wie es sie anödete, das Leben bei Hofe, „das alle Einfälle erstickt und den Mund nur öffnen lässt, um eine Schmeichelei oder einen Gemeinplatz zu sagen!" Maria Leopoldine dagegen liebte es, ihre Meinung unbekümmert um gesellschaftliche Konventionen kundzutun. August Graf von Platen, Page am Königshof und Schöpfer melancholischer Sonette, schwärmt von ihrem ungezwungenen, absolut unaffektierten Benehmen.

Geizig, hilfsbereit, rebellisch

Alle Berichte der Augenzeugen durchzieht jetzt allerdings die Kritik an Maria Leopoldines sprichwörtlichem Geiz. Auf ihren Faschingsbällen froren und hungerten die – wohl nur aus Pflichtbewusstsein erschienenen – Gäste. Die Speisen wurden in atemberaubendem Tempo auf- und wieder abgetragen, die Räume waren nicht geheizt, und die Maria-Leopoldine-Forscherin Krauss-Meyl hat sicher Recht, wenn sie schreibt: „Alle waren froh, wenn die Lichter allmählich verloschen und man sich empfehlen konnte, um sich an anderem Ort aufzuwärmen und sattzuessen."

Maria Leopoldine selbst verstand nicht recht, warum die Leute sich so über etwas aufregten, was sie für die ganz normale Sparsamkeit einer guten Hausfrau hielt. Schachern und Spekulieren war ihr ein Lebenselixier geworden. In ihren Privatgemächern stapelten sich die Geschäftsbücher, Schuldenregister und Bilanzen wie bei anderen Damen der Gesellschaft die Liebesromane und galanten Journale. Auf ihren Reisen stritt sie wie ein keifendes Marktweib um die

Übernachtungstarife, so dass die begleitenden Hoffräulein vor Scham in den Boden versinken wollten.

Mit ihrem raffinierten Geschäftssinn häufte die Kurfürstinwitwe ein riesiges Vermögen an, kaufte Landgüter und Brauereien auf, unterhielt Jahrmarktsbuden und ein Textilgeschäft am Münchner Maxtor, wo sie zum Entsetzen der Hofgesellschaft bisweilen hinter dem Ladentisch stand, fuhr von einem Vieh- und Getreidemarkt zum nächsten, begleitete ihre Holzflöße in eigener Person den Lech und Inn hinab, in derben Stiefeln und resolut Kommandos gebend, jonglierte dann wieder mit Wertpapieren und Aktien wie ein mit allen Wassern gewaschener Makler. 1837 gewann sie an der Pariser Börse, wo sie mit Eisenbahnaktien spekulierte, auf einen Schlag eine Million Gulden.

Gemeinsam mit ihrem Schwager, dem Grafen Montgelas, mischte sie aber auch bei anrüchigen Finanzoperationen mit. Zwei Münchner Großbankiers mussten daraufhin Bankrott anmelden, einer der beiden beging Selbstmord. Andererseits bewies Maria Leopoldine ein soziales Bewusstsein, das weit über die Attitüde der edlen Spenderin hinausging. Sie knauserte bei Galadiners und Tanzabenden, gab aber gern beträchtliche Teile ihres Vermögens für gemeinnützige Projekte her: Den großzügigen Erweiterungsbau des Frauenkrankenhauses Neuburg an der Donau finanzierte sie aus ihrer Privatschatulle, unter der ausdrücklichen Bedingung, ungenannt zu bleiben.

Das Christentum verstand sie offensichtlich nicht als Tünche bürgerlicher Wohlanständigkeit. Eine echte Tochter der Aufklärung war die Kurfürstinwitwe, fasziniert von der Toleranzidee, der Gleichheit aller vor dem Gesetz und dem Selbstbestimmungsrecht der Völker. Der Französischen Revolution, die immerhin ihre Tante Marie Antoinette den Kopf gekostet hatte, gewann sie echte Werte ab. Noch in ihrem Todesjahr 1848 erklärte sie ungerührt, von ein paar revolutionären Änderungen gehe die Welt nicht unter.

Ihr letzter Liebhaber war Graf Sigmund von Berchem gewesen, fünfzehn Jahre jünger als sie und in seinen Gefühlen von einer biederen Freundlichkeit, nachdem die erste Leidenschaft vorüber war. Zeitweise schrieben sie sich dreimal täglich. Doch während die Grande Dame der Wittelsbacher seinen heruntergewirtschafteten

Familienbesitz sanierte, seine Wäsche flickte und eifrig Socken für ihn strickte, vergrub sich der spröde Geliebte auf seinen Landgütern und mokierte sich am Ende gar öffentlich über ihre Anhänglichkeit.

Müde schrieb sie dem einst so zärtlichen Bettgenossen, sie könne eben nicht „halb lieben“. Gefühle nützten sich mit den Jahren keineswegs ab, denn der Geist könne frisch und jung bleiben, wenn der Körper auch altere. Ihr Herz habe „noch keine Rinde angesetzt, und obgleich ich ärgerlich und fast beschämt bin, muss ich gestehen, dass ich immer noch so liebe wie mit zwanzig Jahren.“

Zu guter Letzt heiratete der Graf (38) die hübsche, neunzehnjährige Tochter eines Staatsrats. Maria Leopoldine (54) fühlte sich überraschenderweise mehr befreit als verletzt und begegnete dem Paar fortan als mütterliche Freundin.

Am 23. Juni des Revolutionsjahres 1848 wollte sie sich mit der Kutsche auf ihr Gut Kaltenhausen bei Salzburg begeben. Als man einen steilen Berg bei Wasserburg hinauffuhr, kam der Kutsche ein Salzfuhrwerk, dessen Hemmschuhkette gebrochen war, in vollem Lauf entgegen. Beim Zusammenstoß verletzte sich die zweiundsiebzigjährige Kurfürstinwitwe schwer, zwei Rippen durchstachen die Lunge und führten zum Erstickungstod.

Im Volk lief alsbald eine andere Version um, die schön gruselig klang und auf jeden Fall besser zum abenteuerlichen Leben der alt gewordenen Dame passte: Maria Leopoldine habe in der unsicheren politischen Lage eine riesige Holzkassette mit Geld und Wertpapieren außer Landes bringen wollen. Bei dem Unglück sei die schwere, eisenbeschlagene Schatztruhe auf sie gefallen und habe ihr das Genick gebrochen.

*„Dass Sie a Viech san,
hab i mir denkt"*

„Majestät, wer ko, der ko!"

Wie ein einziger frecher Satz den Münchner Lohnkutscher Franz Xaver Krenkl (1780–1860) berühmt machte

„Auch du, mein Sohn Brutus?!" – „Varus, gib mir meine Legionen wieder!" – „Hier stehe ich, ich kann nicht anders." – „L'état c'est moi, der Staat bin ich!" – Oft genug ist es ein einziger Satz, der einem Menschen seinen Platz in der Geschichte sichert. Dabei ist es gleichgültig, ob diese paar Worte typisch oder wichtig sind oder ob sie überhaupt gesprochen wurden (Luther, das weiß man inzwischen, hat den zitierten Satz nie von sich gegeben und auch kein Thesenpapier an das Portal der Wittenberger Schlosskirche genagelt).

Auch von dem Münchner Lohnkutscher und Rosshändler Franz Xaver Krenkl wüsste kein Mensch mehr etwas, hätte er nicht zum Kronprinzen Ludwig ein einziges ebenso freches wie schlagfertiges Sätzchen gesagt, das seither zu den geflügelten Worten zählt – zumindest in Bayern. Und das kam so: In der Residenzstadt war es streng verboten, die königliche Equipage zu überholen. Doch als besagter Krenkl eines Tages im Englischen Garten die sechsspännige Kutsche des Kronprinzen vor sich erblickte, zog er – stolz auf seine schönen, schnellen Pferde – kurzentschlossen mit seinem Viergespann an der Equipage vorbei.

Ludwig, damals noch ein durchaus liberaler und volksverbundener Vertreter des Königshauses, drohte dem frechen Kerl lächelnd mit dem Finger. Krenkl drehte sich um, lachte zurück und rief: „Majestät, wer ko, der ko!" Für Preußen lässt sich der Tiefsinn dieser Worte kaum übersetzen: „Der Starke fürchtet kein Verbot", könnte es heißen, oder „Wer weiß, dass er zu etwas fähig ist, der soll das auch tun."

Ludwig wartete jedenfalls auf eine Gelegenheit, es Krenkl heimzuzahlen. Beim nächsten Pferderennen wollte der passionierte Rennreiter Krenkl vom Festplatz heimfahren, musste aber warten, bis die Hofkutschen den Platz verlassen hatten. Der Kronprinz beugte sich triumphierend lachend aus seinem Wagen und stellte nun seinerseits fest: „Gell, Krenkl, wer ko, der ko!"

Die hübsche Bäckerstochter und das erste Oktoberfest

Der Mann, der einmal als das urigste Original der Landeshauptstadt galt, war kein Münchner: Im niederbayerischen Landshut kam Franz Xaver Krenkl am 15. November 1780 zur Welt, als Sohn eines Uhrmachermeisters. Dasselbe Handwerk sollte er auch erlernen, ging auch als Uhrmachergeselle auf die Walz, doch zu dem Herumhantieren mit den winzigen Rädchen und Schrauben fehlte ihm die Geduld. In München fand er bei einem Bäckermeister eine Unterkunft und verdingte sich im „Tal" (die Straße hinter dem Viktualienmarkt gibt es heute noch) bei einem Gastwirt, der einen Pferdehandel betrieb.

Franz Xaver erledigte für die Kutscher aus dem Umland, die hier abstiegen, Besorgungen und führte den Kaufinteressierten die Pferde seines Arbeitgebers vor. Er war fleißig und geschickt, bekam viel Trinkgeld, und als er sich auch noch im Krieg gegen Napoleon durch Tapferkeit auszeichnete, gewährten ihm die Bäckersleute gern die Hand ihrer hübschen Tochter Therese.

Die Krenkls pachteten eine Gastwirtschaft und richteten sich später eine Lohnkutscherei mit angeschlossenem Pferdehandel ein. Und Franz Xaver, der nicht nur ein scharfzüngiger Spötter war, sondern das Herz auf dem rechten Fleck hatte, täglich zur Messe ging und von seinem guten Verdienst freigebig an Arme abgab (allerdings nur an nüchterne; wer nach Schnaps roch, bekam nichts), wurde prominent. Königshof und Adelige versorgte er mit edlen Rössern aus Ungarn und England, seine Kutscher brachten zahlungskräftige Bürger sicher bis nach Wien und Triest.

Als Kronprinz Ludwig 1810 die Prinzessin Therese von Sachsen-Hildburghausen heiratete und aus diesem Anlass ein Volksfest auf der Wiese vor dem Sendlinger Berg veranstaltete – das erste Münchner „Oktoberfest" –, gehörte Krenkl zu den Organisatoren. Denn weil es noch keinen Bierausschank gab und auch noch keine Schiffsschaukeln, Karussells und Würstlbuden, war ein Pferderennen auf der später nach der Braut benannten „Theresienwiese" die Hauptattraktion. 30 000 Münchner kamen – damals hatte die Stadt nur 40 638 Einwohner! –, um dem Thronfolger und seiner Gemahlin zuzuwinken und die im bäuerlichen Stil, ohne Sattel und Steigbügel, um den Platz preschenden Rennreiter anzufeuern.

Damals belegte Krenkl noch den dritten Platz unter den Reitern; Erster wurde der Unteroffizier Franz Baumgartner, Zweiter der Liebl Schorsch, ein Landwirt aus Metzing bei Vilsbiburg. Bei den folgenden „Oktoberfesten", die regelmäßig mit einer Zuchtvieh-Ausstellung und später auch mit Jahrmarktsbetrieb und Bierausschank verbunden waren, trug Krenkl mit seinen Pferden und „Rennbuam" dann aber meist den Sieg davon – vierzehn Mal, um genau zu sein. Als der Kronprinz König geworden war, den Namen Ludwig I. trug und den berühmt gewordenen Reitsportler einmal neckte, ob er denn heuer wieder den ersten Preis gewonnen habe, erwiderte Krenkl mürrisch: „An Dreck, Majestät! Bloß an vierten Platz."

Abenteuer im Theater

Der Kutscher und Pferdehändler Krenkl liebte aber nicht nur den Pferdesport, sondern mehr noch das Theater. Nur Tragödien mochte er nicht. „Kriagn sie sich, oder geht's schlecht naus?" fragte er vorsichtig an der Theaterkasse. Krenkl nahm an der Bühnenhandlung impulsiv Anteil wie ein Kind am Kasperltheater, und traurige Verwicklungen hätten ihn viel zu sehr aufgeregt. Als sich in einem Volksstück im „Schweigertheater" in der Au ein heimtückischer Räuber von hinten mit einem Dolch an den Bühnenhelden heranschlich, rief Krenkl laut aus dem Zuschauerraum: „Geh halt weg, du Rindviech, der dersticht dich ja!"

Hier im Schweigertheater ärgerte er sich einmal über zwei distinguierte Herren in der Reihe hinter ihm, die ständig ungeniert miteinander plauderten. Schließlich drehte sich Krenkl um und forderte die beiden auf, den Mund zu halten. „Sie wissen ja nicht, mit wem Sie reden", erwiderte der eine hochmütig. „Na, i bin aa net neugierig", gab Krenkl zurück. – „Ich bin der Magistratsrat Fuchs!" – „So so, dass Sie a Viech san, hab i mir denkt, aber dass Sie a Fuchs san, des hab i net g'wusst."

Aufmüpfig: Franz Xaver Krenkl

Unerschrocken war er und, wenn nötig, ganz schön giftig. Aber auch anständig, auf eine altmodische Weise. Als er die siebzig überschritten hatte, sollte die Schillerstraße verbreitert werden, und die Stadt machte den Grundeigentümern ein Angebot für die entsprechenden Flächen. Krenkls Nachbarn forderten ihn auf, erst mal den Verkauf abzulehnen, damit man einen höheren Preis herausschinden konnte. Da wurde er fuchtig wie noch nie und schrie sie an: „Ja glaubt's denn ihr, i bin scho so alt g'wordn, dass i die Stadt b'scheißn möcht?" Und trat seinen Grund zum normalen Schätzpreis ab.

Als er achtzig geworden war, starb er einen Tod, wie ihn sich kein Drehbuchschreiber besser hätte ausdenken können: Am 23. April 1860 erlitt er in seinem geliebten Theater einen Herzschlag, in der Loge auf dem dritten Rang. Der einzige Schönheitsfehler: Es war ein Stuttgarter Schauspielhaus. An der Beerdigung auf dem Alten Südfriedhof nahmen Tausende teil. Am Karlstor auf dem Münchner Stachus ist er auf den vier sogenannten Kragenknöpfen dargestellt, zusammen mit drei anderen Münchner Originalen: dem Bassgeiger Baron Sulzbeck aus dem Hofbräuhaus, dem letzten bayerischen

Hofnarr Prangerl und dem Finessensepperl, der jeden Liebesbrief zuverlässig zustellte.

Für Zivilcourage und Bürgerengagement verleiht die SPD München-Süd seit 1990 alljährlich den „Krenkl-Preis ‚Wer ko, der ko'" für Zivilcourage und bürgerschaftliches Engagement; zu den Preisträgern gehören die Schauspieler Ruth Drexel, Helmut Fischer, Jutta Speidel, Miroslav Nemec und Michael Lerchenberg, der Sänger Konstantin Wecker und der Münchner Caritas-Direktor Peter Neuhauser.

Im Jahr 2015 erhielten zwei Mutige gemeinsam die Auszeichnung: der Rundfunkjournalist Ulrich Chaussy und der Rechtsanwalt Werner Dietrich – für die Hartnäckigkeit, mit der sie die Aufklärung des „Oktoberfest-Attentats" von 1980 betrieben hatten. Der Bombenanschlag forderte zwölf Tote und mehr als zweihundert Verletzte. Auf Druck der Staatsregierung und weiterer konservativer politischer Kreise beschränkten sich die Ermittler auf eine Einzeltäter-Theorie und lehnten es jahrzehntelang ab, die Rolle rechtsextremistischer Netzwerke bei dem Terrorakt zu untersuchen.

„Bin kein Maler – und male doch,
bin kein Sänger – und singe doch,
sitz da oben im Himmelsblau ...“

Der Vater von Kasperl Larifari

Warum die Münchner Kinder den Grafen Franz von Pocci (1807–1876) so lieb hatten

Graf zu werden, war im biedermeierlichen München gar nicht so schwer, wenn man von einem italienischen General abstammte und bei Hofe die unentbehrliche Stellung eines Zeremonienmeisters und obersten Kämmerers bekleidete. Aber Münchens volkstümlichster Adeliger zu sein, ein Mann, den jeder kannte und den der Vater auf der Straße seinen Kindern zeigte: „Schaut, das ist der Herr, der sich die Geschichten vom Kasperl Larifari ausdenkt!“ – das war schon eine Leistung. Franz von Pocci, heute noch berühmt als „Kasperlgraf“, war auch ein ungemein vielseitiger Literat, Graphiker und Tonsetzer, ein Dilettant ohne richtige Ausbildung und gleichzeitig ein liebenswertes Genie.

Sein Vater, der General Fabricius Pocci, war 1781 als Page aus Viterbo in die bayerische Hauptstadt gekommen, hatte die Baronin Xaveria von Posch, Tochter des bayerischen Gesandten am Berliner und Dresdner Hof, geheiratet, und war zum Grafen, Generalleutnant und Obersthofmeister der Königin Therese befördert worden. Das Künstlerblut kam wohl eher von der Mutter, einer begabten Landschaftszeichnerin und Malerin. Den 1807 geborenen Franzl faszinierten schon als Kind die alten Kasperl-Geschichten und die Sagen von Tod und Teufel. Der Nachbarsjunge Ludwig Schwanthaler, der später der Lieblingsbildhauer von König Ludwig I. werden und das Standbild der Bavaria über der Oktoberfestwiese schaffen sollte, war sein bester Freund, ihre größte Leidenschaft das Ritterspiel. Gemeinsam zeichneten sie Turnierzüge mit Reitern, Trompetern und schönen Fräulein auf riesige Blätter.

Franzl begeisterte sich für das Puppentheater, aber auch für die Musikabende im Elternhaus; mit vierzehn komponierte er schon ganz passable Stücke. Zu seinen Lehrern gehörten der Historienmaler Josef Schlotthauer und der Erzgießer Johann Baptist Stiglmaier, der Schöpfer der Kolossalstatuen in der Münchner Residenz. Weil Papa und Mama aber realistisch dachten, schickten sie den voller Träume steckenden jungen Künstler erst einmal zum Jura-Studium an die Universität Landshut (die bald nach München verlegt wurde).

Der Studiosus Franz absolvierte brav seine Praktika in Starnberg und Dachau, trat zähneknirschend einen Schreiberposten als rechtskundiger Beamtenanwärter in München an, brachte es dann aber irgendwie – der Name Pocci hatte einen guten Klang – fertig, in den Hofstaat des kunstsinnigen und anfangs erstaunlich liberalen Königs Ludwig I. aufgenommen zu werden. Vom Kammerjunker stieg er rasch zum Zweiten Zeremonienmeister und dann zum Kammerherrn auf.

„Ich übersprudelte an Ideen"

Damit das spanisch-französische Hofzeremoniell bei den Wittelsbachern reibungslos funktionieren konnte, musste so ein Hofbeamter seine Augen überall haben. Doch wenn Pocci seinen goldbestickten blauen Frack auszog und den Marschallstab aus der Hand legte, fand er Zeit genug, sich seinen künstlerischen Liebhabereien zu widmen.

Genau betrachtet, war er ein Dilettant, der ein Dutzend Projekte gleichzeitig betrieb und kein Talent gründlich genug trainierte; „ich war zumeist zersplittert und ließ vieles, was ich mit Begeisterung erfasst habe, bald wieder liegen", gesteht er selbst zerknirscht. „Ich übersprudelte an malerischen und musikalischen Ideen, deren keine die andere zur vollen Entwicklung und Geltung kommen lassen wollte …" Als er seiner Braut Albertine stapelweise wunderschöne Skizzen von einer Italienreise nach Hause schickte, ermunterte er die gebürtige Wienerin selbstkritisch, sie könne das Zeug auch als „Stranizl für Bonbons" verwenden (was Albertine zum Glück nicht tat).

Gemeinsam mit Guido Görres brachte Pocci den „Festkalender" heraus, die erste illustrierte Jugendzeitschrift mit schnurrigen Balladen und geheimnisvollen Märchen. Er illustrierte Almanache, Sagensammlungen, Liederbücher, er gehörte zu den ersten Mitarbeitern der „Fliegenden Blätter" (für die er den „Staatshämorrhoidarius" erfand, eine Art frühen Comic-Helden) und der nicht minder berühmten „Münchner Bilderbogen", er dichtete Novellen und Märchen, gab eine „Frühlingslaube für gute Kinder" heraus, aber auch eine Sammlung „Alte und neue Soldatenlieder mit Bildern und Singweisen", komponierte Kinderlieder und Sonaten, verfasste Volksstücke und eine Komische Oper in zwei Akten „L'amore alchimista", die im Münchner Hoftheater 1832 aufgeführt wurde, nach zwei Abenden aber vom Spielplan verschwand, weil die Bühne offenbar nicht gerade Poccis Domäne war. Sogar das Danish Story-Book, eine englische Edition der zauberhaften Märchen von Hans Christian Andersen, verwendete Holzschnitte von Pocci.

Verspielt: Franz von Pocci

Zuständig für Sängerinnen und Kronleuchter

Von seinem Vater übernahm er das alte Rittergut Ammerland am Starnberger See, ein verwunschenes Schlösschen, in das er sich immer dann flüchtete, wenn er die Hofintrigen nicht mehr aushalten konnte. Denn als Hofmusikintendant war er mittlerweile zuständig für 120 Instrumentalisten, Sängerinnen und Sänger mit ihren chronischen Rivalitäten, für Besoldungsprobleme und reparaturbedürftige Kronleuchter. König Ludwig war ziemlich geizig, und dann hatte dieser Maître de plaisir Pocci auch noch die Stirn, die Aufnahme eines von der Mätresse des Königs, Lola Montez, protegierten Pianisten in das Hoforchester abzulehnen, weil er ihn für minderbegabt hielt.

Dennoch – es spricht entweder für Poccis taktische Raffinesse oder für seine hohen menschlichen Gaben – entzog ihm Ludwig seine Gunst nicht. Pocci blieb auch nach der erzwungenen Abdankung 1848 sein Vertrauter; er schaffte es, von der Montez die kompromittierenden Liebesbriefe zurückzubekommen, die ihr der König geschrieben hatte. Ludwigs Nachfolger Max II., der prominente Literaten und Gelehrte aus dem Norden nach München holte, kannte er seit seiner Kindheit. Und Ludwig II. konnte auf den bewährten Oberzeremonienmeister Pocci ebenfalls nicht verzichten – obwohl der die Musik von Richard Wagner nicht ausstehen konnte.

Das Münchner Künstlervölkchen hingegen liebte den Grafen Pocci als einen der Seinen. Pocci gehörte zu den Gründungsmitgliedern der „Gesellschaft der Zwanglosen“, die sich jeden Dienstag in der Weinstube Junemann traf und für die er zahllose Gedichte und Karikaturen schuf. Franz von Kobell war einer seiner besten Freunde, Pocci illustrierte seine unsterbliche „Geschichte vom Brandner-Kasper“ und wechselte mit ihm freimütige, „zwiefozete“ (Kobell) Briefe.

Den Kindern war er besonders zugetan; er nahm sie ernst und gab zu bedenken, „dass wir Große uns nicht weniger, ja mehr mit Lappalien beschäftigen, als es die Kinder mit Spielzeug tun, nur mit dem Unterschiede, dass unsere großen Spielereien oft höchst nachteilig und verderblich sind“. Eines Tages klagte ihm der Kanzleischreiber Josef Schmid, ein Gleichgesinnter, sein Leid: So viele Sehenswürdigkeiten und Unterhaltungsangebote fänden sich in der Residenzstadt; „nur für die Kinderwelt, d. h. für eine geistige Erholung derselben findet sich hier keine Anstalt.“

Deshalb hatte der Idealist Schmid (die Münchner nannten ihn später in zärtlicher Verehrung „Papa Schmid“ und widmeten ihm eine Straße in der Nähe des Sendlinger-Tor-Platzes) seine ganzen Ersparnisse für den Kauf einer Marionettenbühne verwendet, wo bisher nur recht derbe, für Kinder kaum geeignete Hanswurst-Stücke gezeigt worden waren. Pocci war begeistert. Er schrieb für das Schmid'sche Marionettentheater in der Prannergasse sogleich ein zugkräftiges Stück namens „Prinz Rosenroth und Prinzessin Lilienweiß", hielt bei der Eröffnung eine rührende Ansprache – und lieferte der kleinen Bühne in den folgenden Jahren vierzig Puppenstücke und außerdem eine Reihe szenischer Prologe.

„Meine geringen Kräfte stehen zu Ihren Diensten, insofern Sie dieselben gebrauchen wollen. Jedenfalls dürfte es darauf zunächst ankommen, der Jugend nur Gesundes und Frisches zu bieten, da eine etwa superfeine Sentimentalität ebenso schädlich auf die Gemüter wirkt als die Rohheit des Dultkasperls ..."
Graf Pocci an Papa Schmid

Aus dem unmoralischen, raufllustigen Münchner „Dultkasperl" (der sich wiederum aus dem italienischen Pulcinello und dem österreichischen Hanswurst entwickelt hatte) machte Graf Pocci den „Kasperl Larifari", der zum Liebling nicht nur der Kinder wurde. Sein Kasperl prügelt sich zwar auch mit Räubern, Menschenfressern und Gendarmen, aber er führt letztlich immer das Gute zum Sieg, er ist seiner Gretl herzlich zugetan und erscheint als Hoffnungsträger wider Tod und Teufel. Natürlich wurden auch seine in den „Lustigen Komödienbüchlein" veröffentlichten Kasperl-Stücke von der allmächtigen Zensurbehörde gegengelesen, aber die gestrengen Beamten fanden nichts auszusetzen – obwohl Pocci seinen „Kasperl" bisweilen zum Sprachrohr der Kritik an höfischen und gesellschaftlichen Missständen macht – und behielten die Manuskripte nur deshalb so lange zur Prüfung, weil sie alle die schönen Stücke gar zu gern lasen, „bevor ma's außi gebn".

Graf Pocci war neunundsechzig Jahre alt, als sein gutes, jung gebliebenes Herz versagte – am 7. Mai 1876, als er gerade in die Frauenkirche gehen wollte. An der Ostwand der Kirche von Münsing nahe seinem Ammerlander Schlösschen wurde er bestattet. Die

Münchner haben ihn nie vergessen, ihren „Kasperlgrafen“, der bescheiden von sich zu sagen pflegte: „Mein bisschen Kunst habe ich vom lieben Gott, aber ich bin ja nur der Vogel im Walde, der in den Tag hineinpfeift für die Leute und bei Nacht still für sich singt und meistens dabei weint.“

*„Soll am Ende nicht helfen dürfen,
wer zu helfen vermag?"*

Ganzheitsmedizin für Leib und Seele

Wie sich der „Wasserdoktor" Sebastian Kneipp (1821–1897) gegen neidische Ärzte und misstrauische Behörden durchsetzte

Im Jahre 1866 hatte sich der Augsburger Regierungspräsident Winfried von Hörmann mit einer geharnischten Anklageschrift gegen einen schwäbischen Klosterbeichtvater zu befassen: Der Geistliche Sebastian Kneipp in Wörishofen sei ein „großartiger Pfuscher", hieß es da, „der mit der größten Unverschämtheit seit 12 Jahren sein Wesen treibt, eine eigene Badeanstalt im Kloster errichtet hat, sehr viel ordiniert, zwar keine Bezahlung nimmt, deshalb es doch so einzurichten weiß, dass er für seine Bemühungen nicht leer ausgeht, und was das Schlimmste ist, von den Gesetzen nicht erreicht werden kann." Unterzeichnet war die Anklage vom königlichen Bezirksarzt Dr. Schmidt.

Ach, diese ständigen Nachstellungen der Neider und Verleumder! Das Bischöfliche Ordinariat in Augsburg hatte die vielen Beschwerden gründlich satt und befahl dem geistlichen Amateurmediziner, er solle sich gefälligst auf seine Seelsorgspflichten beschränken, statt den Doktoren und Apothekern Konkurrenz zu machen.

Vergeblich stellte der so Gemaßregelte richtig, dass seine „Badeanstalt" aus einer Wanne und einem Kessel zum Erwärmen des Wassers bestehe, dass sich seine Patienten keine teure Behandlung und Medizin leisten könnten, dass er keinen Kreuzer für seine Bemühungen nehme und den bettelarmen Kranken stattdessen oft genug Heiltränke und Kräuter aus seiner eigenen Apotheke schenke.

Seine Tätigkeit beschränke sich auf „allereinfachste Naturheilverfahren mit Anwendung von Wasser und einzelnen Kräutern". Und den Seitenhieb kann er sich nicht verkneifen: „Hätten die Medizinen der Ärzte, welche man längst konsultierte und die ihre Kunst sattsamst versucht hatten, den rechten Erfolg gehabt, so wäre an mich kaum je eine Bitte gerichtet worden, indem gerade Wasseranwendungen und bittere Tränke nicht gesucht werden."

Hätte er sich denn ein hartes Herz, unwürdig eines Geistlichen, vorwerfen lassen sollen? „Soll am Ende nicht helfen dürfen, wer zu helfen vermag?"

Ein todkranker Student

Jedenfalls ist die stille Revolution, die Kneipp in der Heilkunde einleitete, alles andere als ein triumphaler Siegeszug gewesen. „Mich hat nicht der Beruf oder die Vorliebe für das Medizinieren dazu gebracht, die heilsamen Wirkungen des Wassers zu erproben", gestand er, „sondern die bittere Not." Denn als junger Mensch galt der später so robuste, kraftstrotzende Gesundheitsapostel als Todeskandidat.

Er wuchs in der blühenden Allgäuer Landschaft auf und betätigte sich in der warmen Jahreszeit begeistert als Hüterbub. Doch im Winter musste der „Baschtl" hinunter in den engen, feuchten Keller, um seinem Vater am Webstuhl zu helfen. Nach etlichen Jahren in dem stickigen Gewölbe war seine Gesundheit ruiniert, Sebastian hatte sich einen chronischen Luftröhrenkatarrh geholt – die Berufskrankheit der Webersleute.

So gern hätte er studiert – und wurde mitleidlos ausgelacht. „Wir haben kein Geld", erklärten ihm die erstaunten Eltern, „und wollte dich unser Herrgott zum Studenten, so hätte er uns auch Geld gegeben." Studieren war eben nichts für einen bettelarmen Weberbuben. Aber vielleicht doch, wenn er so einen Dickschädel hatte? Zur Erntezeit verdingte sich Sebastian als Knecht, als Maurergehilfe schuftete er jahrelang im Taglohn. Die schwere Arbeit beim Erdaushub und Steineschleppen drückte ihm schier das Kreuz ab, doch der Baschtl ließ sich nicht unterkriegen. Nach drei Jahren hatte er siebzig Gulden gespart, wohl verwahrt in einer kleinen Geldkassette unter dem

Dach. Zweitausend Gulden werde er für das ersehnte Studium brauchen, hatte man ihm gesagt.

Am 17. Mai 1842 feiert Sebastian seinen einundzwanzigsten Geburtstag. Da gellt abends der Ruf „Feuer!“ durch Stephansried. Irgendwo unten am Berg brennt ein Gehöft, und der stürmische Wind trägt die Funken von Dach zu Dach. Bald stehen dreizehn von den vierzehn Häusern des Dörfchens in Flammen. Die verzweifelten Menschen haben nur Eimer und eine einzige Trinkwasserquelle zum Löschen, eine mit Spritzenwagen und Schläuchen ausgestattete Freiwillige Feuerwehr gibt es noch nicht. Ganz Stephansried brennt in dieser Nacht ab, und mit ihm Sebastians mühsam zusammengesparte Zukunft: die siebzig Gulden.

Naturtalent: Sebastian Kneipp

Aber er gibt nicht auf, jetzt nicht und auch später nicht in jenen Momenten auswegloser Verzweiflung und finsterer Bedrohung, wo ein anderer zum Strick gegriffen hätte: „Und doch lebte wieder der alte Gedanke auf, den die Feuerflammen nicht verzehren konnten: Wenn es dein Gott haben will, so kann es doch noch geschehen.“

Kaum ist das Weberhäusle wiederaufgebaut, beginnt Sebastian erneut als Knecht und Hilfsarbeiter zu schuften – und zu wandern, nach Mindelheim, Augsburg, bis nach München und Schongau, spricht in Pfarrhäusern und bei Schulmeistern vor, um einen Lehrer zu finden, der ihn auf die Geheimnisse höherer Bildung vorzubereiten vermöchte. Immer vergeblich. Er wird abgewiesen, ausgelacht, angeschrien.

Bis er endlich, endlich einen herzensguten Kaplan findet, der ihm Nachhilfeunterricht gibt und ihn im Gymnasium Dillingen unterbringt, wo der Dreiundzwanzigjährige glücklich zusammen mit fünfzehnjährigen Jungen die Schulbank drückt. „Papa Kneipp" nennen sie ihn halb spöttisch, halb bewundernd.

Doch da brach das tückische Lungenleiden voll aus: Ein mörderischer Husten quält ihn, er spuckt Blut, die Ärzte diagnostizieren fortschreitende Schwindsucht – ein Todesurteil. Und ein Wunder: Sebastian stößt auf ein verstaubtes Buch, verfasst von einem schlesischen Arzt namens Johann Siegemund Hahn, das für eine Therapie mit frischem Wasser, Bewegung in frischer Luft und vernünftiger Ernährung warb.

Mitten im November beginnt Kneipp Vollbäder in der eiskalten Donau zu nehmen, zwei-, dreimal pro Woche. Er reißt sich die Kleider vom Leib, tastet sich mit bloßen Füßen in das eiskalte Wasser hinein, bis es ihm an die Knie reicht. Dann hockt er sich mit eisernem Willen nieder, achtet nicht auf die Kälte, die seinen Körper wie mit tausend spitzen Nadeln durchsticht, setzt sich ins Wasser, bis nur noch der Kopf aus den Fluten ragt. Drei, vier Sekunden muss er sich wie in einer Eishölle gefühlt haben; im Winter 1849/50 wurden Temperaturen von bis zu 15 Grad minus gemessen. Doch wenn er schlotternd und prustend aus seinem eisigen Ozean auftaucht, fühlt er sich regelmäßig wie neu geboren, frisch und stark.

„Müde ging ich hinaus, neu aufgefrischt und gestärkt ging ich jedes Mal heim und ich gewann die Überzeugung, wenn es für mich – nachdem alles Angewendete nichts geholfen – ein Heilmittel gibt, so wird es das Wasser sein. Mein Geist wurde denkfähiger, es besserte sich mein Appetit und ich konnte doch schon regelmäßig die Vorlesungen anhören (...)"

In München, wo er sein Studium begonnen hat, setzt er die Eigentherapie auf abenteuerliche Weise fort: Um Mitternacht schwingt er sich aus einem Fenster des Wohnheims in den Garten hinaus, steigt in den Springbrunnen und begießt sich mit einer Kanne; öffentliche Bäder gab es damals noch nicht.

Bei der vorgeschriebenen Untersuchung vor der Priesterweihe 1852 stellte der Arzt verblüfft fest, der Kandidat Kneipp sei „kerngesund"!

Kurpfuscher oder Wundermann?

Als Klosterbeichtvater und Bauernpfarrer in Wörishofen bemühte sich Kneipp, das am eigenen Leib erlebte Wunder auch anderen Notleidenden weiter zu schenken. Apotheker und Ärzte zeigten ihn empört wegen „Kurpfuscherei" an, die einfachen Leute aber verehrten ihn bald wie eine Mischung aus einem Heiligen und dem Doktor Faust. Tagelöhner, Bauernmägde, Professoren und Gräfinnen strömten nach Wörishofen, das sich zum Kurort entwickelte.

„Lästig und zeitraubend" sei ihm die Kurerei gewesen, wird er sich in seiner Autobiografie erinnern, er habe Priester sein wollen und kein Mediziner. Doch habe er sein Ohr dem Jammern der Kranken und der Verzweiflung der Angehörigen verschließen sollen?

Da war die alte Bauersfrau Magdalena Albrecht, die ihr gichtiges Bein schon endlos lang ans Bett fesselte und der kein Arzt mehr Hilfe bringen konnte. Kneipp riet ihr, das Bein untertags mit Heublumenbädern und in der Nacht mit kalten Waschungen zu behandeln. Einige Wochen später sahen die verblüfften Nachbarn die Dauerpatientin mit frischen Kräften zur Kirche gehen!

Da war die Jungfer Columba Haas, die laut Kneipp an „Bangigkeit" litt, heute würde man es wohl Angstzustände oder Depressionen nennen. Der Herr Pfarrer schrieb dem armen Wesen eine minutiöse Kurvorschrift auf. Kostprobe: „Wenn die Bangigkeit kommt dann waschen u. sogleich ins Bett. Sollte diese Bangigkeit nicht kommen, so blos jeden zweiten Tag ins Wasser 2 bis 3 Minutten ungefähr, reicht aber hie blos bis an die Brust ins Wasser. Wenn aber ins Wasser, so muss der Körper vollkommen warm sein. (...) Ausruhen. Rettichsaft am Morgen u. Abend."

Am weitesten sprach sich das Schicksal der „Blutflüssigen aus Hartental" herum (sie litt wohl unter einem chronischen blutigen Ausfluss ähnlich der Menstruation): Man hatte nach Kneipp geschickt, der ihr die Letzte Ölung geben sollte. Am Sterbebett trifft er den Arzt, der ihm mitteilt, die Krankheit wüte nun schon seit dreizehn Wochen und binnen weniger Stunden werde die Frau verbluten. Am Ende seiner Kunst angelangt, verlässt er das Haus, Kneipp bleibt betend bei der kaum noch Lebenszeichen gebenden Frau sitzen. „Neun Kinder, der Vater an ihrer Spitze, weinten und schrien um die Sterbende, dass es einen Stein hätte erbarmen müssen. Ich unterbrach den Jammer und sagte: ‚Weil die Mutter noch nicht tot ist, wüsste ich noch einen guten Rat, der wenigstens nicht schaden könnte.'" Sein Heilprogramm kostet ein paar Kreuzer: kalte Sitzbäder, Tee aus Mistel und Zinnkraut. Tatsächlich setzen die Blutungen aus, und die Todeskandidatin erlangt ihre Gesundheit vollständig zurück.

„Das meiste habe ich gelernt aus der Schule der Erfahrung und nur weniges aus den Büchern."

Die Wasserkur hat Kneipp nicht erfunden, aber systematisiert und auf den Einzelfall zugeschnitten. Seine Vorgänger hatten oft wahre Rosskuren verordnet: Je eisiger das Wasser, je radikaler die Diät, umso besser. Kneipp dagegen passte seine Kunst behutsam den Beschwerden und Bedürfnissen des einzelnen an. Kinder und Senioren, Blutarme, Nervöse verschont er mit kalten Güssen, lauwarmes Wasser tut's auch.

Neu ist sein ausgeklügeltes System von Wasseranwendungen: Knieguss, Schenkelguss, Rückenguss, Kopfguss, Knieblitz, Schenkelblitz und wie sie alle heißen, nach gründlicher Vorerwärmung des Körpers mit Kübel, Gießkanne oder Schlauch durchgeführt, gern als heißkalter Wechselguss zur Anregung der Blutzirkulation.

Auch das Verbot, sich nach Bädern und Güssen abzutrocknen, ist Kneipps selbstständige Leistung; stattdessen soll man sich sofort anziehen beziehungsweise ins Bett springen – damit die gleichmäßige Wärme auf der Haut erhalten bleibt.

Mit kalten und warmen Bädern, Ganz- und Teilwaschungen, vielfältigen Güssen, kalten und heißen Wickeln, Dampfkompressen, Brei- und Lehmauflagen, heilenden Dämpfen versucht die Wasserkur den Stoffwechsel anzuregen. Kälte erzeugt Wärme, Wärme erzeugt Kälte, das ist das ganze Geheimnis. Der Wechsel der Temperatur sorgt für Abhärtung, Anregung und neue Energie.

Auf die richtige Balance kommt es an

Kneipp hat sich jedoch keineswegs als bloßer „Wasserdoktor" verstanden. Heute gilt er als bedeutender Pionier einer ganzheitlichen Heilkunde und naturgemäßen Lebensweise, wozu Bewegung, ausgewogene Ernährung und sinnvolle Kleidung ebenso gehören wie das richtige Gleichgewicht von Körper, Geist und Seele.

Krankheit besteht für Sebastian Kneipp eben nicht einfach in einer Funktionsstörung irgendwelcher Organe, sondern bedeutet eine Degeneration menschlichen Lebens, ein Defizit an Lebenskraft. Wenn man das so sieht, erfordert der Heilungsprozess eine Körper und Seele, Verstand und Gemüt ergreifende Umkehr, eine Revolution des Lebensstils und der Lebensziele.

Und wenn dennoch ein ärztlicher Eingriff notwendig wird, dann darf er sich nicht auf einen bloßen Reparaturprozess beschränken, sondern muss den Gesamtorganismus im Blick haben, die äußeren Lebensumstände berücksichtigen und mit einem Vor- und Nachsorgeprogramm kombiniert sein. Um die Heilung des ganzen Menschen geht es, und deshalb ist das Gespräch über Lebenschancen oder Seelenängste genauso wichtig wie ein gutes Medikament.

> „Erst als ich daranging, Ordnung in die Seelen meiner Patienten zu bringen, da hatte ich vollen Erfolg."

Als er fünfundsiebzigjährig selbst schwer erkrankte, an Blasenkrebs, konnte dem Nothelfer der kleinen Leute niemand mehr helfen. Am 17. Juni 1897 schlief er nach kurzem Todeskampf für immer ein.

Heute bezeichnet sich der „Kneippbund", zu dem sich sämtliche Kneipp-Vereine, rund fünfhundert an der Zahl mit 160 000 Mitgliedern, davon 1300 Ärzte, zusammengeschlossen haben, als stärkste freiwillige Volksgesundheitsorganisation der Welt. Doch die Sparmaßnahmen im Gesundheitsbereich machen den Verantwortlichen in Wörishofen und den anderen Kurorten und Heilbädern schwere Sorgen. Plötzlich wurden nur noch drei Wochen Kur finanziert statt der bis dahin üblichen vier, was den ganzen Sinn des Unternehmens gefährden musste. Denn der eigentliche Kureffekt mit nachhaltiger Wirkung stellt sich erfahrungsgemäß eben erst in der vierten Woche ein. Inzwischen gilt es als Glücksfall, überhaupt noch eine Kur bezuschusst zu bekommen.

Der Vorsitzende des Verbandes Deutscher Kneippheilbäder und Kneippkurorte, Hans-Joachim Bädorf, fordert von der Politik dringend eine Kurskorrektur. Bädorf: „Die Corona-Pandemie hat doch gezeigt, dass Staat und Privatgesellschaft, statt im Gesundheitsbereich zu sparen, kräftig in Prävention und Nachsorge investieren müssen. Gerade das Naturheilverfahren von Sebastian Kneipp stärkt zum einen erwiesenermaßen Abwehrkraft und Resilienz der Menschen und hilft ihnen zum anderen, wenn sie krank geworden und geschwächt sind, körperlich und seelisch wieder auf die Beine."

Eine 1995 veröffentlichte umfangreiche medizinische Langzeitstudie an 363 Patientinnen und Patienten zwischen 21 und 81 Jahren ergab: Wer eine Kneipp-Kur gemacht hat, wird seltener krank, fehlt seltener am Arbeitsplatz und ist dort leistungsfähiger, zeigt weniger allergische Reaktionen, braucht weniger Medikamente, lässt einen besseren Allgemeinzustand und eine höhere Stresstoleranz erkennen, hat weniger Schmerzen bei Muskel- und Gelenkerkrankungen, schläft besser und weist seltener funktionelle Durchblutungsstörungen auf.

Was hätte wohl der Pfarrer Kneipp zu einer Politik gesagt, die marode öffentliche Finanzen auf dem Rücken der Schwachen sanieren will – jener brummige Menschenfreund, der nach eigenem Bekunden nichts gesucht und getan hat, „als wozu mich die eigene Not und das Mitleid mit den Leidenden getrieben hat?"

„Von der höchsten Stufe des Lebens
hinabgeschleudert zu werden in ein Nichts –
das ist ein verlorenes Leben, das ertrage ich nicht"

Schlösser bauen statt Kriege führen

Warum Ludwig II. (1845–1886) weniger ein Märchenkönig war als eine tragische Figur

Armer König Ludwig! Für verrückt haben sie Dich erklärt, die Münchner Psychiater, ohne auch nur eine Stunde mit Dir gesprochen zu haben. Bloß weil Deine Kammerdiener und Stallmeister berichteten, Du würdest beim Essen mit dem Sonnenkönig und der Madame Pompadour reden, und weil Dein Bruder Otto, nun ja, im Schloss Fürstenried von Irrenwärtern bewacht werden musste und Deine Tante Alexandra sich einbildete, in ihrer Jugend ein gläsernes Klavier verschluckt zu haben. Aber deshalb ist doch nicht die komplette Familie wahnsinnig. Fachleute bescheinigen Dir heute eher „narzisstische Persönlichkeitsstörungen" und eine übersteigerte Sensibilität.

Armer König Ludwig! Den Staatsbankrott haben Deine Minister und die damals schon erstaunlich kritische Presse prophezeit, weil Du ein Schloss nach dem andern gebaut hast und zwar nur für Dich, nach Deinem Tod hätte man sie alle in die Luft sprengen sollen. Alle zusammen kosteten immerhin 31 Millionen Gulden. Aber von den 30 Millionen an Reparationen, die das Parlament nach dem verlorenen Krieg 1866 – den Du nicht wolltest! – einfach so an Preußen hinblätterte, sprach niemand. Handwerker und Arbeiter, Steinmetzen und Vergolder haben übrigens an den Bauten anständig verdient, in entlegenen Gebirgsregionen, in denen es keine Industrie gab. Und heute macht die bayerische Schlösserverwaltung mit Deinen Extravaganzen satten Gewinn.

Armer König Ludwig! „Regierungsunfähig" seist Du, sagten sie im Kabinett, weil Du Dich Tag und Nacht in der Einsamkeit der Berge herumtriebst, statt an Hoftafeln und Staatsbanketten teilzunehmen und ausländische Fürstlichkeiten zu empfangen. Dabei weiß man inzwischen, dass Du bis in Deine letzten Monate täglich ein Dutzend Ministeriumsvorlagen bearbeitet und kommentiert hast, auch von Deinen Schlössern und Jagdhütten aus, und dass Du ausgesprochen gründlich über sämtliche politische Fragen informiert warst. Dass Du vieles den Ministern, Beamten, Parlamentariern überlassen hast, hat sie all die Jahre nicht gestört – bis man Dir am Ende einen Strick daraus drehte. Ach ja, und als es ans Kriegführen ging, 1866 gegen Preußen und 1870 gegen Frankreich, habest Du Dich sehr zögerlich verhalten. Hätten wir in Deutschland nur mehr solche zögerlichen Politiker gehabt in den letzten anderthalb Jahrhunderten!

Armer König Ludwig! Mit Frauen hast Du einfach nichts anfangen können, darüber haben sie sich auch prächtig amüsiert, Deine Kritiker, haben Dich einen „Spinatstecher" genannt – zu Deiner Zeit ein Schimpfwort für schwule Praktiken –, Holzknechte und Lakaien prahlten mit ihren Amouren mit einem leibhaftigen König. Doch schwer vorstellbar, dass Du Deine Veranlagung, die Dir der Herrgott nun mal gab, tatsächlich praktiziert hast, machst Du Dir in Deinen Tagebüchern doch schon endlose Vorwürfe für Deine Sehnsucht nach Küssen und für die geheime Lust an der Selbstbefriedigung: „Hände kein einziges Mal mehr hinab!" Denn „des echten Königtums Weihe" werde durch „Vernichtung des Bösen im Inneren" erworben.

Bauklötze und Drill

„Ein ewiges Rätsel bleiben will ich mir und anderen", notierte König Ludwig II. einmal mit einem Zitat aus Schillers „Braut von Messina". Die allgegenwärtigen Zerrbilder, Klischees, Halbwahrheiten kann er damit kaum gemeint haben. Die beginnen schon mit der Kindheit: Der am 25. August 1845 auf Schloss München-

Nymphenburg geborene Kronprinz hatte keine so märchenhafte, wie man denkt. Mehr Drill als Paradies. Der Vater war streng, die Mutter geistig beschränkt. Weil man das für vornehm hielt, bekamen Ludwig und sein Bruder Otto wenig zu essen. Ludwigs höchstes Glück waren Bauklötze. Er errichtete damit am liebsten Kirchen, kostümierte sich als Nonne und schenkte freigebig aus seinem Besitz.

Träumer: König Ludwig II.

Er war noch keine neunzehn Jahre alt, da starb 1864 sein Vater Maximilian II. an einer Blutvergiftung. Der so früh zum König avancierte Ludwig, großgewachsen, elegant, wunderschöne Augen, ein guter Schwimmer und Reiter, bezauberte alle – auch seine Lieblingscousine Sisi drüben in Österreich, auch den ebenso genialen wie raffgierigen Dichterkomponisten Richard Wagner, den er noch im gleichen Jahr nach München holte.

Anfangs gab sich der junge Monarch große Mühe, die Aufgaben des Regierens vorbildlich zu erfüllen. Pünktlich um neun Uhr morgens saß er am Schreibtisch, bescheiden fragte er bei Problemen nach, wie denn sein Vater gehandelt hätte. Doch das Profil eines Königs in einer konstitutionellen Monarchie – Staatsoberhaupt mit Bindung an eine Verfassung und auf Minister und Parlament angewiesen – passte absolut nicht zu seinem Selbstbild, das ganz vom Gottesgnadentum früherer Jahrhunderte geprägt war. Ludwig: „Was der König will, ist das Gesetz."

„Die Krone soll für des Volkes Heil sorgen, nicht aber ihre geheiligten Rechte mit meuterischen, aller Unterwürfigkeit, allen Gehorsams baren Untertanen teilen (...). Entweder herrsche ich oder das Volk, zusammen tun wir nicht gut."

So nahm das Verhängnis seinen Lauf. Ludwig verlor das Interesse an den prosaischen Themen der Alltagspolitik – und vielen seiner Landeskinder kam die erst so hell lodernde Liebe zu ihrem schönen jungen König abhanden, der sich in der Residenz einigelte, immer menschenscheuer wurde und nicht einmal der Einladung zum Herbstmanöver seiner Truppen folgen wollte. Als er sich endlich doch dazu bequemte und fast einen ganzen Tag lang nicht aus dem Sattel stieg, feierten ihn die Soldaten wie einen Gott.

„Ich will keinen Krieg"

Ludwig war alles andere als ein Militarist und schon deshalb ein Fremdkörper unter den Staatenlenkern seiner Zeit. Cousine Sisi sah ihn einmal zu Pferd mit Helm und Regenschirm unter dem Arm; als sie lachte, grantelte er: „Ich will mir doch meine Frisur nicht verderben." Aber als Preußen auf Kosten Österreichs die Führung in Deutschland anstrebte, der Deutsche Bund zerbrach und die Klärung auf dem Schlachtfeld unvermeidlich schien, erklärte er hartnäckig, so lange es ging: „Ich will keinen Krieg. Vor Preußens Krallen wolle uns Gott bewahren!" Ernsthaft dachte er daran, abzudanken. Der preußische Kanzler Bismarck mochte ihn trotzdem, er hatte Respekt vor Ludwigs Eigensinn und bot ihm, als Bayern und Österreicher den Krieg verloren hatten, einen Frieden unter recht anständigen Bedingungen an.

Ludwig, laut Bismarck ein klügerer Politiker als alle seine Minister, erkannte freilich klar, dass Bayern seine Souveränität verloren hatte. Jetzt machte ihm das Regieren überhaupt keine Freude mehr. Er vermied es, sich seinem Volk zu zeigen, genoss Opern und Schauspiele nur noch in Privatvorstellungen (exakt 209 sind es gewesen) und machte Richard Wagner endgültig zum Objekt seiner lebenslangen verzweifelten Suche nach Liebe und Seelenverwandtschaft. „Wir trennen uns nie", schrieb er an Wagner, nannte ihn einen

„Gottmenschen, der in Wahrheit nicht fehlen und irren kann". Die Münchner allerdings waren stinksauer auf den „Ausländer" aus Sachsen, der mit seinem Luxusleben protzte und dessen Gefolge den einheimischen Musikern die Stellen wegnahm. Die Beliebtheit des „Märchenkönigs" sank rapide.

„Ich drang in ihn und schilderte ihm, wie ihn sein Volk liebe und mit welchem Jauchzen ihn München nach so langen Jahren empfangen würde. ‚Ich kann nicht! ich kann nicht!' erwiderte er mir, sich die Stirn reibend, ‚es ist entsetzlich, aber ich kann es nicht mehr ertragen, mich von Tausenden Menschen anstarren zu lassen, tausendmal zu lächeln und zu grüßen, Fragen an Menschen zu richten, die mich gar nichts angehen, und Antworten zu hören, die mich nicht interessieren. Nein! nein! ich kann aus der Einsamkeit nicht mehr heraus!'"
Hofsekretär Ludwig von Bürkel über ein Gespräch mit dem König

Auch dass er Sisis Schwester Sophie halbherzig die Ehe versprach und dann ziemlich rasch und gefühllos die Verlobung wieder löste, brachte ihm nicht gerade Sympathien ein. Seine Untertanen, von denen überraschend viele „gesamtdeutsch" dachten und von einem starken Reich unter einem Kaiser träumten, honorierten Ludwigs Abwarten keineswegs, als der nächste Krieg drohte und Preußen auf die (im Friedensschluss 1866 festgelegte) Waffenbrüderschaft gegen Frankreich pochte. Am Ende zogen 55 000 brave bayerische Soldaten unter preußischem Oberbefehl in den Krieg. 49 000 kamen zurück.

Dass Ludwig dem Preußenkanzler Bismarck nach dem Sieg seinen Willen tat und dem Preußenkönig im Namen aller deutscher Fürsten den Kaisertitel antrug (um jeden Anschein zu vermeiden, dass die Kaiserkrönung vom Volk ausging), wird heute als kluger politischer Schachzug gewertet. Von Ludwigs heimlichen Staatsstreichplänen wissen die wenigsten: Er dachte ernsthaft darüber nach, mit Hilfe politischer Koalitionäre die Verfassung außer Kraft zu setzen und ein absolutistisches System in Bayern zu errichten, das

„wie eine eiserne strenge, fürchterliche Inquisition unsichtbar, aber machtvoll das ganze Land beherrschen und jede schlechte Regung im Keime ersticken“ sollte (Ludwig).

Bauen für die eigene Seele

Aus den Plänen wurde nichts – auch deshalb, weil sich der menschenscheue Monarch nun endgültig in seine Fantasiewelt zurückzog. Alle hatten ihn enttäuscht, seine Beamten und Hofschranzen, seine Generäle, sein Volk, sogar der Seelenfreund Richard Wagner, der „Einzige, Heilige“, der ihn über sein Privatleben belogen hatte, mit dem er sich abwechselnd verkrachte und versöhnte und von dem er doch nicht loskam. Nur ganz selten ließ er sich auf seinen endlosen Bergwanderungen und Schlittenfahrten mit irgendwelchen Waldbauern und Holzfällern ein, mit denen er dann absolut ungezwungen plauderte, in deren Hütten er glücklich einkehrte und denen er später fürstliche Geschenke schickte. Und wie schon in der Kindheit fand er jetzt in der exzessiven Freude am Bauen einen neuen Lebenssinn, eine Möglichkeit, seine Ideale und Visionen plastisch auszudrücken, über die er sonst mit niemandem mehr sprach.

Neuschwanstein, Linderhof, Herrenchiemsee: keine Staatsbaukunst mehr wie das klassizistische München, das sein Großvater Ludwig I. geschaffen hatte, um die Empfindungen der Bürger zu veredeln. Nein, Stein gewordene Manifeste eines aus der Zeit gefallenen Herrscherverständnisses, Stein gewordene Träume von Ritterherrlichkeit und überirdischer Schönheit, Protest-Architektur und vorweggenommene Pop-Art, wie es der Historiker Friedrich Prinz formulierte, mittelalterliche Gebäudekomplexe mit Türmchen und Zinnen wie aus dem Bastelbogen und hinter den Fassaden modernste Technik: Zentralheizung, Eisen- und Glasarchitektur, Telefon. Die Wasserversorgung von Schloss Neuschwanstein übernahm ein Elektromotor der Firma Siemens.

Dass Ludwig II. wenige Jahre vor Otto Lilienthals erfolgreichem Berliner Flugzeugstart über Flugmaschinen und eine Ballonseilbahn nachdachte, wertete man damals als Indiz für seine Geisteskrankheit – genau wie die Tischgespräche mit längst verstorbenen Bourbonenkönigen, Wutausbrüche gegenüber der Dienerschaft, Experimente mit dem chinesischen Hofzeremoniell oder Überlegungen, das Bayerland zu verkaufen und in ein weltabgeschiedenes Schloss in Afghanistan oder Somalia zu ziehen. Und die Schulden! Hatte er nicht versucht, Kredite beim Schah von Persien und beim Sultan in Konstantinopel zu bekommen? Suchte er nicht allen Ernstes nach vorbestraften Bankräubern, die bereit wären, in die Geldinstitute von Berlin und Paris einzubrechen?

Generationen von Sensationsschreibern haben die Vorwürfe nachgebetet – die großteils auf den Aussagen von Schloss- und Stallpersonal beruhten. Die Dienerschaft, viele davon Analphabeten, wollte sich bei den Behörden wohl lieb Kind machen und die Chance nicht verspielen, auch nach dem vorhersehbaren Ende von Ludwigs Regentschaft eine Beschäftigung zu bekommen. Wie es weiterging, ist bekannt: Der Psychiater Professor Bernhard von Gudden erstellte ein ziemlich schlampiges Gutachten, ließ seinen Schwiegersohn, seinen Assistenzarzt sowie seinen in Aussicht genommenen Nachfolger unterschreiben und machte sich auf, den König zu arretieren.

„Meine Natur ist (...) von einer übermäßigen und unbegreiflichen Empfindlichkeit. Beleidigungen verletzen mich so tief, dass sie mich entwaffnen, sie drücken mich zu Boden, und sicherlich werden sie mich eines Tages vernichten. Selbst die Demütigungen, die ich als Kind erdulden musste, brennen noch fort wie offene Wunden. (...) Wenn nicht alles, was ich gelesen und selbst beobachtet habe, mich täuscht, dann ist ein Gutteil dessen, was man für ‚Verrücktheit' erklärt, in Wirklichkeit Überempfindlichkeit.
Wäre ich ein Dichter, so könnte ich vielleicht Lob ernten, wenn ich diese Dinge in Versen sagte. Aber mir ist die Gabe, mich auszudrücken, nicht gegeben, und so muss ich es leiden, dass ich verlacht, verachtet und verleumdet werde."

Retten lassen wollte er sich nicht

Hätte es noch einen Ausweg für Ludwig gegeben? Königstreue Gendarmen stellten sich der „Fangkommission" (so nannte sich tatsächlich das Verhaftungskommando aus Ministerialbeamten, Ärzten und Irrenwärtern) entgegen und setzten diese ihrerseits fest, bis sie der König in einer gutmütigen Anwandlung freiließ. Der längst zum Freund gewordene Bismarck riet Ludwig, nach München zu fahren und sich dem Volk und dem Landtag zu zeigen; laut Verfassung musste ein König mindestens ein Jahr regierungsunfähig sein, um von einem Nachfolger (sein Onkel Luitpold stand bereit) abgelöst werden zu können. Und dann gab es die unerschrockenen Bauern und Fischer aus dem Starnberger Umland, die Ludwig über den See gerudert und ins rettende Österreich gebracht hätten, wo seine beste Freundin Sisi als Kaiserin regierte.

Doch der „Märchenkönig" wollte sich nicht retten lassen, er hatte sich aufgegeben. Zu tief war der Absturz von den Höhen des Gottesgnadentums zu einer Existenz, die sein Bruder Otto führte, in der Zwangsjacke und vergitterten Räumen. „Dass man mir die Krone nimmt, könnte ich verschmerzen", erklärte er seinem letzten treuen Diener, „aber dass man mich für irrsinnig hält, überlebe ich nicht." Er fürchtete auch ein mögliches Blutvergießen, wenn es zu Gefechten zwischen seinen Getreuen und Regierungstruppen kommen sollte.

In der Nacht des 13. Juni 1886, es war ein Pfingstsonntag, fand man im Starnberger See zwei Leichen: Dr. Gudden und den König. Unter den Historikern hat sich mittlerweile die Meinung durchgesetzt, Ludwig habe beim Versuch, zu fliehen, den ihm körperlich unterlegenen Arzt unter Wasser gedrückt. Als ihm bewusst wurde, einen Menschen getötet zu haben, sei er in Panik geraten und habe unter dem Einfluss des beim Abendessen reichlich genossenen Alkohols einen Schwächeanfall oder eine Herzattacke erlitten.

Die Guglmänner, ein Geheimbund schwarz vermummter Gestalten, die im Mittelalter die Münchner Pestopfer einsammelten und bei Königsbegräbnissen früher vor dem Sarg schritten, um an die Vergänglichkeit irdischer Macht zu mahnen, glauben nicht, dass ihr geliebter Ludwig feige fliehen wollte oder den Freitod gesucht hat.

„Es war Mord!" behaupten sie bei ihren seltenen öffentlichen Auftritten. In den Boden von Ludwigs Sarkophag in der Münchner Michaelskirche haben sie angeblich ein Loch gebohrt und mit einer Art Teleskop Kamera-Aufnahmen gemacht, die beweisen sollen, dass der Sarg leer ist. Die Nachfahren der Wittelsbacher hätten den Leichnam schon in der Nazi-Zeit gestohlen, um die Untersuchung der Todesursache mit modernen Methoden zu verhindern.

Aber warum hätten sie das tun sollen? Richtig ist nur, dass das Haus Wittelsbach eine Öffnung des Sarges bis heute ablehnt – aus Respekt vor der Totenruhe der 36 hier bestatteten Familienmitglieder. Deren Sarkophage die Touristenscharen freilich täglich außer sonntags besichtigen dürfen, für zwei Euro pro Person.

„Auf den Bergen wohnt die Freiheit,
auf den Bergen ist es schön"

„Es war ein Schütz in seinen schönsten Jahren"

Warum der Wildschütz Georg Jennerwein (um 1850–1877) mit nicht mal dreißig Jahren sterben musste

Ein Mannsbild, das alle Deandln gern anschauen, ein Draufgänger, der sich im Krieg als tapferer Soldat erwiesen hat, ein schneidiger Kerl, der ein freches Mundwerk besitzt und keiner Rauferei aus dem Weg geht, fällt beim Wildern der Eifersucht eines Jagdgehilfen zum Opfer und stirbt mit nicht mal dreißig Jahren. Sein Rivale hat ihn in den Rücken geschossen. Der Schuldige, von allen gemieden, endet als Säufer, der im Wahn den Teufel zu sehen glaubt.

Es ist die klassische Vorlage für jede Bauernbühne, ein Herz-Schmerz-Drama mit allen Elementen eines Schauerstücks, bei dem kein Auge trocken bleibt. Aber es gibt keinen Dichter und keinen Regisseur; sogar das Volkslied, das ein bayerischer Evergreen wurde und heute noch gesungen wird, hat keinen bekannten Verfasser. Die Geschichte von Georg Jennerwein, den sie „Girgl von Schliers" nannten, ist wahr, und darin steckt die ganze Dramatik.

Wildern galt als Notrecht

Schon Girgls Kindheit verlief tragisch: Er wuchs als unehelicher Sohn einer Kleingütlerin auf und musste als Zwölfjähriger mitansehen, wie sein wildernder Stiefvater von staatlichen Jägern erschossen wurde. Er selbst arbeitete am Schliersee als Holzknecht und nahm am Deutsch-Französischen Krieg 1870/71 teil. In den Wirtshäusern der Gegend erwarb er sich im Lauf der Jahre einen etwas zweifelhaften Ruf als Raufbold und Charmeur, aber eigentlich mochten ihn alle und schätzten ihn als hervorragenden Zitherspieler und Gstanzlsänger. Blitzende stahlgraue Augen soll er gehabt haben und einen verwegen schief sitzenden Schneidezahn.

Dass er ausgiebig wilderte, warf ihm niemand vor. Ein Holzknecht verdiente nicht viel, und dass die armen Familien im bayerischen Wald- und Gebirgsland ihre kargen Mahlzeiten bisweilen mit einem Gamsbraten oder Rehragout anreicherten, nahmen ihnen nicht einmal die Amtleute und Gendarmen übel und schon gar nicht die Prälaten und kleinen Adeligen, die selbst heimlich auf die Jagd gingen. Schließlich war im kollektiven Bewusstsein immer noch der altgermanische Rechtsgrundsatz verankert, wonach die Schätze der Natur allen gehören und nicht bloß der Obrigkeit und den unverschämt Reichen.

Fesch: Georg Jennerwein

Vor allem aber war die Wilderei für die Landbevölkerung so ziemlich das einzige Äquivalent für die gewaltigen Schäden, die fürstliche Jagdgesellschaften regelmäßig auf ihren Feldern und Saaten anrichteten – ganz zu schweigen von der dauernden Überhegung in den Wäldern, wo Wild in viel zu großer Zahl für die nächste fröhliche Parforcejagd bereitgehalten wurde. Deshalb galt das Wildern in der bäuerlichen Gesellschaft jener Jahre allenfalls als lässliche Sünde.

Wenn sich zwei in dasselbe Mädchen verlieben

Jennerweins alter Kriegskamerad Johann Josef Pföderl stand als Jagdgehilfe zwar offiziell auf der anderen Seite, was der Freundschaft aber keinen Abbruch tat. Einst hatten die beiden sogar zusammen gewildert. Doch dann verliebten sie sich in dasselbe fesche Mädchen, die Sennerin Agathe von der Baumgarten-Alm. Besser gesagt, der Girgl hatte wieder einmal mehr Glück als sein Spezl, bei der Jagd und bei den Madln. Außerdem wusste man, dass die schöne Agerl mit dem Girgl eine Tochter hatte. Andererseits konnte der Pföderl darauf verweisen, dass er vielleicht einmal zum Jäger aufsteigen könnte und somit zu einem attraktiven Hochzeiter.

Hätte der Jennerwein wenigstens sein loses Maul im Zaum gehalten. Aber nein, im Wirtshaus hielt er dem Pföderl Sepp triumphierend einen Gamsbart unter die Nase und sang recht frech: „So scheene Bleamal blühn bei Euch im Garten – aber brockn tua's i!“ Damit reizte er den einstigen Freund zur Weißglut – und verdarb es sich mit sämtlichen königlich-bayerischen Förstern und Jägern der Gegend.

Wie der Girgl genau zu Tode gekommen ist, das weiß man bis heute nicht. Am Leonharditag 1877 verschwand er spurlos. Gerüchte machten die Runde. Nach ein paar Tagen bildeten einige Kameraden einen Suchtrupp, streiften durch Wälder und Gebirgstäler. Neun Tage nach seinem Verschwinden fand man ihn am 14. November auf einer Waldlichtung oben am Rinnerspitz, die Einheimischen nennen ihn Peißenberg. Der Leichnam war gefroren, eine Hand hielt den Gewehrlauf umklammert, die rechte große Zehe klemmte am Abzugshahn. Der Schusskanal ging durch das Kinn und die Schädeldecke aufwärts, ein Teil der rechten Wange mit dem prächtigen Schnurrbart hing in den Ästen einer Fichte. Selbstmord?

Doch dann drehten sie die Leiche um und entdeckten das Einschussloch im Rücken, das den toten Jennerwein unsterblich machte. Dass er nicht an dieser Kugel gestorben war, tat nichts zur Sache. Ein feiger Mörder hatte von hinten geschossen.

„Es war ein Schütz in seinen schönsten Jahren,
der wurde weggeputzt von dieser Erd.
Man fand ihn erst am neunten Tage
bei Tegernsee am Peißenberg.

Auf den Bergen wohnt die Freiheit,
auf den Bergen ist es schön,
doch auf so eine schlechte Weise
musste Jennerwein zugrunde gehn!

Auf hartem Stein hat er sein Blut vergossen,
am Bauche liegend fand man ihn,
von hinten war er angeschossen,
zersplittert war sein Unterkinn."

Das Lied, dessen Autor man nicht kennt, hat mit der nach dem Tod des Märchenkönigs Ludwig II. im Starnberger See entstandenen Volksweise nicht nur die Sehnsuchtsbotschaft „Auf den Bergen wohnt die Freiheit" gemein, sondern auch die Empörung über das feige Anschleichen des Mordgesellen:

„Doktor Gudden und der Bismarck,
den man den falschen Kanzler nennt,
haben ihn in'n See neig'stessn,
indem sie ihn von hint' ang'rennt."

Auf einer Bahre aus Fichtenzweigen trugen sie den Jennerwein ins Tal hinab. Die Obduktion ergab, dass drei Schüsse abgegeben worden waren, einer drang durch die linke Brust und die Lunge. Der Todeszeitpunkt wurde auf den 6. November, 11 Uhr mittags, festgelegt.

Und der oder die Mörder? Jennerweins sofort unter Verdacht geratener Erzfeind Pföderl soll die Tat seinem Vorgesetzten, dem Förster Mayr, gestanden haben. Dann habe man aber mit zwei Schüssen aus dem Gewehr des Wilddiebes einen Selbstmord vorgetäuscht. Später beschuldigte Pföderl den Jagdgehilfen Simon Lerchenauer des Verbrechens; Lerchenauer gehörte ebenfalls zu den Verehrern der hübschen Sennerin Agathe und es gab durchaus Verdachtsmomente gegen ihn.

Der Mörder glaubte den Teufel zu sehen

Vor Gericht kam der Pföderl Sepp glimpflich davon: Er erhielt lediglich acht Monate Haft, weil er auf Jennerwein geschossen habe, ohne ihn töten zu wollen. Bei den Leuten jedoch galt er als Mörder, niemand wollte mehr etwas mit ihm zu tun haben. Pföderl wurde zum Trinker und begann – in die Gegend des Spitzingsees versetzt – an Wahnvorstellungen zu leiden: Er glaubte den Teufel zu sehen, der ihn in die Hölle schleppen wolle. Während eines fürchterlichen Gewitters, so erzählte man sich, habe er heulend vor Angst im Tegernseer Krankenhaus sein Leben ausgehaucht. Das Agerl indes heiratete einen Floßmeister und führte eine glückliche Ehe.

Jennerwein aber avancierte zur Legende. Man verglich ihn mit Robin Hood, weil er seine Jagdbeute mit bettelarmen Kameraden geteilt haben soll – wofür es keine Belege gibt – und zum Volkshelden, der sich der Obrigkeit niemals gebeugt habe. Das Jennerwein-Lied, vom Volksliedsammler Kiem Pauli 1910 erstmals dokumentiert, existiert in mehreren Fassungen, die „Hot Dogs" spielten im Fernsehen eine Dixieland-Version, und 1989 entschied das Bayerische Oberste Landesgericht hochoffiziell, dass der Vortrag der frappant an das Horst-Wessel-Lied der Nazis („Die Fahne hoch, die Reihen fest geschlossen") erinnernden Melodie für sich genommen nicht als „Kennzeichen verfassungswidriger Organisationen" anzusehen sei.

> Du feiger Jäger, 's ist eine Schande,
> du erwirbst dir wohl kein Ehrenkreuz;
> er fiel mit dir nicht im off'nen Kampfe,
> wie es der Schuss von hint' beweist.
>
> (...) In Schliersee ruht er, wie ein jeder,
> bis an den großen Jüngsten Tag,
> dann zeigt uns Jennerwein den Jäger,
> der ihn von hint' erschossen hat.

Zum Schlusse Dank noch den Vet'ranen,
da ihr den Trauermarsch so schön gespielt.
Ihr Jäger, tut euch nun ermahnen,
dass keiner mehr von hinten zielt.

Am Jüngsten Tag, da putzt ein jeder
ja sein Gewissen und sein Gewehr.
Und dann marschiern viel Förster und auch Jäger
aufs hohe Gamsgebirg, zum Luzifer!"

Romane („Mein geliebter Jennerwein" von Barbara Haltmair), Theaterstücke („Jennerwein – Bluat vo da Gams" von Sebastian Schlagenhaufer) und Filme hielten den Mythos am Leben. Im TV-Streifen „Jennerwein" spielte 2003 der später zu Hollywood-Ehren gelangte Christoph Waltz den Josef Pföderl. Schützenvereine nannten sich nach Jennerwein, zu seinem Grab pilgern Fans bis aus Amerika und Australien.

Genau um diese letzte Ruhestätte des Wildschützen auf dem Westenhofener Friedhof in Schliersee gab es jedoch nochmals ein Drama. Angesehene Gemeinderatsmitglieder versetzten heimlich das Grabkreuz, um ihre hingeschiedenen Angehörigen vor der Gesellschaft des Wilderers zu bewahren, und ließen die neue Grabstelle verkommen. Was nicht viel nützte, der Schlierachtaler Trachtenverein übernahm nach dem Zweiten Weltkrieg die Grabpflege, und der Ehrenvorstand der Schlierachtaler schwor auf dem Sterbebett, in der Ersatzgruft befinde sich lediglich das amputierte Bein eines ganz anderen Wildschützen.

Was Jennerweins treue Anhänger nicht hindert, an der unsicheren Grabstelle Blumen, Grüße und ab und zu sogar Gewehrpatronen mit martialischen Inschriften abzulegen („Pföderl, da Deife soll di holn!"). Exakt an Girgls 99. Todestag (für den hundertsten rechnete man wohl mit Polizeipräsenz) hängte ein unbekannter Verehrer eine gewilderte Gams an das Grabkreuz.

„Nicht lange mehr, und sie ist da,
die Wanderpest aus Asia,
die schreckensvolle Cholera!"
Gassenhauer in München 1854

Der Mann, der ganz München untertunneln ließ

Wie Max von Pettenkofers (1818–1901) irrige Theorie zur höchst segensreichen Praxis wurde

Beinahe wäre der geniale Chemiker und spätere Begründer der Hygiene-Wissenschaft statt in der akademischen Welt als Chorsänger und Schauspieler am Theater gelandet. Und das alles nur wegen einer Ohrfeige, die ihm sein ebenso pedantischer wie cholerischer Onkel, der königlich bayerische Hof- und Leibapotheker Franz Xaver Pettenkofer, verpasste – wir wissen nicht einmal, aus welchem Grund. Der Neffe Max, ganz offensichtlich begabt und stolz auf seinen guten Gymnasialabschluss, fühlte sich jedenfalls unter seiner Würde behandelt, brach die Apothekerausbildung ab und stand ein paar Wochen später als Page in einem Stück von Victor Hugo auf der Bühne des königlichen Nationaltheaters Regensburg.

Pettenkofer gab einen Hirten im „Nachtlager von Granada", spielte im „Freischütz" und „Don Juan", bekam als einschmeichelnder Tenor in Regensburg und dann im Augsburger Stadttheater gute Kritiken. Möglicherweise tat er es einem anderen berühmt gewordenen Apotheker nach, Carl Spitzweg, der dem strengen Onkel Pettenkofer ebenfalls davongelaufen war, in Straubing Theater spielte und später zum Inbegriff behäbiger Biedermeier-Malerei wurde.

Zum Glück überlegte es sich Max noch anders – angeblich auf Drängen seiner Cousine Helene, die er bald darauf heiratete. In der königlichen Hofapotheke könne er einen gewesenen „Komödianten“ zwar nicht mehr einstellen, entschied der Onkel, aber ein guter Freund ebnete dem reumütig Zurückgekehrten den Weg an die Münchner Universität, wo er sich als Medizinstudent einschrieb. Sein eigentliches Interesse galt von vornherein der Chemie und Pharmazie. Schon lange vor der Promotion als „Dr. med. et chir.“ verblüffte der enorm fleißige und ideenreiche Studiosus die Fachwelt mit einem revolutionären Nachweisverfahren für Arsen, mit dem auch ausgesprochen geringe Spuren des Giftes in Leichen entdeckt werden konnten.

Hartnäckig: Max von Pettenkofer

Arsen und Apfelschalen

Aufsehen erregte auch seine Dissertation über eine südamerikanische Pflanze namens Micania Guaco, die dort gegen Schlangenbisse und neuerdings in Bayern gegen die Cholera eingesetzt wurde. Max Pettenkofer schrieb nicht nur über das Wunderkraut, er lieferte gleich auch die Ergebnisse eines mutigen Selbstversuchs mit. Und machte sich bald nach der Promotion auf den Weg nach Würzburg, wo er sich in organischer Chemie fortbildete und so nebenbei sofort wieder kleine, aber feine Entdeckungen machte: Er untersuchte den merkwürdigerweise mit Hippursäure angereicherten Urin eines Mädchens – die stickstoffhaltige Säure war bisher nur bei pflanzenfressenden Säugetieren nachgewiesen worden – und fand heraus, dass die Kleine einfach ständig Apfelschalen zu essen pflegte. Und er entwickelte eine bessere Nachweismethode für Gallensäuren. Und eine weitere für das Auffinden des stickstoffhaltigen Kreatinin im Harn.

Da war Pettenkofer bereits nach Gießen gewechselt, zu Justus von Liebig, der in der damaligen Naturwissenschaft als Chemiepapst galt. Mit Liebig arbeiten zu dürfen, war eine Auszeichnung. Er schätzte seinen bayerischen Mitarbeiter von Anfang an sehr und lächelte milde über Pettenkofers Steckenpferd, die Poesie.

> „Wir sind die Jünger einer Wissenschaft,
> die in der Dinge falt'gen Mantel schaut
> und die Natur zerlegt mit weiser Kraft,
> zu sehen, woraus sie ihre Wunder baut."
>
> **Pettenkofer: Poetische Sonette**

Da wuchs in Gießen ganz offensichtlich ein kleines Genie heran – das aber kaum Aussichten hatte, in der Wissenschaft eine richtige Karriere zu machen. Für eine Habilitation fehlte ihm die philosophische Promotion und schlicht das Geld: Pettenkofer stammte aus einem Einödhof im Donaumoos, hatte zahlreiche Geschwister und seinen Weg bisher nur mit Stipendien machen können. Ohne große Begeisterung griff er zu, als im königlichen Hauptmünzamt München eine Assistentenstelle frei wurde – und sofort löste er auch hier wieder ein Problem, an dem sich seine Kollegen seit Jahren die Zähne ausgebissen hatten:

Bei der Umprägung von Kronentalern und der Scheidung von Gold- und Silberlegierungen war bisher immer ein hartnäckiger Silberanteil im Gold übriggeblieben. Pettenkofer gelang es, den Feingehalt im „Scheidegold" erheblich zu steigern, nämlich durch die Behandlung mit schwefelsaurem Natron, und gleichzeitig kam er der Ursache der lästigen Verunreinigung mit Silber auf die Spur: In den Rückständen des herausgefilterten Silbers fand er das kostbare Platin.

1846 nahm die Bayerische Akademie der Wissenschaften den erfolgreichen Tausendsassa in ihre Reihen auf – als außerordentliches Mitglied. Ein Jahr später wurde er – die fehlende Habilitation spielte keine Rolle mehr – Professor für Chemie an der Medizinischen Fakultät der Universität München. Zusätzlich trat er auch noch die Nachfolge seines sturen Onkels als Hofapotheker an, was ein weiteres anständiges Jahresgehalt und das Wohnrecht in der königlichen Residenz bedeutete.

Pettenkofer blieb neugierig und vielseitig. Zusammen mit einem befreundeten Baurat entwickelte er ein Verfahren zur Gasgewinnung aus Holz, ließ den neuen Münchner Hauptbahnhof mit diesem Holzgas beleuchten und freute sich, als die Methode bald darauf in Nürnberg, Wien, Basel, Zürich, Bologna und Athen Anwendung fand. Pettenkofer analysierte die Herstellung von Zement aus gemahlenem und gebranntem Kalkstein – bisher eine Domäne englischer Firmen – und brachte einen Zement zustande, der dem britischen deutlich überlegen war. Die Medizin verdankt ihm die Erfindung der Kupfer-Amalgam-Zahnfüllung.

Und als immer mehr kostbare Ölgemälde in der Alten Pinakothek trüb wurden und man einen Schimmelpilz vermutete, fand natürlich wieder Pettenkofer die Ursache heraus: von Temperatur und Luftfeuchtigkeit verursachte Veränderungen in der Firnisschicht. Bisher hatte man den vermeintlichen Schimmel abgekratzt und die Schadstellen überpinselt. Pettenkofer behandelte die empfindliche Oberfläche mit Ammoniakseife und Alkoholdämpfen: Der Firnis wurde weich und wieder klar.

Cholera: Die Menschen sterben wie die Fliegen

Doch längst war der mörderische, unheimliche, nicht zu fassende Feind auf dem Weg nach Süddeutschland und in die bayerische Residenzstadt, der zur eigentlichen Herausforderung im Leben des Wissenschaftlers Max Pettenkofer werden sollte: die Cholera, ein durch Bakterien verursachter schwerer Brechdurchfall, an dem damals bis zu 70 Prozent der Patienten starben, wenn sie nicht sofort behandelt wurden. Schon 1836/37 hatte eine Cholera-Epidemie in München mehr als 900 Todesopfer gefordert. Nun war die Seuche zurückgekehrt, 1854 starben die Menschen wieder wie die Fliegen. Auch die Mutter des in die Wissenschaften verliebten und Forscher wie Pettenkofer intensiv fördernden Königs Max II. fiel der Cholera zum Opfer.

Was immerhin dafür sorgte, dass die ungewöhnlichen Theorien des Chemikers auf mehr Aufmerksamkeit stießen. Die meisten Experten führten die Epidemie auf giftige Erddämpfe und durch irgendwelche Naturkatastrophen entstandene Luftverunreinigungen zurück – oder hielten sie für eine ansteckende infektiöse Krankheit, gegen die man sich durch Abschottungsmaßnahmen zu wehren hatte: Ortschaften, in denen die Cholera wütete, wurden nicht selten vom Militär abgeriegelt; wer auf Schleichwegen ertappt wurde, konnte ohne weiteres erschossen werden.

Max Pettenkofer arbeitete wie ein Besessener, analysierte eigene Beobachtungen, holte von den Bezirksärzten in ganz Bayern Daten ein, verwarf vielleicht zu schnell die Forderung von Kollegen, die Kranken (und die Leichen) mit mikroskopischen Methoden auf kleinste Organismen zu untersuchen, beschäftigte sich wohl auch zu wenig mit der Qualität des Trinkwassers in den Städten – und präsentierte am Ende eine Erklärung, die Fehler enthielt, aber der Wahrheit ein großes Stück näherkam.

Schuld an der Ausbreitung der Cholera sind laut Pettenkofer letztlich die von Abfallstoffen verunreinigten, für qualitativ schlechtes Grundwasser durchlässigen Böden. Denn in den Boden gelangen die Ausscheidungen von Menschen, die den Cholera-Erreger in sich tragen. (In München, damals eine der schmutzigsten Städte Deutschlands, landeten Abfälle und Fäkalien in Abortgruben oder auf der Straße, Abwasserkanäle waren selten und ziemlich willkürlich verteilt.) Und viel gefährlicher als die Bakterien ist die Umwelt und das, was sie mit dem ganzen Dreck macht, vornehmer ausgedrückt, die fehlende Hygiene. Pettenkofers Schlussfolgerung war klar: Man musste dem Boden die „Faulstoffe" entziehen und entsprechend gereinigtes Wasser in die Dörfer und Städte leiten. Von dort musste das Schmutzwasser wiederum durch eine gründlich und mit hohem Druck arbeitende Kanalisation ausgeleitet werden.

Ein lebensgefährlicher Selbstversuch

Die Theorie hatte zwei Schönheitsfehler. Zum einen sah Pettenkofer die Gefahr lediglich im „Brauchwasser", das man zum Waschen, zur Toilettenspülung, zum Bewässern des Gartens oder in der Landwirtschaft benutzt; mit dem bisschen Trinkwasser dagegen wurde der robuste menschliche Magen nach seiner Auffassung leicht fertig. Dabei hatte im Schicksalsjahr 1854 der Londoner Arzt John Snow eindeutig verunreinigtes Trinkwasser als Ursache der dort in Soho wütenden Cholera ausgemacht.

Zum andern vernachlässigte Pettenkofer lebenslang die entscheidende Rolle des Cholera-Erregers im menschlichen Organismus. Noch als sein großer Konkurrent Robert Koch viele Jahre später, 1883, den Cholera-Bazillus entdeckte, hielt Pettenkofer stur am Vorrang der Umweltbedingungen fest und trank in einer spektakulären Demonstration vor großem Publikum ein Glas choleraverseuchtes Wasser, um zu beweisen, dass das Bakterium allein, ohne Kontakt mit dem Boden, keine tödliche Wirkung entfalten konnte.

> „Selbst wenn ich mich täuschte und der Versuch lebensgefährlich wäre, würde ich dem Tod ruhig ins Auge sehen, denn es wäre kein leichtsinniger oder feiger Selbstmord, ich stürbe im Dienste der Wissenschaft, wie ein Soldat auf dem Felde der Ehre. Gesundheit und Leben sind (...) allerdings sehr hohe irdische Güter, aber doch nicht die höchsten für den Menschen."

Pettenkofer überlebte das Experiment mit leichtem Durchfall. Man nimmt an, er sei seit einer Cholera-Infektion im Kindesalter immun gegen den Erreger gewesen – oder ein besorgter Student habe das Wasser zuvor ohne sein Wissen abgekocht.

Jedenfalls fand Pettenkofer trotz dieser Mängel in der Theorie genau den richtigen praktischen Weg, um mit der Seuche auf Dauer fertig zu werden, und das war eine Herkulesarbeit und stieß auf erbitterten Widerstand. Er hatte sich nichts weniger zum Ziel gesetzt als die zentrale Versorgung der Stadt mit frischem Trinkwasser aus den Voralpen und die Untertunnelung von ganz München mit einem Kanalnetz, das die sichere Ableitung des Schmutzwassers garantieren sollte.

Tatsächlich stammen 230 Kilometer des heute 2 500 Kilometer umfassenden Münchner Kanalnetzes aus Pettenkofers Zeit. „Es ist unglaublich“, schwärmt ein Bauingenieur der städtischen Entwässerungsbetriebe, „wie weit Pettenkofer gedacht hat. Er hat alles etwas größer angelegt, weil er wusste, dass München wachsen wird!“ So nebenher sorgten Innenministerium und Magistrat auf Drängen Pettenkofers auch dafür, dass die rund tausend privaten Schlachtplätze in der Stadt durch einen zentralen, penibel überwachten Schlachthof ersetzt wurden.

Seine Mitbürger, jedenfalls viele von ihnen, dankten ihm sein Engagement allerdings schlecht, und natürlich ging es ihnen weniger um die Gesundheit als um das Geld. Die Stadt München steckte bis zum Jahr 1894 an die fünfzig Millionen Mark in die zentrale Wasserversorgung, musste sich bei einem jährlichen Steueraufkommen von acht Millionen aber hoch verschulden und kassierte von den Haus- und Grundbesitzern saftige Anschlussgebühren. Wütende Hauseigentümer versuchten alles, um ihre alten verrosteten Wasserleitungen zu behalten; das taten sie übrigens auch in Danzig, Lübeck, Leipzig, Zürich, wo die kommunalen Behörden Pettenkofers teure Ideen begierig aufgriffen.

Der größte Widerstand kam von den Bauern aus dem Münchner Umland. Sie hatten sich aus den zahllosen Abortgruben und Abfallplätzen der Stadt bisher den Dünger für ihre Felder geholt und dafür auch noch jährlich dreißig Gulden pro geleerter Abortgrube kassiert.

Tragisches Ende

Heute ist unbestritten, dass Pettenkofers hygienischer Kraftakt die Todesrate nicht nur in der Cholera-Seuche, sondern auch bei Typhus-Epidemien drastisch gesenkt und die Lebensqualität seiner Mitbürger entscheidend verbessert hat. Auch wenn noch nicht alles optimal gelöst war: Die Abwässer mit den Fäkalien wurden vor der Einleitung in die Isar nicht gereinigt; genauso machten es die

Wiener mit ihrer Kanalisation, und Pettenkofer meinte beruhigend, ach, die Flüsse hätten eine „gute Verdauung".

Mit Robert Koch war der 1883 in den Adelsstand und 1890 zum Präsidenten der Bayerischen Akademie der Wissenschaften erhobene Max von Pettenkofer ein Leben lang übers Kreuz. Dabei ergänzten sich Pettenkofers umfassendes Hygiene-Konzept (das er bald auf Kleidung, Ernährung, Körperpflege, Wohnumfeld, Schulen und Kasernen, Lebensmittelüberwachung und Beerdigungspraxis erweiterte) und Kochs ebenso fundamentale Bakteriologie hervorragend. Beide schätzten und lobten einander, vermieden es aber nach Möglichkeit, sich zu treffen – wohl auch, weil die Bakteriologie auf erheblich weniger fachliche Kritik stieß als Pettenkofers wirksame, aber fehlerhafte Theorie.

Pettenkofer war längst eine Berühmtheit. An seinem Hygienischen Universitätsinstitut in München studierten Engländer, Amerikaner, Russen, Japaner – unter ihnen der spätere Innen- und Außenminister des japanischen Kaiserreichs, Shimpei Gotoh. Die von Pettenkofer gegründeten Fachzeitschriften wurden viel gelesen, seine populärwissenschaftlichen Vorträge gern besucht. Trotzdem waren seine letzten Jahre von Depressionen und Krankheit überschattet. Seine Frau und ein Sohn starben, sein Bruder war psychisch leidend, sein Schwiegersohn wurde tobsüchtig. Und das Gedächtnis ließ stark nach. „Ich bringe nichts Gescheites mehr zusammen", gestand der weltbekannte Wissenschaftler, „und fürchte mich zu blamieren."

„Ich bin nur mehr eine sterile Pflanze, die zwar noch vegetiert, von der aber bereits die grünen Blätter abfallen. Wenn man ihr auch sagt, dass sie einst Früchte getragen hat, so ist ihr das doch kein Trost dafür, dass sie jetzt unfruchtbar, blütelos einem ewigen Winter anheimfällt. Man stirbt gerne, wenn man so lebhaft wie ich fühlt, dass man nichts mehr produzieren kann."
Pettenkofer zwei Monate vor seinem Tod

Am 9. Februar 1901, er war zweiundachtzig Jahre alt, setzte Max von Pettenkofer seinem Leben mit einem Schuss in die rechte Schläfe ein Ende.

Beruf: Betrügerin

Warum auf Adele Spitzeder (1832–1895) mehr als 30 000 Menschen hereinfielen und warum sie als „Engel der Armen" galt

Vermutlich war um 1870 keine Frau in Bayern, ja im ganzen frisch gegründeten Deutschen Reich so populär wie die Münchner Schauspielerin, Geldverleiherin und, man muss es leider sagen, Anlagebetrügerin Adele Spitzeder. In der „Goldgräberstimmung" der Gründerzeit gelang es ihr, zahllosen Menschen ihre kleinen und großen Ersparnisse abzuluchsen – mit dem trügerischen Versprechen, das ihr anvertraute Geld wundersam zu vermehren. Als ihr Lügengebäude zusammenbrach, standen ganze Gemeinden vor dem Ruin, einige ihrer verzweifelten Gläubiger nahmen sich das Leben.

Adeles Dasein hatte im Glanz begonnen: Ihr Vater war der berühmte Bassbuffo und königlich bayerische Hofopernsänger Josef Spitzeder. Doch er starb früh, und seine Gattin und Ensemblekollegin Betty Vio musste für die sieben Kinder sorgen – immerhin mit tatkräftiger Unterstützung des Königs. Adele erhielt in Wiener und Münchner Pensionaten für Höhere Töchter eine hervorragende Erziehung. Sie wollte unbedingt Schauspielerin werden; Künstlerblut bedeutet freilich noch nicht Talent.

Ihre Bühnenlaufbahn ist die Geschichte eines Abstiegs: Gute Engagements in Zürich und Berlin, dann immer kleinere Theater und Rollen in Mannheim, Braunschweig, Brünn, Karlsruhe, Altona. Mit ein paar schäbigen Koffern, einer alten Kaffeemaschine, sechs Hunden und einer schlampig gekleideten „Gesellschafterin" namens Rosa Ehinger kehrte die Spitzeder nach München zurück, mietete sich in einer billigen Pension ein (es war der Gasthof „Goldener Stern" nahe dem Isartor), lebte von der Hand in den Mund –

und spielte die große Dame, herablassend mit französischen Brocken parlierend, die Zigarre im Mund, die Welt durch ein elegantes Lorgnon betrachtend.

Kriminelles Erfolgsrezept

Und eines Tages entdeckte sie plötzlich, dass mit der Dummheit der Leute ein wunderbares Geschäft zu machen ist, wenn man genug Menschenkenntnis, Skrupellosigkeit und ein Talent zum Bluffen mitbringt.

> „Durch meine frühere Holzfrau wurde ich mit der Gattin eines in der Au wohnenden Zimmermanns bekannt. Sie brachte mir Geld und vermittelte späterhin noch weitere Darlehen von einem Berufsgenossen ihres Mannes. Letzterer machte sodann selbst Geschäfte mit mir und war überhaupt der erste von Tausenden, welche so viel persönliches Zutrauen zu mir fassten, ohne jedwede Sicherheit und Deckung Geld darzuleihen."

Adeles Erfolgsrezept war ebenso simpel wie kriminell: Sie lockte mögliche Geldanleger mit der Barauszahlung hoher Zinsen an – zehn Prozent in der Regel, es sollen auch schon mal zwanzig Prozent gewesen sein – und raffte auf diese Weise Unsummen zusammen, mit denen sie sich und ihrer Freundin ein Leben in Saus und Braus finanzierte. Wenn ein Kunde nach kurzer Zeit die Zinsen einforderte oder gar seine gesamte Einlage wieder zurückhaben wollte, zahlte Madame Spitzeder anstandslos; es war ja genug Geld da. Auf die Dauer konnte die Rechnung freilich nicht aufgehen: Adele Spitzeder legte die einlaufenden Gelder nicht gewinnbringend an, sondern verbrauchte sie für den eigenen aufwendigen Lebensstil; die Zinsen für die ersten Anleger beglich sie mit den Einlagen der nächsten. Über kurz oder lang musste das unseriöse Geschäft zusammenkrachen.

Doch die vom schnellen Geld Geblendeten verehrten die Spitzeder wie eine Heilige. Sie tat ja auch so, als mache sie keine Geschäfte, sondern helfe aus lauter Barmherzigkeit den von den Banken Ausgebeuteten. Tatsächlich litten die kleinen Leute, wohin man auch sah, unter Wucherern und Spekulanten. In einer Massenpsychose ohnegleichen pilgerten Bauern und Handwerker, arme Häusler, Knechte und Mägde, Droschkenkutscher, Waschfrauen, Stubenmädchen und Köchinnen aus ganz Oberbayern, bald auch aus Schwaben, Niederbayern und der Oberpfalz zur „Madame Bankier", standen schon um sechs Uhr früh vor ihrer Absteige Schlange, sorgten für Polizeieinsätze, weil sie den Verkehr behinderten, schleppten ihr Geld in Säcken und Koffern an – die Ärmeren trugen es in der Hosentasche oder in einem zusammengeknoteten Schnupftuch herbei. Es gab Landwirte, die ihren Hof verkauften, um mit Adele Spitzeders Hilfe schnell reich zu werden.

Mit ihrer Bühnenerfahrung, mit dem mühelosen Wechsel zwischen derbem Münchner Dialekt und vornehmem Theater-Hochdeutsch beeindruckte sie ihre Kundschaft und schuf gleichzeitig Vertrauen: Die selbstsichere Dame von Welt redete ja wie eine aus dem Volk.

„Was hat der Gruberbauer einbezahlt? 600 Gulden? 600 Gulden und drei Monate Zinsen macht 780 Gulden. Da hast dein Geld, und jetzt schaugst, dass d' weiterkummst, du blöder Hammel!"

Viel erzählte man davon, dass ich mit meiner Grobheit die Leute so sehr anzuziehen verstünde, und ich gestehe auch ganz ohne Rückhalt, dass ich mit ihnen genauso gesprochen habe, wie sie es eben verstanden haben. (...) Meine Anreden lauteten allerdings drastisch genug, etwa so: Kalbsköpfe, ich sag euch rundheraus, dass ich keine Sicherheit für euer altes Geld gebe!"

Es dauerte nicht lange, da beliefen sich die Einlagen der entzückten Kundschaft auf 30 000, oft auch 50 000, ja 100 000 Gulden pro Tag. Gewaltige Summen, wenn man weiß, dass ein Maurer damals ganze zwei Gulden am Tag verdiente, ein „Oberlehrer" an der Volksschule knapp 100 Gulden im Monat. Bald erfand Madame Spitzeder ein intelligentes Schneeballsystem, indem sie die Anleger zur Propaganda ermunterte und für jeden angeworbenen Neukunden bares Geld zahlte.

Geldsäcke im Schlafzimmer, Suppenküche für die Armen

Die „Wohltäterin" erwarb unterdessen ein herrschaftliches Palais, stellte livrierte Diener, Schreiber, Sekretäre und Rechtsanwälte ein, hängte sich ein juwelenbesetztes Bischofskreuz um, staffierte ihre Geschäftsräume mit Heiligenbildern aus. Die im Schlafzimmer gestapelten Geldsäcke sah niemand – außer ihrer Freundin. In der Manier der verfolgten Unschuld präsentierte sie in Schaukästen die kritischen Presseartikel, die vor dem zwangsläufigen Zusammenbruch ihres Unternehmens warnten – mit dem Erfolg, dass fanatische Anhänger einen Redakteur der „Münchener Neuesten Nachrichten" verprügelten. Die Journalisten und Chefredakteure der meisten Zeitungen hatte sie ohnehin längst mit großzügigen Geldzuwendungen ruhiggestellt, und zur Sicherheit plante sie ein eigenes Boulevardblatt.

Die Spitzeder spendete reichlich für Waisenhäuser und verarmte Familien. Dass ihr nach kurzer Zeit schon sechzehn Mietshäuser in bester Lage gehörten, wussten die Wenigsten. Aber mit der konkurrenzlos preiswerten Volksküche, die sie am Münchner „Platzl" einrichtete – dort, wo bereits fast drei Jahrhunderte das herzogliche, später königliche und schließlich staatliche Hofbräuhaus stand –, festigte sie ihren Ruf als Engel der Armen. Ein komplettes Essen aus Suppe, Rindfleisch und Beilagen kostete zehn Kreuzer. Drei Ochsen und mehr als zweitausend Knödel sollen dort täglich verzehrt worden sein.

„Zweck der Volksküche ist es, dem Mittel- und Arbeiterstande sowohl früh als auch mittags und abends kräftige und billige Kost zu geben. Spirituosen (...) sind in der Volksküche nicht zu haben. Alle Spiele, welchen Namen sie immer haben, werden nicht geduldet. Lärmende Gelage können nicht stattfinden."

Eine eigene Brauerei und eine Brotfabrik wollte Madame Spitzeder für ihre Volksküche errichten und eine Pferdetrambahn nach Nymphenburg. Im Westend plante sie einen Vergnügungspalast mit Tanzsälen und Theater, in Haidhausen eine Arbeitersiedlung nach dem Vorbild der Augsburger Fuggerei. Die wenigen Skeptiker nannten sie verächtlich ein „Mannsweib", während sie ihre zahllosen Gefolgsleute wie eine gute Fee vergötterten. Wenn sie mit Freunden und Angestellten Ausflüge ins Gebirge machte, engagierte sie Musikkapellen, die ihr an den einzelnen Reisestationen – scheinbar spontan – Ständchen darbrachten. „Vertrauet zuerst auf Gott und dann auf Adele!", predigte ein geistlicher Herr seinen Schäfchen; sein Geld hatte er natürlich auch bei ihr deponiert.

Schöne neue Wirtschaftswelt

Neuere Studien befassen sich weniger mit dem schillernden Charakter der Spitzeder, sondern mit der politischen und gesellschaftlichen Zeitsituation, die ihr die raffinierten Täuschungsmanöver so leicht machte. Der monarchisch-bürokratische Staat, so vermutet der Göttinger Historiker Dirk Schumann, habe die bayerische Landbevölkerung trotz des immer dichter werdenden Netzes von Behörden und Beamten nicht gewinnen können.

Dabei seien die sogenannten „kleinen Leute" in den Jahren nach 1866 massiv mit Chancen und Gefahren eines historischen Umbruchs konfrontiert gewesen: der verlorene Krieg gegen Preußen, die vielerorts auf starken Widerstand stoßende Eingliederung in das neue deutsche Kaiserreich, der „Kulturkampf" auf Kosten der katholischen Kirche und der traditionellen Volksfrömmigkeit (die aber keineswegs immer konform mit der Amtskirche ging), gleichzeitig ein deutlicher wirtschaftlicher Aufschwung, eine reformerische Sozialgesetzgebung, ein kräftiger Zuwanderungsschub nach München, damit verbunden wachsende Gestaltungsräume und – wenn auch bescheidene – Gewinnchancen.

Mit dem Aufbrechen alter ökonomischer und sozialer Strukturen, so Schumann, rückten Stadt und Land einander näher, veränderte sich die vorindustrielle, bisher stark ländlich und katholisch geprägte Mentalität: „Als Symbol der neuen Wirtschaftswelt erschien die Börse mit ihren Aktiengeschäften, dominiert jedoch von Liberalen und Juden und nur den Inhabern größerer Kapitalien zugänglich. Adele Spitzeders (...) Bank wurde als Gegenmodell dazu verstanden, als Chance nun auch für die ‚kleinen Leute', aus dem spekulativen Einsatz ihrer geringeren finanziellen Mittel einen Gewinn zu ziehen, der weitaus höher zu sein versprach, als man ihn früher aus der Sparkasseneinlage oder vom Kauf eines Lotterieloses hatte erwarten können."

Durchtrieben: Adele Spitzeder

Nur so lässt sich wohl die auffallende Zurückhaltung erklären, die staatliche Behörden, kirchliche Obrigkeit und Teile der Presse anfangs gegenüber dem Treiben der Madame Spitzeder übten. „Nicht bloß die Forderung von Wucherzinsen" sei sündhaft, so wand sich das Münchner Erzbischöfliche Ordinariat in einer frühen Stellungnahme, sondern „unter Umständen" auch die Annahme freiwillig angebotener finanzieller Vorteile, wenn darin eine „Beförderung von Wuchergeschäften" liegen könne.

Während liberale Blätter wie die Münchner „Neuesten Nachrichten" im Interesse der gelackmeierten Anleger vor dem „gefährlichen Schwindel" warnten, ließ das erzkonservative „Bayrische Vaterland" Sympathien für die umstrittene Geschäftsfrau erkennen, die den „jüdischen Geldwucherern und Blutabzapfern" das Handwerk zu legen imstande sei. Die Augsburger „Postzeitung" sah in den Angriffen auf die Spitzeder gar den „Brotneid minder glücklicher Spekulanten" am Werk.

> Jagt Juden und Preußen aus, vermindert die Steuern, beugt der zunehmenden Teuerung vor und rettet Bayern aus den Fängen des nordischen Adlers, denn eher noch soll Frln. Spitzeder als die Preußen unser Geld haben."
> **„Volksbote" vom 8. 11. 1872**

Der Zusammenbruch

Doch der Krug geht so lange zum Brunnen, bis er bricht. Die Behörden verfolgten die Geschäftspraktiken der „Spitzeder-Bank" zunehmend wachsam, sahen aber keine Möglichkeit einzugreifen, so lange sie ihren Verpflichtungen nachkam. Außerdem fürchtete man Krawalle. Doch als die Kundschaft der alteingesessenen Sparkassen in immer größerer Zahl zur Spitzeder-Bank überlief und die Geldinstitute in Altötting, Traunstein, Ingolstadt vor dem Ruin standen, weil sie die massenhaft gekündigten Einlagen kaum mehr zurückzahlen konnten, sahen sich der Innenminister und der oberbayerische Regierungspräsident zum Handeln gezwungen.

Mit nicht sehr anständigen Mitteln: Listig brachte die Münchner Polizeibehörde vierzig misstrauisch gewordene Einleger dazu, gleichzeitig am Vormittag des 12. November 1872 ihr Guthaben zu kündigen. Panik brach aus. Als weitere Kunden ihrem Beispiel folgten, war die Spitzeder von einer Stunde zur anderen zahlungsunfähig.

Am Nachmittag dieses Schicksalstages, es herrschte dichtes Schneetreiben und um das Haus drängte sich eine große Menge besorgter Menschen, rückten Gendarmerie, Militär und eine fünfköpfige Untersuchungskommission der Justizbehörden vor Madame Spitzeders nobler Villa in der Schönfeldstraße 9 an. Man fand zahlreiche Geldsäcke, aber keine Geschäftsbücher. Wegen Verdachts auf betrügerischen Konkurs und Überschuldung wurde die Bank geschlossen und die Chefin verhaftet.

> Mein Gewissen war rein, ich war mir keiner Verschleppung bewusst, die mir ebenfalls zur Last gelegte mangelhafte Buchführung konnte mir, als einem Weibe, doch auch nicht als Ver-

brechen angerechnet werden, und so sah ich meiner öffentlichen Verhandlung ohne Herzklopfen und mit freier Stirne entgegen."

So stand es dann auch im Urteil, mit dem der Sensationsprozess endete: Wegen betrügerischen Bankrotts und Veruntreuung anvertrauter Gelder erhielt die Spitzeder eine Zuchthausstrafe von drei Jahren und zehn Monaten. Exakt 30 816 Gläubiger hatte sie geleimt, wie sich jetzt herausstellte, ihr Unternehmen war mit mindestens acht Millionen Gulden überschuldet. Wochenlang hatten die verzweifelten Gläubiger das von starken Gendarmerie-Einheiten geschützte Bezirksgericht überrannt; in zeitgenössischen Quellen ist von einer – freilich nicht exakt belegbaren – Selbstmordwelle die Rede.

„Tausende und Tausende drängten sich in die Amtsstuben mit wertlosen Wechseln in der Hand, mit dicken Tränen im Auge. Mehr als die Hälfte der hiesigen Dienstboten ist um ihren Notpfennig betrogen; vom Lande herein kommen grausige Berichte über die Verheerungen, die dort eintreten. Ein reicher Bauer, der einen schönen Hof verkauft und den ganzen Kaufpreis in der Bank angelegt hatte, um von den Zinsen ein otium cum dignitate zu führen, rannte gestern durch das weite Regierungsgebäude und durch alle Bureaux und rief in halbem Wahnsinn: ‚Ihr Herren müsst mir mein Geld schaffen, denn ihr habt diese Banditenwirtschaft zugelassen!'"

Ludwig Steub († 1888), Münchner Notar und Schriftsteller

Das Gericht hatte der Angeklagten durchaus mildernde Umstände zugestanden: Es habe keine behördlichen Auflagen zur Buchführung gegeben und die Bankinhaberin habe nie mit irgendwelchen Sicherheiten geworben. „Dummheit genießt keinen Rechtsschutz", hatte ihr Verteidiger zu bedenken gegeben. Ihre Strafe durfte sie im Schuldgefängnis Baaderstraße absitzen; wiederholte ärztliche Gutachten bewahrten sie vor dem Zuchthaus.

In der Baaderstraße bewohnte sie allein eine geräumige Zelle für drei Personen und schrieb ihre Memoiren. Als sie wieder frei war, veranstaltete sie Lesungen, trat als Volkssängerin auf, komponierte eine Operette – und versuchte erneut, aber erfolglos, eine Bank zu gründen; man inhaftierte sie umgehend für ein paar Tage. Sie hatte immer noch Anhänger, die ihr Geld sandten und an sie glaubten. 1895 starb sie dreiundsechzigjährig an Herzversagen. Bestattet ist sie auf dem wunderschönen Alten Südlichen Friedhof in München, wo Kobell und Spitzweg, die Professoren Döllinger und Pettenkofer, Joseph Görres und Leo von Klenze ihre letzte Ruhe gefunden haben. Ihr Grab ist schwer zu finden: Es gibt nur den Grabstein einer Familie Schmid, weil ihre Verwandten vor lauter Scham eine Namensänderung durchgesetzt hatten, und auf diesem Grabstein der einstigen Spitzeders fehlt jede Erwähnung der großen Zockerin. Madame Spitzeder ist in die totale Anonymität verschwunden.

„Alle möchten s' mir Schwierigkeiten machen, weil ich die Stärkste bin im Bankgewerbe. Und das halten die Herren nicht aus, dass eine Frau besser ist wie sie."

Adele Spitzeder im gleichnamigen Theaterstück von Martin Sperr, 1978

„Im Verstehenlernen fasste ich Lust,
dieses Leben zu schildern"

Ein weißblauer Shakespeare

Wie der aufrechte Menschenfreund Ludwig Thoma (1867–1921) am Ende zum Volksverhetzer wurde

„Unser Religionslehrer heißt Falkenberg. Er ist klein und dick und hat eine goldene Brille auf. Wenn er was Heiliges redet, zwickt er die Augen zu und macht seinen Mund spitzig. Er faltet immer die Hände und ist recht sanft und sagt zu uns: ‚Ihr Kindlein.' Deswegen haben wir ihn den Kindlein geheißen."

Das ist der eine Thoma: der von Bayern wie Preußen gleichermaßen geliebte Schilderer weißblauer Idylle, biedermeierhaft behäbig das friedsame Leben in Dorf und Kleinstadt in der Prinzregentenzeit ausmalend. Bauern und Wilderer, Kirchturm und Wirtshaus, sittsame Dirndln und fesche Burschen. Und dahinter, die Idylle bedrohend und so erst glaubwürdig gestaltend, die furchtbarsten Schicksale und Liebesverwicklungen und Familiendramen. Und eine Landschaft wie ein Paradies. Unmöglich, Ludwig Thoma zu lesen und sich nicht in Bayern zu verlieben!

Der andere, weniger bekannte Thoma zieht gegen verlogene Heuchelei und spießiges Duckmäusertum zu Felde, er geißelt die Doppelmoral selbsternannter Sittenwächter und ganz besonders die unheilvolle Verquickung von Religion und Politik. Schon die gern auf Schülerklamauk reduzierten „Lausbubengeschichten", aus denen das köstliche Porträt des Religionslehrers Kindlein stammt, sehen die etablierte Gesellschaft mit ihren Lügen und Phrasen durch die kritische Brille eines vermeintlich saufrechen, in Wahrheit aber unverdorbenen Kindes. Dessen schlimme Streiche sind seine einzige Waffe im Kampf gegen Dünkel und Machtmissbrauch der Erwachsenen.

Und leider gibt es noch einen dritten, lange nicht zur Kenntnis genommenen oder schamhaft verdrängten Thoma, den ekelhaft hetzenden und höhnenden antisemitischen Zeitungsschreiber, der den Mord am Ministerpräsidenten Eisner bejubelt, weil der ja ein „Saujud" gewesen sei, den politischen Kommentator, der sich über den „beschnittenen Berliner Gossenjournalismus", den „hebräischen Kinounflat" und das „verjudete" Weimarer „Sauregiment" echauffiert, den erbärmlichen Neidhammel, der den Satirekollegen Kurt Tucholsky als „kleinen galizischen Krüppel" und Autor von „Klosettpapieren" schmäht. Geifernd, primitiv, blind vor Wut; jeder idiotische Menschenverächter aus der Pegida-Szene hätte seine helle Freude an diesen sage und schreibe 172 volksverhetzenden Artikeln, die Thoma glücklicherweise erst im Jahr vor seinem Tod und glücklicherweise anonym für den „Miesbacher Anzeiger" produziert hat. Als Honorar bekam er Importzigarren.

Zerbrochene Idylle im Isarwinkel

Ein unangepasster Querkopf ist der 1867 in Oberammergau geborene Thoma Ludwig freilich schon als Bub gewesen. Aufgewachsen im Forsthaus Vorderriss an der bayerisch-tirolischen Grenze, im zauberschönen Isarwinkel, bekam er zwar ein starkes Gefühl für gewachsene, lebenskräftige Tradition mit und begriff, was Heimat ist:

> „Ich weiß, dass wir von dieser Erde nur ein kleines Stück mit Herz und Sinnen besitzen und nur von da aus ins Weite schauen können."

Aber dann musste er sehr schnell lernen, wie trügerisch es ist, sich in einer Idylle einrichten zu wollen: Als er sieben Jahre alt war, starb der Vater, und die kränkelnde Mutter stand mit knapp 130 Mark Pension und sieben Kindern allein da. Demütigende Bittbriefe um Geld und Freiplätze. Ludwig wurde zwischen Verwandten und Vormündern hin- und hergeschoben. Kein Wunder, dass er in der

Schule als „aufsässig“ galt und die Lehranstalt mehr als einmal wechseln musste.

Dabei war der Förstersohn hochbegabt, kannte sich in Geschichte aus, verschlang die klassische deutsche Literatur in Gestalt von „Reclamheften“. Als Gymnasiast in München brachte er es fertig, sich in ein Universitätskolleg über Schiller einzuschleichen. 1886, ganz Bayern war noch in Aufruhr nach König Ludwigs mysteriösem Tod im Starnberger See, begann er an der Forstakademie zu studieren, ärgerte sich aber über die viele Mathematik und Physik und wechselte zu Jura.

Patriot: Ludwig Thoma

Warum, weiß bis heute eigentlich niemand. „Alois Eschenberger war ein guter Jurist und auch sonst von mäßigem Verstande“ – seit dieser zum Sprichwort gewordenen Charakterisierung eines Landgerichtsrats ist allgemein bekannt, wie unbarmherzig er seinen Berufsstand sah. Als Rechtspraktikant in Traunstein hatte er beim Schöffengericht Protokoll zu führen und durfte ab und zu auch schon eine Verteidigung übernehmen. Dabei machte er die Erfahrung, dass die Herren Richter in ihrem „Schlendrian und Dünkel“ wenig vom realen Leben kleiner Leute und von den Motiven armer Strolche wussten und mehr auch gar nicht wissen wollten.

Nach einem weiteren Praktikum in München, wo ihn die Schwabinger Bohème mit Theater und literarischen Zirkeln gefangen nahm, wagte er den Sprung in die Selbstständigkeit – in Dachau. Dort hatte es bisher keinen Advokaten gegeben. Aber Thoma vertraute zu Recht auf die urbayerische Freude am Prozessieren, und bald marschierten die geldigen Ökonomen zur Tür herein, „bockbeinig und hintersinnig und misstrauisch gegen die Regierung“, aber mit einer durchaus gesunden Moral und einem natürlichen Gerechtigkeitssinn ausgestattet. Und reich waren sie auf den großen Höfen hinter Dachau, und ihre Weiber brachten eine fette Ente oder ein schönes Stück frischer Butter mit in die Kanzlei Thoma.

Das Sterben des alten Bauern

Für die bayerische Literaturgeschichte war Ludwig Thomas Wechsel nach Dachau ein Glücksfall. Hier fand er den Stoff für seine klassisch gewordenen Bauerngeschichten: keine krachledernen Dorfspäße, kein dumpfes Blut- und Bodenpathos, sondern pralles Leben, Menschenschicksale wie bei Shakespeare, aufgezeichnet in der kargen, aber bildhaften Sprache, in der man auf Einödhöfen und Wirtsstuben redet.

„I g'spürs selber, morgen geht's auf die Letzt", sagt der alte Steffel im Austragsstüberl zu seiner Bäuerin. Ruhig liegt er da und schaut zur niederen Decke hinauf. Einen Augenblick lang spielen seine abgearbeiteten Hände mit den Sonnenstrahlen, die sich auf seine Bettdecke verirrt haben: „Sind alleweil gute Kameraden gewesen, er und die Sonne, (…) sie hat ihm das Korn gereift und den Weizen." Doch allzu lang hält er sich nicht auf bei solchen Dingen, er muss seiner Frau, der Urschel, die letzten Anweisungen geben:

„Bäuerin, 's Mahl halt's beim Unterwirt. (…) Und dass von de Leichentrager a jeder seine zwoa Maß Bier kriagt, Bäuerin, net, dass hinterdrei schlecht g'redt werd. (…) Beim Einsagen koan vergessen von der Freundschaft, dass 's a richtige Leich werd." Die Urschel nickt ernsthaft zu jedem einzelnen Wunsch, „i will's acht haben", und der Bauer, der seine letzte Sach auf Erden mit Anstand und Ordnung abgemacht hat, kann in Frieden gehen. Die wenigen Sätze dieser knapp zwei Buchseiten umfassenden Geschichte „Das Sterben" bauen eine ganze Welt nach.

1897 sind die gesammelten Erzählungen aus dem Dachauer Land erschienen – Thomas erstes Buch. Er zog wieder nach München, verkaufte bald seine Anwaltspraxis, um sich ganz dem Schreiben zu widmen: Geschichten, kurze Komödien, Romane. Zwischendurch ein paar Redakteursjahre beim „Simplicissimus“, Deutschlands unverschämtester und intelligentester Satirezeitschrift, deren Verkauf auf den preußischen Bahnhöfen verboten war. Eine Attacke auf einen verdruckten Kölner „Sittlichkeitsverein“ brachte ihm sechs Wochen Haft im Gefängnis München-Stadelheim ein – wegen Beleidigung.

Der angriffslustige Redaktionsleiter machte aus der Not eine Tugend und schrieb in der Haft sein erst posthum veröffentlichtes „Stadelheimer Tagebuch“. Einschüchtern ließ er sich nicht. Im „Simplicissimus“ nahm er weiterhin blutrünstige Militärs und vertrottelte Beamte aufs Korn – in der Überzeugung, man dürfe alles sagen, „wenn man es gut und künstlerisch sagt“.

> „Satire war noch immer gegen die Mächtigen gerichtet. Sonst ist's fade Witzelei!“
> „Auf moralische Bedenklichkeiten nehme ich nicht die geringste Rücksicht. (...) Ich schreibe für Erwachsene und Freie. Ich überlasse es den impotenten Trotteln, welche Deutschland in genügender Anzahl besitzt, für die ‚Familie‘ oder für dumme Backfische zu schreiben.“

Gegen kriegslüsterne Preußen und heimattümelnde Bayern

Damals war er noch nicht der bitterböse Hetzer gegen Juden, Sozialdemokraten und Großstadtliteraten. Der in Trachtenjoppe und Wadlstrümpfen auftretende Paradebayer outete sich vielmehr als glühender Verehrer Bismarcks und Anhänger der gesamtdeutschen Idee, kleingeistigem Provinzialismus ebenso abhold wie dem säbelrasselnden Pathos preußischer Welteroberer:

> „Aufzustehen – hochzuschreien –
> Blech zu quatschen – Mücken seihen –
> Das ist deutsch und treu und echt –
> Sakrament! Mir wird es schlecht.“

So machte er sich im „Simplicissimus" Luft, wenn Wilhelm II., der Operettenkaiser, wieder einmal ein Schlachtschiff getauft oder eine kriegslüsterne Rede gehalten hatte. Er ärgerte sich über Bauspekulanten und fantasielose Stadtplaner, regte sich über die Heimattümelei bayerischer Touristikstrategen mit ihren „törichten Trachten- und Jodelfesten" auf und fand es schlimm, wenn die Mehrheitsfraktion im Münchner „Barlament" (wie der von Thoma geschaffene Abgeordnete Josef Filser zu schreiben pflegte) politische Ideen durch die Macht der größeren Zahl ersetzte:

„Mir han de mehrer'n,
Mir han de schwerer'n,
All's hat an Zwirn,
Bal mir regier'n,
Mir san ma da!

(...) Mir tean im teuern
Vataland Bayern,
Was mir g'rad woll'n,
Mir san de g'schwoll'n
Bauerndada!
Hallelu –
Ridiridu –
Halleluja!"

Ein Herz für gescheiterte Existenzen

Was wird von Ludwig Thoma bleiben? Neben seinen realistischen Erzählungen aus der Welt der Bauernknechte und Kleinstädter ganz sicher seine großen Romane. „Andreas Vöst" (1905) schildert die Tragödie des Schullerbauern von Erlbach, eines aufrechten Freidenkers, der im Dorfpfarrer einen Todfeind besitzt, weil er im Gemeinderat gegen einen neuen Kirchturm gestimmt hat. Mit Lügen und Intrigen treibt ihn der Pfarrherr in ein ohnmächtiges Ringen, das mit einer Bluttat sein Ende findet. Erschütternd die

Szene, wie der unversöhnliche Priester an Allerseelen das roh gezimmerte Kreuz aus dem Friedhofsboden reißt, das die Schullerbäuerin ihrem ungetauft gestorbenen und hastig in ungeweihter Erde verscharrten Töchterchen errichtet hat. „De spielen si auf, als wenn sie die Herren waar'n", bricht es aus dem Schuller heraus, „über de ander Welt aa."

„Der Wittiber" (1911) zeichnet das Lebensdrama des Bauern Schormayer, der nach dem Tod seiner Frau ins Austragshäusl abgeschoben werden soll und trotzig seine Machtposition verteidigt. Die Dauerkonflikte mit seinem zum ewigen Knecht degradierten Sohn, mit der Tochter, die sich die Rolle der Bäuerin anmaßen möchte, und nicht zuletzt mit der Magd Zenzi, die er geschwängert hat, aber keineswegs zur Herrin auf dem Hof machen will, treiben unaufhaltsam in die Katastrophe – von Thoma ohne analysierende Dialoge, aber mit viel finster drohender Atmosphäre geschildert.

„Der Ruepp" (1921) schließlich erzählt das beklemmende Schicksal eines großmäuligen, aber talentlosen Hofbesitzers, der die Familie mit ins Unglück reißt: „Wo er hinsah, es gab keinen Ausweg. Es war, als wenn ein Zaun um ihn herumgezogen wäre, aus dem er nicht hinausschliefen konnte, und der sich immer und immer enger zusammenschloss."

Ähnlich das Volksstück „Magdalena", die zu Herzen gehende Geschichte einer armseligen Bauerndirn, die als Dienstmädchen in der Stadt unter die Räder geraten ist und nach ihrer verschämten Rückkehr von den grausam selbstgerechten Dörflern geächtet und verfolgt wird, bis sie der verzweifelte Vater ersticht; dann öffnet er die Tür und schreit die versammelten Tugendbolde an: „Jetzt reißt's as naus in d' Schand!"

„Es ist eine G'schicht für die Armen"

Wie konnte aus diesem scharfsichtigen, sensiblen, barmherzigen Menschenfreund in seiner letzten Lebenszeit der tollwütige Pöbler und Hetzer werden, der die Weimarer Republik als „Spottgeburt aus Dreck" schmähte, „zusammengeschustert, ideenlos, gegen Rasse und Art“, und jüdische Feuilletonisten und Theaterautoren als „schmierige Lausbuben“?

Den Zentrumspolitiker Matthias Erzberger, der 1918 im Auftrag der Reichsregierung den Waffenstillstand mit Frankreich unterzeichnet hatte und seither Morddrohungen ausgesetzt war, nannte er am 17. August 1921 im deutschlandweit verbreiteten „Miesbacher Anzeiger“ einen meineidigen Lumpen, „Urbild der schmutzigen Käuflichkeit“, einen „feistgefressenen“, „ehrlosen“ Schurken, den man aus der anständigen Gesellschaft „hinausschmeißen“ müsse: „Schafft reine Luft!“ Am 26. August mittags wurde Erzberger auf offener Straße ermordet. Am selben Abend starb Ludwig Thoma in seinem Haus am Tegernsee, vierundfünfzigjährig, an Magenkrebs. In seinem Nachlass fand sich ein – noch nicht ausgefüllter – Aufnahmeantrag in die NSDAP.

Germanisten, Historiker, Biografen rätseln heute vergeblich, welcher Teufel den alternden Dichter geritten haben könnte. War er nach dem Ende des Weltkriegs und der alten Monarchien in eine schreckliche Depression hineingeglitten wie andere Literaten und Zeitchronisten auch? „Alles, was ich so liebte, ist im Untergang“, notierte er traurig. „Was dem Leben Sinn und Schmuck gab, was an seinem Platze dem Ganzen diente, sinn- und zwecklos geworden im wüsten Haufen.“

War er vielleicht immer schon im tiefsten Herzen ein Chauvinist und Antidemokrat und Judenfeind gewesen? Plötzlich tauchte ein bösartiger Brief aus seiner Zeit als wenig erfolgreicher Rechtsanwalt in München auf: „Es ist ja richtig, dass ich noch im Besitz meiner Vorhaut bin“, beschwert er sich über geschäftstüchtigere jüdische Advokaten. „Eventuell können wir ja das Hindernis beseitigen.“

Aber Thoma besaß doch eine Menge enger jüdischer Freunde! Und er hatte doch so wacker gegen alle möglichen Obrigkeiten gekämpft, er war bis 1914 strammer Pazifist gewesen und dann erst bei der Mobilmachung der Kriegsbegeisterung verfallen wie fast alle seiner Schriftstellerkollegen! Hat am Ende der Regensburger Germanist und Theaterautor Joseph Berlinger Recht, der die fürchterlichen Hetzartikel als öffentlichkeitswirksame Rache am jüdischen Gatten der von ihm vergötterten Maidi von Liebermann interpretiert? Thomas Neigung zu unglücklich verheirateten Frauen ist bekannt. Die evangelisch getaufte Maidi besaß freilich selbst einen jüdischen Vater und machte Thoma seine antisemitischen Anwandlungen offen zum Vorwurf.

Jener Gott, der nach christlicher Überzeugung ausgerechnet im kleinen Israel und im Juden Jesus Mensch werden wollte, hätte einen einzigen Grund haben können, dem wildgewordenen Poeten seine Hassausbrüche zu verzeihen: nämlich dass Ludwig Thoma im Kriegswinter 1916 die unsterbliche Weihnachtslegende „Heilige Nacht“ schrieb. „Es ist eine G'schicht für die Armen“, betonte er theologisch korrekt, „kein Reicher war nicht dabei.“

Thoma verlegt das Geschehen von Betlehem in das bayerische Oberland – auch das ist korrekt, denn Gottes Menschwerdung ereignet sich überall und täglich neu. Im Lenggrieser Dialekt erzählt er von der Liebe des himmlischen Vaters und der Heimatlosigkeit des Erlösers, von der Herzenshärte der zu Geld gekommenen Verwandten und der auf ihre Bequemlichkeit bedachten Bürger („A Ruah möcht' ma hamm, insa Ruah!“), von groben Hausknechten, aber auch von hilfreichen Handwerksburschen und mitleidigen Kleinhäuslern.

Für sie ist Gott in erster Linie Mensch geworden, daran gibt es für den Autor keinen Zweifel, denn die verachteten Hirtenleute sind am Anfang die einzigen gewesen, die ihn sehen konnten. „Dös is für de Arma“, weiß der in kleinen Verhältnissen aufgewachsene Thoma, „a tröstliche G'schicht. Sinscht hätt's insa Herrgott scho anderst eig'richt!“

„Die Welt schuf Gott
für den Mann alleine"

„Im freien Wald bin ich groß geworden"

Warum die anarchistische Bayerwald-Poetin Emerenz Meier (1874–1928) nach Amerika auswanderte

„Gib's eahm!" – „Haut's 'n zamm!" – „Geh her, Hund, elendiger, na schlag i dir 's Kreiz ab!" – Im Bräustüberl des Gast- und Landwirts Johann Meier im Bayerwalddörfchen Schiefweg bei Waldkirchen geht es an diesem Sonntagnachmittag des Jahres 1882 wieder einmal hoch her. Es herrscht Krieg: jeder gegen jeden. Die vom Bier und aufstachelnden Reden erhitzten Waldler brennen darauf, einander die massiven Steingutkrüge auf den nicht minder robusten Schädeln zu zersplittern.

Doch niemand genießt das wilde Getümmel so sehr wie das achtjährige Wirtstöchterlein Emerenz, genannt Senzl. Während der um sein Mobiliar fürchtende Wirt vergeblich Frieden zu stiften sucht, durchpflügt die Senzl mit ihren bereits recht kräftigen Armen eifrig die Schlachtreihen, schleppt aus dem ganzen Haus die Maßkrugreserven herbei und gibt sie den Kämpfenden heimlich von hinten in die Hände, damit die aufregende Rauferei ja nicht so schnell zu Ende geht.

Ihre kindliche Begeisterung für die blutigen Wirtshausprügeleien hat die Emerenz später ihrem Dichterfreund Hans Carossa anvertraut. Der Feingeist war freilich von ihrer Vorliebe für die „wilden Mannsbilder" peinlich berührt, ähnlich wie von Senzls Trinkfestigkeit und ihren aufrührerischen politischen Ansichten. Heute gilt die Gastwirtstochter aus Schiefweg als wichtigste bayerische Schriftstellerin neben Marieluise Fleißer und Lena Christ, und ihr abenteuerliches Leben findet das Interesse von Bühnenautoren und Filmemachern. Mit ihrer kraftvollen Sprache und ihren aufmüpfigen

Ideen ist die Emerenz das Fleisch gewordene Kontrastprogramm zu fader Heimattümelei und weißblauer Idylle.

Die „narrischen Versln" eines Bauernmädels

Was heute so spannend erscheint, brachte ihr zu Lebzeiten allerdings nur Verdruss und Unglück. Eine dichtende Frau vom Land, ein Bauernmädel mit sozialistischen Visionen, eine scharfzüngige Emanzipierte mitten unter behäbigen Landwirten und brav auf ihren Hochzeiter wartenden Dirndln – dafür war es um die Wende zum Zwanzigsten Jahrhundert, in der Prinzregentenzeit, einfach noch zu früh.

Stürmisch: Emerenz Meier

Für den Vater, den realistisch denkenden Ökonomen und Viehhändler, war es bloß „narrische Verslmacherei", wenn seine Tochter Geburtstagsgedichte auf Bestellung schrieb oder stolz ein paar Stücke aus Homers Odyssee oder Dantes Göttlicher Komödie vortrug, wovon sie große Teile auswendig kannte. Als die Neunzehnjährige für ihre erste veröffentlichte Geschichte von der Passauer Donau-Zeitung ein anständiges Honorar bekam, änderte der bauernschlaue Papa allerdings seinen Sinn und ermunterte sie fortan ungeduldig: „Schreib, Senzl, schreib!"

Reichtümer konnte die Senzl auf diese Weise freilich nicht ansammeln – obwohl sie fleißig Erzählungen und volksliedhafte Gedichte publizierte, in Tageszeitungen und Familienzeitschriften und bald auch in so angesehenen Blättern wie der „Jugend" und dem „Simplicissimus". Aber berühmt wurde sie. Die Fabrikantentochter Auguste Unertl, der die standesbewussten Eltern einen heißgeliebten schwedischen Kunststudenten ausgeredet haben und die folgsam einen biederen Magistratsbeamten geheiratet hat, sieht – nach Waldkirchen verschlagen – in der ungebärdigen Emerenz ein Spiegelbild der eigenen Träume und wird ihre treue Mäzenin. Und der Literaturprofessor Karl Weiß-Schrattenthal publiziert ausgerechnet im preußischen Königsberg einen Band mit ihren Erzählungen: das einzige Buch von Emerenz Meier, das zu ihren Lebzeiten erschienen ist.

Berühmt ist sie geworden, aber nicht glücklich. Die Leute bestaunen sie, aber sie fühlt sich wie ein Fremdkörper in ihrer ländlichen Welt, die sie so liebt. Von ihrer eigenen Klasse sei sie „wie ein Monstrum ausgestoßen", von den feinen Bildungsbürgern „schief angesehen" worden, vertraut sie ihrer Freundin Auguste an. Und macht ihrem Herzen wütend Luft:

„Hätte Goethe
Suppen schmalzen,
Klöße salzen,
Schiller Pfannen
waschen müssen,
Heine nähn, was er
verrissen,
Stuben scheuern,
Wanzen morden,
Ach, die Herren,
Alle wären
Keine großen
Dichter worden."

Daheim schuftet die „Wirtssenz" wacker auf den Feldern und in der Gaststube, zum Schreiben kommt sie nur in den Mußestunden. Auch mit einer Künstlerkneipe, die sie 1902 in der Passauer Altstadt einrichtet, hat sie kein Glück: Die Gebildeten wollen zwar alle die aparte Volksdichterin sehen, lassen sich aber gerade mal eine Halbe einschenken, und die trinkfreudigen Donauschiffer und Tagelöhner machen einen Bogen um das Intellektuellenwirtshaus. Das Kneipenprojekt geht pleite.

Es hilft der Emerenz wenig, dass man sie am Münchner Königshof huldvoll empfängt und ihr eine Stelle im hochherrschaftlichen Haushalt anbietet statt des erhofften Stipendiums. Hausarbeit könne sie daheim auch tun, lässt sie den pikierten Prinzen Ludwig Ferdinand wissen. Währenddessen rechnet ihr der Königsberger Verleger vor, dass von den 644 Mark Unkosten für ihr Buch durch den Verkauf erst 514 Mark wieder hereingekommen seien, „so dass noch M 130,- zu decken wären".

Als auch noch die Familie in bittere Not gerät und das elterliche Anwesen verkauft werden muss, wandern alle miteinander „ins Amerika" aus – wie viele Waldler zu jener Zeit.

„Ich bin fürchterlich radikal gesinnt"

Emerenz Meier braucht jetzt keine Rücksichten mehr zu nehmen. In Chicago macht sie sich mit Vorträgen und Artikeln zur kompromisslosen Sprecherin der Pazifisten und Sozialisten. Sarkastisch rechnet sie mit Kriegstreibern und Spekulanten ab, mit den „Henkern im Frack" und der „feilen Metze" Massenpresse:

„Kennst du das Land, wo Grabsch und Humbug blüh'n,
Die Herzen einzig für den Dollar glüh'n,
Wo Geld vor adliger Gesinnung geht,
Die Schlauheit hoch, die Treue niedrig steht,
Kennst du das Land, dahin, dahin
Würd ich, hätt ich die Wahl, nie wieder zieh'n."

„Ich bin fürchterlich radikal gesinnt", schreibt sie ihrer Auguste selbstironisch. Während sie für Marx als einen „neuen, aber mehr erdenständigen Jesus Christus" schwärmt, ist Präsident Wilson ihr großer Wunschgegner, der in den Weltkrieg gezogen sei, um den Völkern die Demokratie zu bringen – und „im eigenen Lande den Militarismus zu errichten". Doch unbeirrt glaubt sie an die zähe Durchsetzungskraft der Vernunft, setzt sie auf die Friedensliebe der sogenannten kleinen Leute.

„Wenn aber einmal Begriffe wie Nationalismus, Imperialismus zu den toten Mumien gelegt worden sind, wenn dann die ganze Menschheit unter der Flagge des Weltkommunismus lebt, dann wird es nicht mehr vorkommen, dass ein Volk das andere verzehrt, weil sie eben anders erzogen worden sind, zu wirklichen Menschen, nicht mehr zu unvernünftigen Tieren wie jetzt, die auf das Kommando ihrer Traineure morden und zerfleischen."

Partei ist sie immer schon gewesen, die Emerenz, solidarisch mit den Schwachen, an den Rand Gedrängten – weil sie die Freiheit leidenschaftlich liebt. „Im freien Wald bin ich groß geworden", bekennt sie mit einer gehörigen Portion Pathos, keine andere Macht kenne sie als Gott, und dort in der freien Natur habe sie sich geschworen, „nie würd ich andere Fesseln dulden von irgendeinem, der aus Fleisch und Blut, der gleich mit mir des Lebens Bürde trägt. Nur keinen Herrn, und mag er sein wie immer, denn gleichen Rechts glaub ich mit ihm zu sein, ob er auch einst viel Tausende beherrscht."

Die aufrechten, geraden Menschen liebt sie, nicht die „hohlen Trompeten", die ihr Mäntelchen nach dem Wind hängen, die charmanten Heuchler und die eitlen, aufgeblasenen Fatzken, „von außen nobel, doch von innen Rüpel, devot nach oben und nach unten frech":

„Wie ekelt's mir, wenn ich es wandeln sehe,
Das Tier, das Stock und feine Wäsche trägt!
(...) Im dunklen Flur küsst er das dralle Mädchen,
Eh' er die Dame ins Theater führt;
Begegnet er dem erster'n dann im Städtchen,
Wird hoheitsvoll geblickt und ignoriert."

Männer, die das Dummchen an der Seite brauchen, um an die eigene Überlegenheit glauben zu können, macht die Frühfeministin Emerenz liebend gern zur Zielscheibe ihres Spotts:

„Gefährdet durch des Weibs Intelligenz
Ist heut der Männer Existenz,
Ihr Ansehen flieht wie der alte Glaube
An ihre Kraft und ans Glück der Haube.
(...) Ja, fort mit jeder, die emanzipiert
Auf selber gebahnten Pfaden irrt,
Man schichte Scheiter, man werfe Steine,
Denn die Welt schuf Gott für den Mann alleine."

Dabei ist die so selbstbewusst Auftretende ein zutiefst zerrissener Mensch, voller Selbstzweifel, unter den mannigfachen Fesseln leidend, die sie an der Entfaltung ihres Talents hindern, und diese Begabung wiederum nicht besonders hoch einschätzend: „Ich kann selbst nichts", gesteht sie Auguste, „ich verstehs bloß, wie es sein sollte."

Wanzen, Fabrikarbeit, Heimweh

Dazu kommt die triste äußere Situation: In Chicago wohnen die Meiers zur Miete bei einer „profitsüchtigen Megäre" (Emerenz), werden von Wanzen geplagt, müssen Kostleute aufnehmen. Die Emerenz schlägt sich mit Putzarbeiten durch und schuftet in einer Fabrik, „wo alle Mädel über mich kicherten, während die Männer mich bei jeder Gelegenheit betasteten und kniffen."

Geheiratet hat sie in der Fremde, einen Landsmann aus Wotzmannsreuth. Die Ehe verläuft unglücklich. „Ich ward vom Mann misshandelt", vertraut sie Auguste an, „dass ich ihn fürs Gericht bringen musste, habe ihn jahrelang ertragen, bis er starb." Die zweite Ehe mit einem Schweden erscheint ihr da wie ein Paradies, der Mann ist feinfühlig, gebildet und liebevoll, doch nach fünfzehn Jahren wird sie zum zweiten Mal Witwe.

Das Heimweh nach den fernen bayerischen Wäldern und Fluren bricht ihr das Herz. Am 28. Februar 1928 stirbt sie dreiundfünfzigjährig in Chicago.

„Der Summa hat kaum einag'schaut
In unsern stillen Wald,
Aft *(dann)* hat schon über d' Haberhälm *(Haferhalme)*
Der Wind herg'waht so kalt.

Die Wälder waren gelb und rot,
Und über Berg und Au
Hat sich a schwerer Nebel g'legt,
Wie Tücher um an Trauh *(Sarg).*

O Schatzlein, fürchtest du den Herbst,
Den kalten Herbst bei mir,
Aft such' dir einen Summa nur,
Ich gönne gern ihn dir.

Wohl brennt der Summa tief noch drinn,
Wo's Herz so heftig schlagt.
Das is die Liab, i schweig davon,
Hab's noch koan Mensch'n g'sagt.

Der Freithof is gar groß und leer,
Das woaßt du gut, mein Schatz.
Mei Leib kimmt in a Grüaberl nei,
Hat auch die Lieb' drinn Platz? –“

Freitod statt Land-Idylle

Warum Lena Christ (1881–1920) so viel literarischen Ruhm erntete und doch so unglücklich blieb

Als sie ihrem Leben auf dem Münchner Waldfriedhof mit einem Fläschchen Zyankali ein Ende setzte, war sie erst 38 Jahre alt. So starb am 30. Juni 1920 die hervorragende bayerische Schriftstellerin Lena Christ, die der Literaturhistoriker Werner Mahrholz „rein dichterisch vielleicht neben Annette Droste das größte, stärkste, sinnlichste Talent unserer ganzen Literatur" genannt hat.

Blut- und Boden-Prosa und ländliche Idyllen hat sie nie geschrieben. Ihre Bauernromane sind, ähnlich wie die von Ludwig Thoma, keine volkstümelnden Feierabend-Geschichten, geruhsam unterm Herrgottswinkel zu lesen. Stattdessen schildern sie erbarmungslos das elende Leben der Mägde und Findelkinder im Bayern an der Schwelle zum 20. Jahrhundert, die Protzerei der Großbauern und die Heuchelei der Kleinbürger.

Sozialgeschichte von unten

Die Summe ihrer Bücher ist eine Sozialgeschichte von unten, eine plastische Reportage dumpf-auswegloser Verhältnisse. Geschrieben von einer, die selbst durch etliche Höllen gegangen ist. Denn richtig glücklich war Lena Christ wohl nur in der Kindheit, im freundlichen Dörfchen Glonn unweit vom Wendelstein, wo sie im Haus der Großeltern aufwuchs.

Was für ein Schock muss es gewesen sein, als die gerade frisch verheiratete Mutter ihr uneheliches Kind plötzlich zu sich nach

München holte, in die Anonymität der Großstadt! Die ungeduldig hysterische, gleichzeitig gefühlsarme Frau, die eine Gastwirtschaft führte, litt offenkundig unter der geistigen Überlegenheit ihrer aufgeweckten Tochter und beantwortete jede Trotzreaktion mit sadistischen Strafen. Was das Mädchen nur noch verschlossener und widerspenstiger machte; zeitlebens sollte Lena Schwierigkeiten haben, Vertrauen aufzubauen und sich irgendwo einzuordnen.

„Zuerst bekam ich städtische Kleider, und dann wurden mir meine schönen, langen Haare abgeschnitten, weil ich Läus' hätte, wie die Mutter sagte. (...) Meine Mutter war damals eine sehr schöne Frau und sprach immer sehr gewählt; denn sie war jahrelang Köchin in adligen Häusern gewesen. Darum schalt sie nun täglich über meine bäuerische Sprache, wodurch sie mich so einschüchterte, dass ich oft den ganzen Tag kein Wort zu sagen wagte. Auch in der Schule spotteten mich die Kinder aus und nannten mich nur den Dotschen oder die Gscherte. So dachte ich oft des Nachts, wenn ich allein in meiner Kammer war, denn bei Tag hatte ich nicht viel Zeit zum Nachdenken, mit Sehnsucht zurück an das Leben bei meinen Großeltern und erzählte unserer Katze, die ich mit ins Bett nahm, mein Unglück."

Einmal hatte sie in der Schule wegen angeblich „unsittlicher" Gespräche mit Mitschülerinnen nachsitzen müssen. Die Mutter empfing sie mit einem Totschläger, knebelte das Kind, schlug und trat es so brutal, dass sich Brust und Körper blau färbten und das Blut über die Arme rann. Die Leni litt Höllenqualen im Zwiespalt zwischen der Angst vor dieser häuslichen Gewalt und der stürmischen Sehnsucht, wahrgenommen und geliebt zu werden. Trotzdem versuchte sie ihren beiden Stiefbrüderchen Geborgenheit zu vermitteln, indem sie sich als Engel verkleidete, wenn sie die Kleinen ins Bett brachte.

Lenas Eintritt in ein Kloster bald darauf wirkt unter solchen Vorzeichen wie eine Flucht. Überraschenderweise unterstützte die Mutter das Vorhaben: „Kost 's, was 's mag, wannst nur a recht a brave Klosterfrau wirst!" Im schwäbischen Ursberg wurden Behinderte und

Schwachsinnige gepflegt. Doch nach einem Jahr verließ die Leni das Noviziat wieder, zuviel Kälte und Scheinheiligkeit hatte das Mädchen dort erlebt. „Es war alles nur Drill und von wahrer Güte wenig zu finden“, notierte sie bitter. Wieder nahm sie die Mutter in Schutz, als man ihrem Kind Ungehorsam und „weltliche Gesinnung“ vorwarf.

Kein Glück mit dem Hochzeiter

Doch bald nach der Rückkehr in den elterlichen Gasthausbetrieb spitzte sich das Verhältnis zur Mutter so zu, dass sich die Neunzehnjährige mit einem Tranchiermesser die Pulsadern öffnete. Auch in ihrer Ehe mit einem Buchhalter von ziemlich rohem Gemüt fand sie keine Heimat. Das hübsche Mädchen hatte viele Verehrer gehabt, aber kein Glück mit der Auswahl des Richtigen.

» Doch nicht nur die reichen Herren, auch etliche Burschen aus der Mühle hätten mich gern zu ihrem Schätzlein gehabt, und ich wusste bald nicht mehr, was ich tun sollte, um mir die unsinnigen Freier vom Hals zu schaffen. Und als mich gar einmal mitten in der Nacht draußen vor meinem Fenster, ich schlief im ersten Stock, ein Geräusch aufweckte, als hätte jemand eine Leiter angesetzt, und gleich danach ein leises Klopfen an die Scheiben ertönte und jemand mit unterdrückter Stimme rief: ‚Lenerl, mach auf! I muaß dir was sagn“, da sprang ich voll Zorn aus dem Bett und rief ganz laut hinaus, ohne zu öffnen:
‚Mei Ruah will i habn! I brauch koan Burschn zum Fensterln;
wer si net zu der Tür rei' traut, soll ganz wegbleibn!'“

Die zweite Ehe mit einem ebenso blutleeren wie erfolglosen Schriftsteller brachte ihr zwar ebenfalls wenig menschliche Erfüllung, aber immerhin die Entdeckung und Förderung ihres literarischen Talents.

Unter schlimmen Bedingungen – Lena war schwer lungenkrank, ihre Töchter musste sie in ein Kinderheim geben –, aber von ihrem Ehemann ermuntert und unterstützt, begann sie mit einer erstaunlichen Geschwindigkeit und Treffsicherheit ihr bewegtes Leben niederzuschreiben. Während er Nachhilfeunterricht gab, saß Lena Stunde um Stunde auf einer Parkbank vor der Neuen Pinakothek und schrieb und schrieb, mit Bleistift in Schulhefte, ohne noch etwas von ihrer Umgebung wahrzunehmen. Einmal habe er sie zuhause aus dem Zimmer geschickt, berichtet er, um ungestört zu sein, und nach einem halben Tag sei sie mit vierzig in einem Zug entstandenen, druckreifen Manuskriptseiten zurückgekommen. „Nicht *sie* schreibt, *es* schreibt", ahnte ein scharfsinniger Kritiker.

Tapfer: Lena Christ

Im Winter, es war arktisch kalt und die Kohlen waren teuer, baute sie sich aus Bettdecken und Kissen eine warme Schreibhöhle. Auch ihre häufigen Krankenhausaufenthalte nutzte sie zum Schreiben. Ihr Mann Peter Jerusalem (später nannte er sich Benedix) hatte es nicht leicht mit ihr, sie litt an Sinnestäuschungen und Angstzuständen und machte sich Sorgen um ihre Kinder, er selbst war ein etwas weltfremder Individualist, aber die Beziehung geriet ihr zum Segen. 1912 erschien ihr Erstlingswerk „Erinnerungen einer Überflüssigen" bei Albert Langen in München.

„Sie weiß alles, diese Erzählerin"

„Sie weiß alles, diese Erzählerin", staunt der Schriftstellerkollege, Kritiker und Nietzsche-Forscher Josef Hofmiller in seiner Rezension der „Rumplhanni". „Sie weiß, wie es in der Küche beim Hauserbauern zugeht und beim Martlbräu. Sie weiß zu jedem Kalenderheiligen eine Bauernregel. Sie kennt die Herbergen in der Au und die Zellen in Stadelheim. Sie weiß, wie eine Wirtin mit ihrer Tochter grantelt, wie sie ein Küchenmädl einstellt, wie sie dirigiert, bis sich die Speiskarte bei der Jakobidult glatt abwickelt, und was man alles herrichtet. Sie weiß, wie das Abendgebet der Hanni am Hochzeitstag lautet, nachdem sie, todmüd von der Arbeit, spät in der Nacht das grüne Kranzl und den Schleier vom Haar löst."

Und weiter: „Ein urwüchsigerer, echterer Dialog ist in altbayrischer Mundart niemals geschrieben worden. Wie redet der Wirt mit dem Bauern? Wie nimmt ein Bursch Abschied von seinem Mädel? Was wird unterm Essen am Bauerntisch gesprochen? Wie fertigt die Hanni einen zwideren Geizkragen ab? Welche Sprüche macht der Eier- und Butteraufkäufer? Welche Sprüche machen die Bauern beim Politisieren? (...) Keine tote Stelle, keine überspitzte Pointe."

„Wenn die richtigen Weiber anfangen zu erzählen, dann reichen sie in Tiefen, wo die Mannsbilder nicht mehr hinkommen."
Josef Hofmiller

„Die Einfachheit der Erzählung", urteilt der Rezensent, „hat etwas unmittelbar Überzeugendes." Was bis jetzt „schablonenhaft, pseudohumoristisch, verlogen gemalt" worden sei, habe die Christ „unerbittlich geschildert". „Mathias Bichler", „Die Rumplhanni", „Madam Bäurin", erschienen in renommierten Münchner und Leipziger Verlagen: Von Roman zu Roman nahmen Interesse und Respekt der Literaturkritik zu, nur das Publikum wollte noch nicht recht.

Das änderte sich ausgerechnet mit der Mobilmachung 1914. Die wie aus einem Vulkan ausbrechende Kriegsbegeisterung, die bejubelten Marschkolonnen der blumengeschmückt einrückenden Reservisten, den Abschiedsschmerz junger Frauen und leidgeprüfter Mütter, das Grauen in den Lazaretten, Lena Christ fasste alles das in kurze, bewegte Sätze. Die Kriegsskizzen, in drei Bändchen mit dem Reihentitel „Unsere Bayern anno 14/15" veröffentlicht, wurden ein Riesenerfolg – vielleicht, weil sie von einer Frau verfasst waren, die den Rekruten und Feldwebeln auf den Leib rückte und mit einem altersschwachen Fahrrad die Manöver im Perlacher Forst ausspionierte. Als einmal ein gewaltiger Regenguss die „Kriegsreporterin" überraschte, kaufte sie beim nächsten Tandler in Giesing schnell einen Regenschirm und lief während der ganzen Felddienstübung neben den Rekruten her, unter dem Schirm emsig Notizen machend.

» Beim alten Wirt zu Schönau ist die Gaststube schier übervoll von Gästen, Rauch und Qualm, so dass der Hauser nicht unrecht hat, da er zum Meßmer von Niklausreuth sagt: ‚Bruader, in der Höll bals amal so zuageht und dampft, nachher kennt si leicht der Teife selber nimmer aus!' Kein Platz ist mehr da zum Sitzen; die Bauern haben den Herrgottswinkel und das Ofeneck ausgefüllt, und an den übrigen Tischen hocken die Jüngeren und die Dienstigen. Man redet vom Krieg. Und der eine meint: ‚Ja no; 's Belgien ham mir scho; 's Frankreich ham mir aa scho glei; Paris kriagn man auf d' Woch und 's Russland aufn Kirta. Bis Allerheiling ham mir nachher an Engländer umbracht, und z' Weihnachten sauf i mir mein Friedensrausch o.'"

„Ich muss gehen, man hetzt mich zu Tod"

Als König Ludwig III. die plötzlich berühmt gewordene Autorin 1915 an die Hoftafel einlädt, erzählt sie dort unbefangen Soldatengeschichten, welche die Hofdamen schamhaft erröten lassen, den Majestäten aber so gefallen, dass Lena Christ das begehrte „Ludwigskreuz" für patriotische Verdienste erhält.

Doch als ihr Mann an die Front muss, stockt der Erzählfluss, wird sie trübsinnig. Lena lernt einen leichtlebigen, jungen Sänger aus Italien kennen, Dolmetscher in einem Kriegsgefangenenlager, sie verliebt sich zum ersten Mal leidenschaftlich und fällt aus allen Wolken, als sie der Schürzenjäger bald darauf verlässt. Es gibt keine Honorarvorschüsse mehr, zwei Töchter – die sie inzwischen zu sich geholt hat – wollen ernährt werden, Lena Christ verkauft wertlose Ölbilder, wie es in jener Notzeit viele tun, aber sie fälscht die Signaturen namhafter Maler.

Die Presse beginnt zu berichten. Gerichtsverhandlung und Haft vor Augen, sieht die Achtunddreißigjährige keinen anderen Ausweg als den Freitod. Sie schreibt unsentimentale Abschiedsbriefe, ordnet ihren Nachlass, spricht mit der älteren Tochter und ihrem Mann, der bei einem Freund Gift besorgen soll: „Du willst doch nicht, dass ich gezwungen bin, mir aus den Fetzen meines Gewands einen Strick zu drehen, um mich in der Zelle aufzuhängen?"

Bis heute mutet es eigenartig an, dass es niemandem gelungen ist, der zutiefst Depressiven ihren Entschluss auszureden. Aber Lena Christ hatte schon immer einen eisernen Willen gehabt. „Ich muss gehen", stellt sie fest, „man hetzt mich zu Tod." Sie trifft sich mit Peter am Münchner Waldfriedhof, im schwarzen Seidenkleid, mit Schirm und Handtäschchen. Er hat das Zyankali dabei, erklärt ihr, sie dürfe nicht daran riechen, sonst werde sie nur ohnmächtig, bittet sie, ihm ein Zeichen aus dem Jenseits zu geben (darüber berichten er und die ältere Tochter später glaubwürdig), dann zieht er sich zurück. Lena geht zum Grab des Vaters ihres italienischen Geliebten, in dieser Situation ein Ort der heiteren Erinnerung, trinkt das Fläschchen aus. Peter sieht vermutlich von weitem zu, wie sie stirbt. Dort im Waldfriedhof ist sie auch begraben, gemeinsam mit der jüngeren Tochter, die dreizehn Jahre später, unheilbar krank, ebenfalls freiwillig aus dem Leben scheiden wird.

„Gebt den Menschen ihre Rechte
und sie werden alle gut sein"

Fräulein Parzival

Wie sich die bayerische Kultusbürokratie an der links denkenden Grundschullehrerin Elly Maldaque (1893–1930) rächte

Am 11. November 1929 ging ein verhängnisvoller Polizeibericht über eine in Regensburg unterrichtende Lehrerin namens Elly Maldaque an Kreisregierung, Innenministerium und Münchner Polizeidirektion: Frau Maldaque betätige sich in der Ortsgruppe der KPD und habe bei einer Revolutionsfeier Klavier gespielt. Vier Monate später durchsuchte man ihre Wohnung – ohne ihr strafbare Handlungen nachweisen zu können. Wieder drei Monate später wurde sie fristlos aus dem Schuldienst entlassen. Begründung: linke geistige Einstellung. Drei Wochen darauf, nach einem völligen Nervenzusammenbruch, starb Elly Maldaque am 20. Juli 1930 in der örtlichen Irrenanstalt.

1903, als die bayerischen Hochschulen und Lehrerbildungsanstalten für Frauen geöffnet wurden, war Elly Maldaque noch ein kleines Mädchen von zehn Jahren. In Erlangen war sie 1893 zur Welt gekommen, als Tochter eines Waffenmeisters. Dort in Erlangen absolvierte sie das pädagogische Seminar – mit hervorragenden Noten. Seit 1913 arbeitete sie im Schuldienst, in Regensburg, in Oberpfälzer und württembergischen Gemeinden, an Privatschulen in Traunstein und Nürnberg – und seit 1920 wieder in Regensburg, an der protestantischen Von-der-Tann-Schule.

Eine solche Anstalt bildete ein Unikum in der kernkatholischen Oberpfalz, und als erste und einzige evangelische Volksschullehrerin der Stadt wurde Elly gehörig bestaunt. Obwohl sie noch nicht verbeamtet war, wuchs sie in den nächsten Jahren in eine allgemein respektierte Position an ihrer Schule hinein, weil sie fast ausschließlich die neu geschaffenen achten Mädchenklassen leitete.

Ihre Schülerinnen scheinen die Pädagogin vergöttert zu haben, die sich für ihre Probleme interessierte und jede beim Vornamen anredete, was damals höchst ungewöhnlich war. „Tatzen" – Schläge mit dem Rohrstock – gab es bei der Maldaque nie. Zu zweit oder zu dritt haben sie ihre große Freundin heimbegleitet, sie sind mit ihr gewandert und zum Baden an die heimischen Gewässer gegangen, natürlich ganz brav in hochgeschlossenen schwarzen Badeanzügen.

Auch während der Schulzeit verlegte die Maldaque das Klasszimmer gern ins Freie; wenn Naturkunde angesetzt und das Wetter schön war, ging sie mit den Mädchen in den nahegelegenen Park hinüber. „Sie war der Zeit voraus, sie hat einem viel fürs Leben mitgegeben", schwärmte ihre Schülerin Anna-Maria Schneider später und erzählte von jener Lehrschau „Der Mensch" in der Ausstellungshalle des Stadtparks: „Und zwar war das eine Ausstellung, wo man gesehen hat, wie die Kinder entstehen. Und meine Mutter war froh. Sie hat gesagt: Da muss ich dich nicht aufklären." Elly Maldaque allerdings wurde vom Schulrat vorgeladen und mit einem Verweis bedacht.

Zerbrechliche Träumerin

Die wenigen erhaltenen Briefe und Tagebuchblätter zeichnen nicht gerade das Bild einer fanatischen Partisanin, die ihren Lebenszweck darin sah, unschuldigen bayerischen Schulmädchen das Gift des Bolschewismus zu verabreichen. Sie erscheint ganz im Gegenteil als weiblicher Parzival, als übersensible Sucherin, deren Kritik an den gesellschaftlichen Zuständen immer etwas von verwundertem Staunen an sich hat. Mehr haltloses Weinen über die Welt als selbstgewisses Trommeln für ein Parteiprogramm.

„Das Leben scheint mir sinnlos, wenn kein Inhalt es füllt", schreibt sie wie ein träumender Backfisch in ihr Tagebuch. „Wo diesen suchen?" Alle ihre alten Glaubensüberzeugungen und Moralbegriffe hat sie über Bord geworfen, sie fühlt sich herrlich frei –

und schrecklich hilflos: „Die Ehe ist mir nicht mehr das Erstrebenswerte, die Familie ist mir mehr die Stätte des Egoismus und vieler Lebenshemmungen als die Quelle der Erholung und des Fortschritts."

„Der Funke hat endlich gezündet", jubelt sie am 9. Oktober 1928 nach einem Besuch ihrer Freundin Irene Neubauer, offensichtlich einer strammen Kommunistin, mit der sie ganze Tage und Nächte durchdiskutiert hat.

> „Eine neue Welt hat sich mir aufgetan. Endlich – endlich hab ich meinen Weg gefunden. (...) Ich bin voll Glück u. Schmerz zugleich. Glücklich, weil ich nicht mehr die jammervolle Qual des halben Lebens in mir trage – voll Jammer, weil ich das unsägliche Elend der bedrückten Menschheit vor mir sehe und in mir leide. (...) Gebt den Menschen ihre Rechte u. sie werden alle gut sein."

Seelisch labil ist sie immer schon gewesen, die junge Pädagogin, die andere so sicher auffangen konnte und selbst so zerbrechlich, so leicht zu verletzen war. Mehrmals musste sie wegen Nervenattacken und Schlafstörungen für längere Zeit vom Schuldienst beurlaubt werden. Vielleicht hat sie den Tod des geliebten Bruders nicht verkraftet, der im Juli 1916 als einundzwanzigjähriger Infanterieleutnant in Flandern im Granathagel fiel. Schlimm muss auch die Tyrannei des bigotten, liebesunfähigen Vaters gewesen sein, der im Haus als Kinderschreck galt – und bei dem Elly dennoch wohnte, als sie bereits unterrichtete.

„Edelkommunistin" mit eigenem Kopf

„Aber nun bin ich auf Tod u. Leben dem Kommunismus verschworen", vertraut Elly Maldaque am 14. Juli 1929 ihrem Tagebuch an, „er bedeutet die Glückseligkeitsform alles Menschlichen – er deckt alle dunklen Zusammenhänge auf – er gibt Antwort auf die bangste Frage – er ist der einzige Menschheitserlöser." Doch ebenso konsequent, wie sie sich einst vom Bürgerchristentum gelöst hat (das die

„feige Flucht“ vor der Wirklichkeit mit der Hoffnung auf Gottes führende Hand bemäntele), verweigert sie sich jetzt der Parteidoktrin: Im Tagebuch bekennt sie, „dass es schöner und kraftvoller sei, die Metaphysik nicht zu negieren – es graut mir manchmal vor der krassen Nüchternheit des Materialismus“.

Selbstdenkerin will sie bleiben, ihre Sehnsüchte und Visionen will sie sich nicht austreiben lassen. Politisch brennend interessiert, besucht sie Veranstaltungen der Kommunisten und Freidenker, tritt der „Internationale der Bildungs-Arbeiter“ und einem proletarischen Abstinenzverein bei, kümmert sich um die tristen Wohnverhältnisse ihrer ärmeren Schülerinnen, versucht Arbeitslose zu unterstützen. Eine Idealistin sei sie eben gewesen, urteilte Anna-Maria Schneider: „Eine Edelkommunistin, wie man so sagt.“

Impulsiv: Elly Maldaque

Die große, dunkelhaarige Frau mit den etwas harten, aber schönen Gesichtszügen und der „wunderbar hochdeutschen“ Sprache (Schneider) fällt natürlich auf, wenn sie sich im Wirtshausmief bei einer KPD-Versammlung zu Wort meldet oder revolutionäre Arbeiterlieder mitsingt. Im Spätherbst 1929 – Elly ist endlich in eine eigene Wohnung gezogen – beginnen Polizei und Regierung die politisch offenbar allzu abenteuerlustige Lehrerin zu überwachen.

Ein in den KPD-Ortsverband eingeschleuster Spion berichtet schreckliche Dinge: Elly habe eine waschechte Kommunistin – die erwähnte Irene Neubauer, mittlerweile Berufsschullehrerin in Weimar – bei sich übernachten lassen, sie habe Mitgliedern des Rotfrontkämpferbundes Gesangsunterricht erteilt und in ihrer Wohnung ein Lenin-Bild aufgehängt! Im gegenüberliegenden Haus quartiert man zwei Spitzel ein, die über sämtliche Besucher Buch führen sollen.

Man will an der jungen Frau mit der starken Ausstrahlung und dem verdächtig fremdländisch klingenden Namen ein Exempel statuieren, dazu ist jedes Mittel recht. Bei einer Haussuchung findet man das Lenin-Foto und „eine Menge kommunistischer Literatur", kann der Lehrerin freilich wieder einmal nichts Strafbares nachweisen. Doch aus ihrem Tagebuch, so berichtet die Polizeidirektion befriedigt an die Kreisregierung, habe man „ohne ihr Wissen" einen Auszug abfotografiert, „der bemerkenswerten Aufschluss über ihre politische Einstellung gibt".

Die fiesen Tricks der Kriminaler

Es ist die bereits zitierte Lobeshymne auf den Kommunismus – „der einzige Menschheitserlöser" – vom 14. Juli 1929. Zwei Seiten zuvor hat Elly über ihr Engagement im Klasszimmer notiert, sie habe versucht, „selbstlose Kleinarbeit zu tun – einfach sich zu geben in Geduld im Kleinen. Meine Schulkinder waren die Versuchskaninchen."

Ein hinterlistiger Kriminalbeamter hat die Seiten dazwischen weggelassen und beide Aussagen so zusammenkopiert, dass jeder meinen muss, die Maldaque habe sich den Missbrauch argloser Schulkinder für finstere politische Zwecke zum Ziel gesetzt – ganz wie es die Behörde haben will. Nach Ellys Tod wird ein Regierungsvertreter sogar zugeben, mit dem Tagebuch sei ein „Irrtum" passiert.

Am 28. Juni 1930 – zwei Monate später wäre sie endgültig verbeamtet worden und hätte Versorgungsansprüche gehabt – erhält Elly Maldaque ihr Entlassungsschreiben. Begründung: „Die Regierung hat die Überzeugung gewonnen, dass Sie Ihrer geistigen Einstellung nach der Bewegung des Kommunismus und Freidenkertums zugehören und auch wirkendes Mitglied der Kommunistischen Partei Deutschlands sind. Diese bestimmte Haltung gegenüber einer auf den gewaltsamen Umsturz der bestehenden Staats- und Kulturordnung hinarbeitenden Bewegung ist mit der Stellung eines Beamten und Lehrers unvereinbar."

Was genau ihr vorgeworfen wurde, hat Elly Maldaque nie erfahren. Es hat keine Einvernahme durch die Schulleitung gegeben, keine Anhörung des Schulrats, keine Möglichkeit, sich zu verteidigen. „Es gab überhaupt kein Verhör", wird der SPD-Abgeordnete Rudolf Schlichtinger, selbst Lehrer, später im Landtag anklagend feststellen, „und keine Rücksichtnahme auf die anerkannte gute Benotung der Beamtin."

Hektisch schickt sie ihr verhängnisvolles Tagebuch an die Kreisregierung, kündigt eine ausführliche schriftliche Stellungnahme an. Doch dazu kommt es nicht mehr, das – immer schon filigrane – Nervensystem der Sechsunddreißigjährigen bricht zusammen. Eine empörte Kollegin, Vertreterin des Bayerischen Lehrerinnenverbandes, begleitet sie auf die Behörde, wo sie über ihre geplante Beschwerde sprechen will.

Alle paar Meter bleibt Elly stehen und flüstert: „Da kann ich nicht gehen, da sind lauter Schlingen!" In der Kanzlei ihres Rechtsanwalts zieht sie die Vorhänge zu, um von den überall vermuteten Spitzeln nicht gesehen zu werden. In ihrer Aufregung ruiniert sie die Gardine; der pikierte Herr Rechtsanwalt lässt sie in das Evangelische Krankenhaus bringen.

Jetzt wird der Vater aktiv, der sich seiner gottlosen Tochter schämt, zugleich aber mit beträchtlicher Schläue ihren Pensionsanspruch retten will: Am 10. Juli veranlasst er die Einweisung in die städtische Irrenanstalt, wie die Nervenkliniken damals noch heißen. Immer noch besser verrückt als politisch unzuverlässig! Mit juristischem Beistand verfasst er eine Eingabe an die Regierung: Seine Tochter sei schon länger „in der Sphäre des Gefühlslebens sowohl, als auch in der Urteilsbildung" gestört und deshalb für ihr Verhalten nicht voll verantwortlich zu machen. Man möge auf krankheitsbedingte Dienstunfähigkeit erkennen „und zunächst den in solchen Fällen üblichen Krankenurlaub gewähren".

Zu spät. Der Anstaltsarzt pumpt die vor Angst in der Tat halb wahnsinnige Frau mit den gängigen Medikamenten voll, diagnostiziert „Verfolgungsideen“ und „Tobsuchtsanfälle“. Sie wird ans Bett gefesselt, zwangsernährt, weil sie aus Furcht vor Vergiftung nichts essen will. „Lassen Sie mich doch leben!“, jammert sie mit grotesk verdrehten Augen.

Kleines Herz in der Irrenanstalt

Die heftigen Fieberausschläge und den rapiden Verfall der Kreislauffunktionen nimmt der stellvertretende Anstaltsleiter Dr. Korte verwirrt zur Kenntnis. Er interessiert sich aber nicht für die Katastrophe, die sich gerade im Leben seiner Patientin ereignet hat, sondern sucht nach irgendwelchen Organschäden.

Die vom Vater und von Schulkolleginnen geäußerten Bitten, einen zweiten Arzt, einen Lungenspezialisten, beizuziehen, lehnt Korte am 18. Juli entrüstet ab; in Frau Maldaques Befinden sei eine „wesentliche Besserung“ eingetreten. Am 20. Juli ist Elly Maldaque tot: Herz- und Lungenversagen. „Herzgewicht 180 Gr.!!“, steht handschriftlich auf der Krankenakte vermerkt. Elly Maldaques schwaches, kleines Herz hat die Angst nicht mehr ertragen.

Am nächsten Tag kursieren kommunistische Flugblätter in der Stadt. „Die Brutalität ihrer Feinde“, so steht hier zu lesen, „musste E. Maldaque mit dem Leben bezahlen.“ An der Beerdigung auf dem Evangelischen Zentralfriedhof nehmen nach Polizeischätzungen mindestens fünfhundert Menschen teil, darunter viele Elendsgestalten aus der „Pulverturm“ genannten Barackensiedlung im Stadtsüden, Hausfrauen in Kittel und Pantoffeln, ihre Säuglinge auf dem Arm. Als der greise Schulleiter von Elly Maldaques Liebe zu den Arbeiterkindern spricht, beginnen sogar die Polizisten zu weinen.

In ganz Deutschland macht sie Schlagzeilen, die Regensburger Tragödie: „Proletarische Lehrerin in den Tod gehetzt!“, titelt die Berliner „Rote Fahne“. Die angesehene Berliner „Weltbühne“ informiert über die einstimmig abgegebene Ehrenerklärung einer Elternversammlung, die Elly Maldaque einen jeder christlichen Schule würdigen Unterrichtsstil bescheinigt und die Rücknahme der Entlassung gefordert hat.

Krankenhausverwaltung und Regierungspräsidium, Politische Polizei und Kultusministerium rüsten indessen zu einer üblen Kungelei, um die kritischen Fragen der linken und liberalen Öffentlichkeit nicht beantworten zu müssen. Nein, man habe keine harmlose Träumerin mit überzogenen Polizeiaktionen in Verfolgungswahn und Tod getrieben. Elly Maldaque sei ihrer unglückseligen körperlichen Konstitution erlegen, aber auch einer „hysterischen Gier nach dem großen Erlebnis" (Dr. Korte).

Selbstverständlich denkt die bayerische Staatsregierung nicht daran, den Fall von einer Ärztekommission untersuchen zu lassen und die für Maldaques Maßregelung verantwortlichen Funktionäre bei der Schulbehörde ihres Amtes zu entheben, wie es die Kommunisten am 25. Juli 1930 im Landtag fordern. Kultusminister Dr. Goldenberger erklärt nonchalant, gegenüber einer solch „geradezu frivolen Hetze" müsse festgestellt werden, „dass die unglückliche Lehrerin Maldaque ein Opfer ihres eigenen pflichtwidrigen Verhaltens und im weiteren Sinne ein Opfer des Kommunismus und seiner Agitation geworden ist".

Danach ging die deutsche Politik zur Tagesordnung über; die Machtübernahme durch die „Hakenkreuzler" stand ohnehin bald ins Haus. Vergeblich recherchierte der emigrierte österreichische Dramatiker Ödön von Horváth, scharf blickender Chronist der faschistoiden Kleinbürgerseele, 1938 im Exil gestorben, den „Fall E." akribisch genau. Sein auf 53 Manuskriptblättern hinterlassenes Fragment „Die Lehrerin von Regensburg" wurde als bloße politische Kolportage abgetan und in der Schublade „Frühwerk" abgelegt.

Erst knapp vier Jahrzehnte nach Horváths Tod entschlüsselten Tübinger Literaturstudenten die historischen Zusammenhänge. Ihr Professor Jürgen Schröder publizierte bei Suhrkamp einen Materialienband. Das Dramenfragment wurde 1976 im Staatstheater Wiesbaden in einen aktuellen Rahmen gestellt. Kommentar der erzkonservativen „Deutschen Tagespost": „Hier wird Freiheit der Kunst mit Narrenfreiheit verwechselt. Der KPD kann man nur gratulieren: Sie bekommt auf Staatskosten Propaganda gemacht."

Am 20. November 1993, Elly Maldaque wäre gerade hundert Jahre alt geworden, ließ der bayerische Avantgarde-Komponist

Franz Hummel in Klagenfurt seine Maldaque-Kammeroper „Schöne blaue Donau“ uraufführen. Währenddessen vollzog sich in der Heimatstadt der ewig Verdächtigen eine blamable Tragödie: Die gemeinsame Stadtratsfraktion von FDP und Freien Wählern hatte die Umbenennung der nach einem bayerischen Haudegen im Franzosenkrieg 1870/71 „Von-der-Tann-Schule“ titulierten Bildungsanstalt, wo die Pädagogin angestellt gewesen war, in „Elly-Maldaque-Schule“ gefordert. Im Schulausschuss des Stadtrats wurde der Vorschlag abgelehnt. Lediglich eine schlichte Gedenktafel gestand man – gegen anfänglichen Widerstand der CSU – der Toten zu.

„Der Mensch is guad,
nur die Leit' san schlecht!"

Sprachclown mit Tiefgang

Warum sich hinter Karl Valentins (1882–1948) irrwitzigem Nonsens die höchste Logik verbirgt

„Ich hab früher in der Sendlingerstraße gewohnt", gibt er in einem seiner bekanntesten Nonsens-Monologe zu Protokoll. „Das heißt, nicht *in* der Sendlingerstraße, das wäre ja lächersam – in der Sendlingerstraße könnte man ja gar nicht wohnen, weil immer die Straßenbahn durchfährt. Also, in den Häusern der Sendlingerstraße habe ich gewohnt. Nicht in allen, nur in einem davon (...). Aber nicht im ganzen Haus, sondern nur im ersten Stock. Der ist unterm zweiten Stock und da geht in den zweiten Stock eine Treppe hinauf. Das heißt – sie geht schon auch wieder herunter, vielmehr wir, nicht die Treppe, gehen hinauf, man sagt ja nur so."

„Man sagt ja nur so." Der Dummbeutel, mit dem ein leichtfertiges Publikum so einen Komiker gern verwechselt, gibt Nachhilfe in Logik und macht uns auf fast beklemmende Weise klar, wie schludrig wir mit Sprache umgehen. Der scheinbar um zehn Ecken denkende, dabei aber ungemein präzise vorgehende Sprachclown wundert sich darüber, wie wenig sich die angeblich ernsthaften Leute über den Unsinn wundern, den sie ständig von sich geben.

Valentins gnadenloser Sprachartistik bescheinigen Dichter, Philosophen, Literaturwissenschaftler, Filmregisseure längst tiefschürfende Einsichten in den Charakter der Sprache. „Hier wird gezeigt die Unzulänglichkeit aller Dinge, einschließlich uns selber", urteilte der begeisterte Valentin-Verehrer Bert Brecht (der den Volksschauspieler mit seiner „trockenen Komik" einmal schaudernd einen „blutigen Witz" nannte). Oskar Maria Graf meinte, in Hollywood hätte Karl Valentin ohne weiteres Chaplins Ruhm erreicht, und

Grafs ebenfalls nach Amerika emigrierter Schriftstellerkollege Roda Roda nannte seinen Humor „überirdisch, ja olympisch“.

Nonsens, schmerzhaft logisch

War das etwa nur kalauernde Blödelei, wenn Valentin über den Unterschied zwischen Einheimischen und Fremden nachdachte und zum Ergebnis kam: „Fremd ist der Fremde nur in der Fremde“? Und wenn er sich dort nicht mehr fremd fühle, sei er auch kein Fremder mehr? Heute versucht man notorische Fremdenhasser mit dem Spruch zum Denken zu bringen, jeder Mensch sei irgendwo ein Ausländer.

Bewies Valentin nicht intelligenten Scharfsinn, wenn er typisch süddeutsche sprachliche Gedankenlosigkeiten mit dem Dialog aufs Korn nahm: „Schauen Sie in vierzehn Tagen wieder her! – Her schauen? Ich seh so schlecht“? Oder über den Springbrunnen am Sendlingertorplatz in München philosophierte: Einen nicht springenden Springbrunnen könne man weder sehen noch hören, weil doch der Brunnen gar nicht springe. „Der Springbrunnen rauscht nicht, nur das Wasser.“

„Die Zukunft war früher auch besser.“
„Ein Optimist ist ein Mensch, der die Dinge nicht so tragisch nimmt, wie sie sind.“
„Jedes Ding hat drei Seiten. Eine positive, eine negative und eine komische.“
„Heute ist die gute alte Zeit von morgen.“
„Gar nicht krank ist auch nicht gesund.“

Und wie viele Politiker, Festredner, predigende Pfarrer könnten sich demütig eine Scheibe Selbstkritik abschneiden, wenn sie hören oder lesen, wie Valentin in seiner – laut Regieanweisung von Applaus und Bravo-Rufen begleiteten – „Vereinsrede“ 1937 leere Worthülsen in schier unerträglicher Menge aneinanderfügte: „Wenn ich heute das Wort ergreife, so halte ich es für meine Pflicht, einer Sache näher zu treten, die Ihnen und uns und für alle Zukunft ein Problem von schwerwiegender Bedeutung zu bleiben scheint (...). Aber wenn wir der Einsicht näher treten, so werden die Nebenstehenden die Schäden und Nutzen am eigenen Leibe verspüren, denn zu heiß wurde noch keine Suppe gegessen, und wenn, dann verbrennen sich die den Schnabel, die sich mit den bittersten Enttäuschungen selbst am Ufer der Vernunft ins Lächerliche gezogen haben. Selbst ist die Frau! Meine Herren! Wenn uns die Besonnenheit uns von unseren Sorgen, deren wenige ein verblendendes Spiel in uns gesetzt, zum Zwecke des Mittels, einen wie bei jedem, wir können nicht das gute Gewissen mit derselben Resignation verknüpfen, der unserem Standpunkt von vorneherein gegenüberstand." Eine ähnliche Rede über die Geldentwertung beendete der Komiker von der tieftraurigen Gestalt mit dem Schlachtruf „Nieder mit dem Verstand – es lebe der Blödsinn!"

Wortklauber: Karl Valentin

Valentins Leben ohne Legende

Der wirkliche Karl Valentin ist freilich längst unter einem Berg Legenden begraben, wie es bei Volkslieblingen halt so ist. Zum Beispiel war er kein klassisches „Münchner Kindl"; sein Vater stammte aus Darmstadt, die Mutter aus dem sächsischen Zittau. Und die Vorstadt Au, wo er als Valentin Ludwig Fey (Karl Valentin ist sein Künstlername gewesen) am 4. Juni 1882 zur Welt kam – und evangelisch getauft wurde –, gehörte zwar seit einigen Jahrzehnten zu München, bildete aber noch ein richtiges Dorf mit

Bauernhöfen und Handwerkerhäuschen. Er ist auch nicht in bitterer Armut aufgewachsen, wie kolportiert wird; der Tapezierermeister Fey wurde bald Kompagnon seiner Firma, und auf Valentins Geburtshaus prangte der stolze Namenszug „Möbeltransportgeschäft v. Falk u. Fey“.

Dass er so oft Pech hatte und sein Künstlerleben mehr von einer tragischen Geschichte an sich hat als von einem strahlenden Siegeszug, das lag auch keineswegs bloß am Unverständnis der Mitwelt, wie er es selber gern erklärte. Naiv wie viele Musensöhne verrannte er sich in völlig unrealistische, teure Projekte, mit Geld konnte er ohnehin nie umgehen, und mit seinem schwierigen, misstrauischen Charakter verprellte er auch Menschen, die seine Genialität schätzten. Filmregisseure, die mit ihm ein Manuskript besprechen wollten, mussten auf einen Regentag warten und dann mit ihm über die Theresienwiese spazieren. Doch an Drehbücher hielt er sich sowieso nicht, weil er sich die Dialoge nicht merken konnte.

Leicht hat er es freilich nie gehabt. Der zwanzigjährige Nachwuchskomiker und Varietéschüler (so etwas gab es in München tatsächlich) musste nach dem Tod des Vaters die Firma übernehmen, die nun jedoch so schlecht ging, dass er sie vier Jahre später verkaufte; die Hypotheken fraßen fast den ganzen Erlös auf. Was übrig blieb, steckte Valentin in ein selbst konstruiertes Orchestrion aus ungefähr zwanzig Musikinstrumenten, die er alle gleichzeitig spielte – eine fantastische Sache, aber in jenen Jahren waren schon so viele Orchestrions erfunden worden, dass sich kaum jemand für den Wunderapparat interessierte.

Unter dem Namen „Charles Fey“ ging der glücklose Musikclown auf Tournee, wurde in Berlin nach einem einzigen Auftritt gekündigt, fand ein bescheidenes Engagement in Halle, schlug sich wieder daheim in München als Zitherspieler und mit der Fertigung künstlicher Palmen durch – und hieb das nutzlose Orchestrion eines Abends mit der Axt in tausend Stücke. Ein guter Freund, Wirt und Puppentheaterspieler, brachte ihn mit scharfem Blick für Valentins spezielle Talente dazu, seinen ewig langen, hager-biegsamen Körper schauspielerisch einzusetzen und entsprechende Couplets zu schreiben. Eine unverwechselbare Bühnenfigur war geboren!

Sternstunde beinahe verpasst

In den folgenden Jahren schuf sich Karl Valentin, wie er sich nun nannte, einen beachtlichen Ruf als volkstümlicher Komiker und Kabarettist. Er trat im „Frankfurter Hof" und im „Germaniabrettl" auf, in Kellerkabaretts und Bierschwemmen, er unternahm Gastspielreisen nach Wien, Zürich und Berlin. 1923 hätte er dennoch beinahe seine Sternstunde verpasst: Die renommierten, aber am Rande der Pleite stehenden Münchner „Kammerspiele" wollten ihn als Zugnummer für Nachtvorstellungen engagieren. Valentin, misstrauisch, unentschlossen und ängstlich wie üblich, wand und zierte sich: Würde das an Molière, Brecht und Ludwig Thoma gewöhnte Publikum einen Volksschauspieler akzeptieren?

Tatsächlich war der Intendant der „Kammerspiele", der große Otto Falckenberg, skeptisch: Valentin schien überhaupt nicht in sein Programm zu passen. Doch der Regisseur Rudolf Frank, der den Komiker ausgespäht hatte, setzte sich durch – und überzeugte Valentin mit dem traumhaften Angebot von fünfzig Prozent der Kasseneinnahmen und dem Versprechen, man werde ihm alles zur Verfügung stellen, was er nur wünsche. Valentin grinste boshaft und verlangte einen Zentner Zement. Am nächsten Morgen war der Zement da, er wurde nie benutzt – zu was auch? – und alle stolperten über die Säcke, aber Valentin konnte jetzt nicht mehr aus und wurde der Star stets ausverkaufter Vorstellungen.

Die „Raubritter von München" schrieb er damals, das „Brillantfeuerwerk", unsterbliche Szenen wie „Im Photoatelier" oder „Der Firmling". Letzterer Einakter sorgte in München für einen Skandal, weil Kleingeister darin religiöse Gefühle verletzt sahen, der von Liesl Karlstadt gespielte Pepperl schaute so provozierend blöd. Ein Fotograf musste eine „Firmling"-Szene aus seinem Schaukasten entfernen. Valentin regte sich darüber so auf, dass er München verlassen und nach Berlin ziehen wollte. Der gleichnamige Film durfte wenige Jahre später zwar ohne Beanstandungen laufen, wurde aber nicht „jugendfrei" gegeben.

Doch kann man das überhaupt sagen, dass *er* diese Stücke geschrieben hat, die Couplets und Filmdrehbücher? Erstens war fast alles, was Karl Valentin auf der Bühne oder im Filmstudio von sich gab, improvisiert. Zweitens wurden sämtliche Stücke im Dialog mit seiner kongenialen Partnerin Liesl Karlstadt geboren, weitergesponnen, oft noch während der Aufführung verändert.

Der Tod kam am Rosenmontag

Die Karlstadt opferte nahezu ihr ganzes Vermögen, um dem Partner eines seiner exzentrischen Projekte zu finanzieren: ein „Panoptikum" voll schrecklicher Wachsfiguren, Folterkammerszenen und skurriler Einfälle. Der Stein, mit dem David Goliath erschlagen hatte, war neben einem „Winterzahnstocher" mit Pelzbesatz, einem Nest voll „ungelegter Eier" und einem liegenden Stehkragen zu bewundern, dazu eine alte Uhr, welche „die gestrige Zeit präzise anzeigt", und in einer Dose säuberlich konserviert „die größte Kälte, die je am Marienplatz gemessen wurde". Natürlich wurde auch dieses (unpraktischerweise nur in den Abendstunden geöffnete) Spektakel ein Reinfall.

Ein sagenhaftes Angebot aus Amerika, zwei Millionen Reichsmark für zwei Jahre Bühnenauftritte und Filme, hatte er schon 1926 ausgeschlagen, der ängstliche, ungeschickte Mensch, der eine Seereise fürchtete wie den leibhaftigen Tod. Immerhin galt Valentin, der 1912 das erste Mal vor der Kamera gestanden hatte – in einem von Anfang bis Ende falsch belichteten Streifen –, als einer der Pioniere des Films, und er war viel moderner als sein amerikanischer Konkurrent Charlie Chaplin, ein klassischer Stummfilmstar, der sich mit dem Tonfilm nie so recht anfreunden konnte. Valentin hingegen war von der neuen Erfindung begeistert und sah darin eine Herausforderung.

Nach dem Scheitern seines „Panoptikums" vergrub er sich jedoch immer mehr. Seit 1941 trat er nicht mehr auf. Er schrieb demütigende Bettelbriefe an die nationalsozialistischen Kulturgewaltigen und bot seine berühmte Sammlung von Kitschpostkarten Hitler zum Kauf an, zog sein Angebot aber brüsk zurück, als der im Gegenzug von ihm verlangte, keine Filme über soziale Probleme mehr zu machen. Schon 1936 hatten die Nazis solche Valentin-Stücke wegen „Elendstendenzen" verboten – Stücke, in deren Sprach- und Trostlosigkeit Literaturwissenschaftler heute die absurde Bühnenwelt Samuel Becketts und Eugène Ionescos vorweggenommen sehen.

Hitler verehrte den Volksschauspieler dennoch sehr und hatte ihm bei einer Begegnung geschmeichelt: „Ich habe schon viel über Sie lachen müssen!" – „Aber ich noch nie über Sie", entgegnete Valentin hintergründig und todernst.

Aus seiner Abneigung gegen die braunen Herrenmenschen hatte er nie ein Hehl gemacht. In den komischen Werbesprüchen, die er so gern schrieb, findet sich die sarkastische Anpreisung „Versetzung von Grenzpfählen übernimmt Großdeutschland". Solche hochpolitische Kritik im Gewand der Witzelei konnte einen ins KZ bringen. Andererseits sind Briefe erhalten, in denen er die arische Abstammung von Filmrivalen anzweifelt oder sich über die fantastischen Gagen von Heinz Rühmann beklagt, obwohl dieser mit einer „andersrassigen Dame" verheiratet sei.

Abgründige Verzweiflung spricht aus Karl Valentins letzten Versen und Entwürfen. „Erlöse die Menschen nun endlich von den Menschen", heißt es in seinem zutiefst pessimistischen „Vater unser":

> „Sie wissen nichts anderes mehr zu tun
> als Blut zu vergießen
> indem sie sich gegenseitig abschlachten (...).
> Lasse du harmlose Schneeflocken vier Wochen lang
> Tag und Nacht ununterbrochen auf die Erde fallen,
> dann ist der wahre Frieden auf Erden – Amen."

Die traurige Geschichte von Karl Valentins Ende in Hunger und völliger Einsamkeit ist nur die halbe Wahrheit. Anfangs machte er zwar mit der amerikanischen Besatzungsmacht, deren Zensurbeamten und den Kulturredakteuren des frisch gegründeten Bayerischen Rundfunks deprimierende Erfahrungen; nach ein paar Sendungen bekam er seine Manuskripte mit dem Tadel zurück, sie seien nicht „humoristisch" genug. Im Nachkriegsdeutschland bestand kein Bedarf an bitterbösen Grotesken über „Kalorienmangel" und an satirischen Schilderungen des ohnehin allgegenwärtigen Elends. „Dem Publikum", so erinnert sich einer der Pioniere von damals, „blieb das Lachen im Halse stecken und es protestierte."

Aber dann schlug die Stimmung im Sender um. Man interessierte sich plötzlich wieder für die lebende Legende Karl Valentin. Doch nun machte dieser Schwierigkeiten, weil er überzeugt war, man wolle ihn nur als „Füller" irgendwo ins Programm schieben. Als es endlich zu einer Übereinkunft kam, war es schon zu spät. Einige wenige Gastspiele und Rundfunkaufnahmen; um rascher an Geld zu kommen, tauschte und verkaufte er mit dem ihm eigenen völligen Ungeschick für geschäftliche Dinge selbst geschnitzte Kochlöffel und Nudelhölzer. Anfang Februar 1948 zog sich der Fünfundsechzigjährige eine Erkältung zu, mit der sein ausgemergelter Körper nicht mehr fertig wurde. Am 9. Februar, es war der Rosenmontag, war Karl Valentin tot.

„In der Hosn hab i immer
a freche Goschn g'habt"

Komikerin mit Weinkrämpfen

Warum Liesl Karlstadt (1892–1960) mehr war als bloß die Stichwortgeberin für Karl Valentin

Im legendären „Firmling" mimte sie den naiv-pfiffigen Pepperl; in der „Orchesterprobe" brillierte sie als griesgrämiger Kapellmeister und Theatertyrann; im „Schallplattenladen" war sie die engelsgeduldige Verkäuferin, deren Kundschaft (Karl Valentin) penetrant „so runde dunkelschwarze Platten mit billigem Schall" begehrte, ohne sie aus ihrer freundlichen Ruhe bringen zu können. Die Fans des kauzigen Nonsens-Philosophen Karl Valentin gestehen seiner Partnerin Liesl Karlstadt durchaus beträchtliches komisches Talent und eine frappante Wandlungsfähigkeit zu. Aber sie blieb halt Valentins Geschöpf und folgsame Stichwortgeberin – eben die aufopferungsvolle Frau, die hinter jedem großen Mann zu stehen hat. Sagen die Männer, die gern groß wären.

Doch langsam beginnt sich das Bild zu wandeln. In Kreisen von Kabarett-Enthusiasten und Literaturkennern entdeckt man die eigenständige Rolle der Erzkomödiantin. Als hätte man das alles nicht schon längst gewusst, staunt man darüber, dass die Karlstadt sechs Instrumente beherrschte, hintersinnige Couplets schrieb und an renommierten Theatern Erfolge mit Solo-Rollen feierte.

„A Soubrett muaß an Busen ham!"

Eigentlich hieß sie Elisabeth Wellano, ihr Vater war ein kleiner Bäcker italienischer Abstammung, und in seiner elfköpfigen Familie regierte der Hunger. Für die Mutter, die mit einem winzigen

Milchladen etwas dazuverdienen wollte, trug Elisabeth in der kalten Morgendämmerung im kleinstädtischen München-Schwabing die Milch aus. Die Nachbarskinder machten sich über ihren Namen lustig und riefen ihr nach: „Wellano, Italiano, lebst aa no?"

Als sie mit sechzehn eine Lehre als Verkäuferin beim Textil-Eder am Viktualienmarkt begann, kam ihr das wie der Aufstieg eines Kellerkindes in die Höhen der Gesellschaft vor. Auf den Tanzböden der Münchner Vorstädte wurde das quecksilbrige, hübsche Mädchen bald für das Volkstheater entdeckt.

„Gerichtet!" oder „Aus Liebe zum Mörder" hießen die Schmachtfetzen, in denen die Wellano das Publikum zu Tränen rührte oder zum Gruseln brachte. Auch als Soubrette im Flitterkleid versuchte sie sich. Bis sie eines Tages ein merkwürdiger Kollege ins Gebet nahm, ein mürrischer Unsympath, zaundürr, rothaarig, kauzig, der ihr begreiflich zu machen suchte, dass sie mit den großen Posen und leicht frivolen Tanznummern bloß ihr Talent vergeudete. Geboren sei sie zu etwas ganz anderem, zur Komikerin; das wagte er ihr ins Gesicht zu sagen!

„A Soubrett", raunzte er, „muaß soo an Busen ham und frech sein! Sie schaun ja aus wia a Kommunionmäderl! Aber komisch waar'n Sie, des sag Eahna i!" Die Wellano war entrüstet, dachte tagelang voller Ärger über so viel Unverschämtheit nach – und stand bald darauf mit ihrem Kritiker Karl Valentin auf der Bühne. Ihre erste gemeinsame Nummer ist heute noch berühmt: Liesl als naiv-fesches Dirndl mit einem Edelweiß in der Hand, Valentin als zitherspielender Tiroler vor einem wildromantischen Gebirgspanorama aus Pappe. Einen greisen Vater mit Rauschebart und Gitarre gab's auch noch. Am Ende geriet Valentin in einen geschickt inszenierten Streit mit dem Theaterdirektor und hatte seinen Abgang mit den klassisch gewordenen Worten: „Vater, nimm's Gebirg mit, wir gehen!"

Von 1913 an traten die beiden regelmäßig im Charivari und im Serenissimus auf, im Kammerbrettl und im Annenhof, in sämtlichen angesehenen Kabaretts der Altmünchner Szene, wo sie als Komikerpaar zur Legende wurden. Weil der Name „Wellano" nach Trapezkünstlerin roch, taufte sie Valentin kurzerhand in „Karlstadt" um. Er brachte ihr die Kunst der Milieubeobachtung bei, zeigte ihr, wie sich aus ein paar merkwürdigen Erfahrungen ein Stück improvisieren ließ. Doch das urwüchsige Talent, das der geniale Bühnenclown ans Tageslicht zauberte, formte und schliff, war bereits da gewesen, er hatte es nicht erschaffen. Die Karlstadt glänzte in Hosenrollen; sie überzeugte als Hausiererin und Lehrbub, als greisenhafte Göttin Juno und als verzärteltes Geheimratssöhnchen.

Unterschätzt: Liesl Karlstadt

Dass Valentin bis in unsere Tage dennoch so unangefochten als produktiver Kopf des Paradegespanns gilt, liegt fatalerweise daran, dass sich die beiden so ideal ergänzten: Valentin als der verquere Grübler, dem jedes banale Alltagsproblem zur Ewigkeitsfrage geriet, die Karlstadt als sein hausbacken-realistisches Pendant mit Mutterwitz und gesundem Menschenverstand. „Sie war real, Valentin surreal", bilanzierte ihr Biograf Theo Riegler. Und deshalb hielt man ihn gern für einen kreativen Kopf, sie hingegen nur für die fleißige Assistentin.

Dass sämtliche „Valentin-Stücke" im Dialog geboren wurden, dass die ursprünglichen zündenden Einfälle in Dutzenden von Proben und oft auch noch vor dem Publikum auf der Bühne von beiden gemeinsam weitergesponnen und verändert wurden, kam kaum in den Blick. Wenn Karl Valentin zur Probe kam, wusste er ja in der Regel nie, was sie später auf den Theaterbrettern genau anstellen und sagen würden. Die Karlstadt war es, die all die hundert Ideen und Möglichkeiten auf Zetteln notierte, die dann ausgefeilt und ständig umgetextet wurden. Valentin selbst bezeichnete seine Partnerin respektvoll als „meine Mitarbeiterin und Mitverfasserin meiner Stücke".

„Wissen'S, dass dös was wird, dös macht d' Fräulein Karlstadt. I könnt dös net, i wär viel z' nervös dazu."
Karl Valentin

In den zwanziger Jahren feierten die beiden über die weißblauen Grenzen hinaus phänomenale Erfolge, etwa bei ihren sechs Berlin-Tourneen, wo es immerhin das verwöhnteste Kabarett-Publikum Deutschlands gab, oder in Zürich. Bert Brecht war von dem vertrackten Tiefsinn begeistert. Aber obwohl die Karlstadt mit ihren leisen Nuancen, ihrem stilsicheren Gefühl für Charaktere, ihrem Verzicht auf kalauernde Überzeichnungen Glanzleistungen lieferte – unvergessen die „Gerichtsverhandlung", wo sie nacheinander einen vollbärtigen Angeklagten, einen bebrillten Preußen, eine Dame aus besseren Kreisen, eine endlos ratschende Münchner Millifrau und einen forschen Halbwüchsigen spielte –, hatten Publikum und Kritik oft nur Augen für Valentin, den vermeintlich alleinigen Ideenmotor.

Karl Valentins Therapeutin

Was für eine nervtötende Herkulesaufgabe war es, den weltfremden, hypochondrisch ängstlichen Querkopf zu Auftritten und Tourneen zu motivieren, den Alltagskram zu organisieren, den Kontakt zu Theaterchefs und Agenten herzustellen! Mütterlich-umsichtig bewältigte die Karlstadt nahezu alles. Sie sprach ihrem Partner Mut zu, wenn er sich vor lauter Lampenfieber mal wieder nicht auf die Bühne wagte. Geduldig chauffierte sie ihn zu den gemeinsamen Terminen, weil er Eisenbahnfahrten fürchtete wie der Teufel das Weihwasser, schneller als dreißig Stundenkilometer durfte sie freilich nicht fahren.

„Er hat die 27 Jahre, wo wir zusammen gearbeitet haben, jeden Tag, bevor der Vorhang aufgegangen ist, bei jedem Stück, was wir schon hundert- und zweihundertmal gespielt haben, gesagt: ‚Gelt, wissen tu ich gar nix. Du sagst mir jedes Wort ein.' Sag ich: ‚Ja, das mach ich.' Und das hab ich auch 27 Jahre lang gemacht. Ohne, dass man es im Publikum gemerkt hat."

Das Publikum bekam von Liesl Karlstadts Therapeutinnenrolle wenig mit – und schon gar nichts von der emotionalen Quälerei, Mobbing würde man heute sagen, der sie ausgesetzt war. Valentin – mit einem ähnlich geduldigen Muttertyp verheiratet, aber als Bühnenmensch völlig abhängig von der geschickten Organisatorin Karlstadt – hing wie eine Klette an ihr. Vor lauter Angst, sie zu verlieren, ließ er ihre Verehrer bespitzeln, überwachte ihre karge Freizeit, verbot ihr das Heiraten ebenso wie das Bergsteigen – ihre größte Leidenschaft nach der Schauspielerei. Unter den zahlreichen Geliebten, die er in seinem Fotoalbum der Einfachheit halber nummerierte, war auch die Karlstadt. Er schrieb ihr rührende Liebesgedichte – und betrachtete sie als sein Eigentum.

Die Liesl, unter ihrer derb-robusten Fassade sensibel und verletzlich, litt unter der Überforderung. Als Valentin sie überredete, ihr ganzes sauer verdientes Geld in jenes Gespenster-Panoptikum zu investieren, das von ihm mit surrealer Fantasie eingerichtet, vom Publikum aber kaum beachtet wurde, löste sich der schwelende Konflikt auf schreckliche Weise: Liesl Karlstadt erlitt einen Nervenzusammenbruch, versuchte sich das Leben zu nehmen, musste sich zwischen 1935 und 1939 immer wieder für Monate in die Psychiatrie begeben.

„Du hast gesagt, ich habe ja gar niemand mehr auf der Welt, der mich mag, ich bin ja ganz verlassen. Ja das konntest Du ja aber nur in Deinem jetzigen Zustand sagen, denn Dich hat ja wirklich alles lieb und jeder fremde Mensch sogar und wenn er dich nur 1 Stunde kennt, ist er schon ganz verliebt in Dich, ob Mann oder Frau.“

Karl Valentin 1936 an Liesl Karlstadt in der Nervenklinik

Tapfer versucht sie, die gewohnten Duette mit Valentin weiterzuführen. Aber in Berlin fängt sie mitten während der Vorstellung aus heiterem Himmel zu weinen an. Solche Weinkrämpfe überfallen sie immer öfter. Selbstmordversuch, wiederholte monatelange Aufenthalte in der Psychiatrie.

Zum Glück hat sie in den letzten Jahren mit großem Erfolg Solorollen an renommierten Theatern übernommen – gegen Valentins erbitterten Widerstand –, hat in Würzburg und Stuttgart gastiert, an Rundfunkhörspielen und Filmen mitgewirkt. Thomas und Katja Mann erleben sie in den Münchner Kammerspielen und schicken ihr begeistert Blumen. Jene Filme übrigens, die sie mit Karl Valentin zusammen gedreht hat, sorgen heute noch für ihre Popularität; Ironie des Schicksals, dass sie in dem Streifen „Beim Nervenarzt“ den spröden Mediziner mimt und Valentin den völlig durchgedrehten Patienten.

Nazi-Zensur und „Stabsgefreiter Karlstadt“

Im Deutschen Theater München traf sie der Bannstrahl der Nazi-Zensur. Räsonierte die Karlstadt doch im sozialkritischen Stück „Der Umzug“ als verhärmtes Mutterl aus dem Volk mit schütterem Grauhaar und Nickelbrille allzu überzeugend über die Wohnungsnot: „Heut sind's grad sechs Jahr, dass ich am Wohnungsamt vorgemerkt bin. Das einzige Schöne, was wir in der Wohnung ham, ist das laufende Wasser, das läuft Tag und Nacht über d' Wänd' runter.“

Im Herbst 1940 hatte das bekannteste deutsche Komikerduo hier, im Deutschen Theater München, seinen letzten gemeinsamen Auftritt für lange Zeit. Bitter enttäuscht von der Zusammenarbeit mit dem tyrannischen Nervenbündel Valentin, depressiv, an schweren Magenkrämpfen leidend, zog sich Liesl Karlstadt auf die Ehrwalderalm bei Garmisch zurück – um dort aufzublühen wie nie zuvor.

Sie freundete sich mit einer Gebirgsjägereinheit an, vollbrachte Höchstleistungen beim Bergsteigen, ging mit den eigenwilligen Mulis so geschickt um, dass sie – gegen die Vorschriften des Militärgesetzes – die Erlaubnis erhielt, die Tiere zu führen, wurde von den begeisterten Soldaten als gleichberechtigt akzeptiert und ganz offiziell zum „Stabsgefreiten Karlstadt“ befördert. Und wieder, wie schon zu Theaterzeiten, verliebten sich junge Mädchen in den vermeintlichen Gebirgsjäger, der so schneidig auftrat.

Noch einmal trat sie mit Karl Valentin im „Simpl“ auf, bevor der melancholische Spaßmacher 1948 an einer Lungenentzündung starb. In den notvollen Nachkriegsjahren, als sich die Leute für die knappen Lebensmittel mehr interessierten als für Kunstgenüsse, nahm sie auch die kleinsten Rollen dankbar an. Nach der Währungsreform halbierte man ihr die Gage, weil die Eintrittspreise gesenkt werden mussten.

Da kam das aufstrebende Medium Rundfunk wie ein Geschenk des Himmels, denn Liesl Karlstadt besaß eine ideale Mikrofonstimme: ausdrucksstark, warm, herzlich. Als Partnerin von Michl Lang in den „Brummelgeschichten", vor allem aber als „Mutter Brandl" in einer Endlos-Familienserie avancierte sie zum Liebling der weißblauen Nation. „Grüß Gott, Mutter Brandl!", begrüßten sie ihre Hörer auf der Straße.

Immer mehr wurde sie zu einem lebendigen Münchner Wahrzeichen – allgegenwärtig, vital, energiegeladen, aber bescheiden und stets natürlich im Auftreten. Im Zoo musste sie ein Nilpferdbaby auf ihren Namen taufen, beim Salvator-Anstich dirigierte sie kraftvoll den Bayerischen Defiliermarsch; nur als sie in einer Werbesendung eine singende Allgäuer Kuh verkörpern sollte, weigerte sie sich: „Erstens kann i net allgäuerisch reden und zweitens hab i koa Singstimm. Die Kuh tät man mir scho glaub'n – bloß mit'm Singen hapert's!"

Am 27. Juli 1960 starb sie einen friedlichen Tod, auf einem Kurzurlaub in Garmisch, an einem Gehirnschlag, mit siebenundsechzig Jahren. Tausende von Münchnern wollten dabei sein, als ihre Liesl Karlstadt im alten Bogenhausener Friedhof beigesetzt wurde. Das schön altmodische schmiedeeiserne Grabkreuz zeigt ihren Künstlernamen auf einem leicht verrosteten flammendroten Herz, das eigentlich ein Kastl ist. Man kann es mit einem Riegel öffnen wie ein Medaillon – und liest darin: Elisabeth Wellano. Es ist, als ob sie ihr Innerstes immer noch verstecken wollte vor dem übermächtigen Partner, der ihr nicht einmal ihren Geburtsnamen lassen wollte.

„Es ist einem Deutschen sehr schwer zu beweisen, dass die Frau gleich viel wert ist wie der Mann"

Sozialpolitik auf katholisch

Wie Ellen Ammann (1870–1932) die bayerische Demokratie (vorläufig) vor Hitler rettete

Eine energische Landtagsabgeordnete aus München soll es gewesen sein, die 1923 für die Niederschlagung des Hitler-Putsches an der Feldherrnhalle sorgte: Am 8. November dringen der NSDAP-Führer Adolf Hitler und seine mit Maschinengewehren bewaffneten Kampfgenossen in den Bürgerbräukeller ein, wo gerade eine Kundgebung des Generalstaatskommissars Gustav Ritter von Kahr stattfindet. Anwesend ist das halbe Kabinett. Hitler schießt mit seinem Revolver in die Decke und ruft: „Ich erkläre die bayerische Regierung für abgesetzt. Bis zum Ende der Abrechnung mit den Verbrechern, die Deutschland heute zu Grunde richten, übernehme ich die Leitung der provisorischen Regierung."

Kahr und die Chefs der bayerischen Reichswehr und Polizei werden in einen Nebenraum gedrängt und genötigt, den Putschisten ihre Unterstützung zu versprechen. Währenddessen trommelt die in der katholischen Frauenbewegung engagierte und für die Bayerische Volkspartei im Landtag sitzende Sozialpolitikerin Ellen Ammann, die von der Aktion Wind bekommen hat, die nicht im Bürgerbräukeller festgehaltenen Regierungsmitglieder und alle möglichen Landtagskollegen in ihrer Frauenschule zusammen und setzt eine später berühmt gewordene Proklamation durch: „Die verfassungsgemäße Regierung besteht weiter!"

Hier in der Frauenschule wird der Widerstand gegen den braunen Putschversuch organisiert. Reichswehrtruppen werden von Würzburg nach München beordert, die noch in Freiheit befindlichen

Kabinettsmitglieder bringen sich erst einmal nach Regensburg in Sicherheit. Am nächsten Morgen sieht sich der siegesgewiss durch München marschierende Adolf Hitler – er will die Innenstadt besetzen – an der Feldherrnhalle einem Kordon von Landespolizisten gegenüber. Es kommt zu einer Schießerei, vier Polizisten und sechzehn Nationalsozialisten sterben. Hitler selbst kann zunächst leicht verwundet entkommen.

Mutig: Ellen Ammann

Historiker sehen den entscheidenden Fehler der Putschisten darin, dass sie den Generalstaatskommissar Ritter von Kahr und seine Leute noch in der Nacht wieder freigelassen haben. Doch dass Kahr ohne eine entschiedene Intervention von Ellen Ammann und ihren politischen Freunden so entschlossen gegen Hitlers Truppe vorgegangen wäre, ist keineswegs sicher; Kahr konnte die Weimarer Republik und überhaupt die Demokratie nicht ausstehen und strebte eine „nationale Diktatur" an.

Die Geschichtsbücher haben sich bisher kaum für Ellen Ammanns Rolle bei der – vorläufigen – Rettung der Demokratie im jungen Freistaat Bayern interessiert. Der damalige Kultusminister Dr. Franz Matt stellte zwar voller Bewunderung fest, die „Kollegin Ammann" habe in diesen gefährlichen Zeiten „mehr Mut bewiesen als manche Herren", und ein Parlamentskollege nannte sie kurz und bündig den „einzigen Mann im Landtag". Doch die Presse wagte über so viel Frauenpower nicht zu berichten, und es dachte auch niemand darüber nach, warum die Maßnahmen gegen Hitler ausgerechnet in einer Frauenschule beschlossen worden waren.

„Ich wollte mich nicht beugen“

Die Retterin der bayerischen Demokratie war eine Schwedin. Am 1. Juli 1870 wurde sie in Stockholm geboren, als Tochter eines Naturwissenschaftlers und einer frauenbewegten Journalistin, und auf die Namen Ellen Aurora protestantisch getauft, aber von der Mutter katholisch erzogen. In der Familie erlebte sie eine gebremste Gefühlswelt, jedoch viel Freiheit und Selbstverantwortung. Ein für jene Zeit erstaunlich emanzipiertes Frauenbild und die Leidenschaft für Skifahren, Schwimmen und Segeltörns sollte Ellen Sundström auch behalten, als sie 1890 den auf Fortbildung in Schweden weilenden Münchner Orthopäden Ottmar Ammann heiratete und bayerische Staatsbürgerin wurde.

Schon in Stockholm hat sie sich in Heilgymnastik – heute würde man Krankengymnastik sagen – ausbilden lassen, jetzt unterstützt sie ihren Mann in der Leitung seiner orthopädischen Klinik. Die Ehe ist recht harmonisch, weil der sensible Gatte ihre Anlaufschwierigkeiten mit der bayerischen Mentalität und der deutschen Sprache versteht und ihre im liberalen Schweden gewachsene Vorstellung von Partnerschaft achtet. „Ich wollte wohl nicht herrschen, mich aber auch nicht beugen“, vertraut sie einer Brieffreundin an.

> „Soll die Frau denn wirklich immer nur schweigen und tragen? Besteht das Seelenheil wirklich darin, dass ich mich nur für die Familie aufopfere?“

Schon früh engagiert sich Ellen Ammann im sozial-caritativen Bereich, beteiligt sich an der Gründung eines „Marianischen Mädchenschutzvereins“ (heute „Katholischer Verband für Mädchen- und Frauensozialarbeit“), der alleinstehenden Erzieherinnen, Dienstmädchen und Arbeiterinnen hilft, und richtet – nach dem Vorbild Schweizer Protestanten – die katholische Bahnhofsmission in München ein. Es ist keine Erfindung sensationshungriger Zeitungsschreiber, sondern bittere Realität, dass manche naiven Landmädchen auf Arbeitssuche schon am Bahnsteig von hilfreichen „Stellenvermittlern“ abgefangen und dann von organisierten Menschenhändlerringen als rechtlose Fabrikarbeiterinnen oder Prostituierte verkauft werden.

An der Wende zum 20. Jahrhundert kommen auf dem Münchner Hauptbahnhof täglich 18 000 Reisende an oder fahren ab. Ellen Ammann und ihre Mitarbeiterinnen sorgen mit Vorträgen, Flugblättern, Plakaten in den Waggons für Aufklärung, organisieren Unterstützung bei der Wohnungssuche. Die Helferinnen auf den Bahnhöfen sind ein ungewohntes Bild, nicht selten auch Zielscheibe von Aggressionen. Das sei „kein Sport von Damen, welche nicht recht wissen, was sie tun sollen", warnt die Initiatorin.

Noch treten katholische (Achselklappen in den vatikanischen Farben weiß-gelb) und evangelische (schwarz-weiß-rote Achselklappen) „Missionarinnen" getrennt auf, man wolle die Mädchen vom Land ja nicht nur „vor den ernsten Gefahren der Großstadt bewahren", sondern „an den Katholizismus fesseln", heißt es in einem Vereinsdokument. Es sollte eben noch dauern, bis die zaghaft sprießende Frauenbewegung ihre konfessionellen und weltanschaulichen Barrieren überwand. Bürgerlich Konservative, Sozialistinnen, freiheitlich denkende Radikale, Katholikinnen, Evangelische, Jüdinnen standen sich erst einmal misstrauisch abwartend gegenüber.

> „Der Unterschied zwischen uns und den anderen ist, dass wir die Frauenfrage auf religiöser Grundlage lösen wollen in strengster Vereinigung mit der Kirche. Der Katholische Frauenbund ist eine starke Organisation für die Frau, nicht gegen den Mann."

Und dann war da noch der in diesem Bereich erzreaktionäre Staat, der Frauenvereine und Frauenzeitschriften reihenweise verbot und der weiblichen Hälfte der Bevölkerung per Gesetz bis 1908 jegliche politische Betätigung untersagte.

„Zu jung" und auch noch Ausländerin

Als 1903 in Köln während der fünfzigsten Generalversammlung der Katholiken Deutschlands endlich der „Katholische Frauenbund" gegründet wurde, nach langwierigen strapaziösen Diskussionen, war Ellen Ammann eine der treibenden Kräfte. Bis zu ihrem Tod blieb sie stellvertretende Vorsitzende. Fast unglaublich, dass die umtriebige Frauenvertreterin zu diesem Zeitpunkt bereits Mutter von sechs Kindern war. Sie hätten wohl oft auf ihre Gegenwart verzichten müssen, stellte sie später etwas kleinlaut fest, aber vielleicht seien die Kinder deshalb „zu besonders selbstständigen Menschen geworden". In der Tat machten sie Karriere als Ingenieure und Kaufleute in den USA, Hongkong und Shanghai.

Immer wieder erwies sich Ellen Ammann als Pionierin der jungen christlichen Frauenbewegung. 1912 ermunterte sie auf dem Deutschen Frauenkongress in Berlin dazu, weiblichen Juristen eine wichtige Rolle in der Jugendgerichtspflege einzuräumen und ihr Einfühlungsvermögen in der Rechtsprechung überhaupt viel stärker zu nutzen. Schon einige Jahre zuvor hatte sie in München die erste „Katholische Soziale Frauenschule" Deutschlands aus der Taufe gehoben, die für die noch in den Kinderschuhen steckende Sozialarbeit Maßstäbe setzte. Bis die bayerischen Behörden Frauen zur „Armenpflege" zuließen, dauerte es freilich drei Jahre voller nervenzehrender Verhandlungen.

Nein, die vielen Gründungen und Projekte und Denkanstöße waren kein Siegeszug. Vor allem in München schlug der Schwedin mit ihren hundert Ideen Widerstand aus konservativen Kirchenkreisen entgegen. Als „Ausländerin" und wegen ihrer „Jugend" (sie war dreiunddreißig Jahre alt) sei sie wohl nicht die geeignete Persönlichkeit für solche Unternehmungen, hieß es. Sie war von kleiner, zarter Statur, sprach eher leise, und wenn sie aufgeregt war, brachte ihr die altgewohnte schwedische Grammatik die deutschen Sätze durcheinander. Man erlebte sie zwar als zäh, stur und eigensinnig; doch wer sie näher kannte, wusste um ihre Versagensängste. „Ich habe keine Spur von Selbstvertrauen", klagte sie einer Freundin. „Alles ist so schwer und so unklar, und ich finde alles, was ich tue und sage, so dumm." Sie fühle sich, „als ob ich über eine schiefe Ebene ginge und bald fiele."

Aber es gab auch Sternstunden: Als sie im Münchner „Kreuzbräu" – wo sich regelmäßig die Mitglieder des Evangelischen Handwerkervereins trafen und auch die katholischen Kolpingbrüder – einen Zweigverein des Frauenbunds gründete, traten ihm spontan 339 Damen bei; Prinzessinnen aus dem bayerischen Königshaus waren anwesend und der päpstliche Nuntius.

Krieg, Inflation, Nazi-Terror

Als 1914 das große Völkermorden begann, erwies sich Ellen Ammann als genauso kriegsbegeistert und chauvinistisch wie fast die gesamte Bevölkerung. Schließlich gebe es „keine gerechtere Sache als die unsrige", erklärte sie und schloss ihre Briefe mit dem heißen Wunsch „Gott strafe England!" Die großen Söhne meldeten sich freiwillig an die Front. Mutter Ellen übernahm zusammen mit der Frauenrechtlerin Luise Kiesselbach die Leitung des Münchner Hauptwohlfahrtsausschusses, organisierte in den Hungerwintern Lebensmittel vom Land und fair bezahlte Heimarbeit für die Soldatenfrauen. In exakt achtzehn Organisationen soll sie damals tätig gewesen sein.

Nach dem Krieg brachte die Inflation auch die Familie Ammann an den Rand des finanziellen Ruins. Der Frauenbund wandelte die Mitgliedsbeiträge in Naturalien um: ein Ei pro Monat. Seit 1919 hatte die Mutter von sechs Kindern für die Bayerische Volkspartei ein Abgeordnetenmandat im Bayerischen Landtag inne – als eine von acht Frauen unter 180 Parlamentariern. Ihre Reden waren nüchtern, in den Ausschüssen widmete sie sich dem Gesundheitswesen, den Problemen kinderreicher Familien, den Hilfen für ausstiegswillige Prostituierte – und nicht zuletzt den vielen Eingaben und Beschwerden.

> „Darum arbeiten wir praktisch und überzeugen die Männer von unserer Kapazität, dann gehen sie nach Schritt für Schritt."

Anfang 1923 sprengte eine Nazi-Horde in München eine Versammlung der „Friedensgesellschaft", einem Pazifisten wurde dabei mit einem Eisenring ein Auge ausgeschlagen. Zu der Frauendelegation, die daraufhin beim bayerischen Innenminister erschien und Adolf Hitlers unverzügliche Ausweisung aus Bayern verlangte, gehörte neben den radikalen Frauenrechtlerinnen Anita Augspurg und Lida Gustava Heymann auch Ellen Ammann.

Der Minister unternahm nichts; Ellen Ammann aber stand seither ganz oben auf der „Schwarzen Liste" der Nazis. Unverdrossen engagierte sie sich in der Säuglings- und Tbc-Vorsorge und kümmerte sich um den sozialen Wohnungsbau. Immer wieder forderte sie verstärkte Anstrengungen, um „Wohlfahrtspflegerinnen" – heute heißen sie Sozialarbeiterinnen – auszubilden: „Sie kennen die Verhältnisse und ersparen den Gemeinden große Ausgaben, denn sie tragen dazu bei, dass der Not rechtzeitig abgeholfen wird."

Am 22. November 1932 sprach sie noch einmal im Landtag, wieder über die Situation der Familien mit vielen Kindern. Auf ihren Platz zurückgekehrt, brach sie zusammen, während der ärztlichen Hilfe erlitt sie zwei aufeinander folgende Schlaganfälle. Gegen Mitternacht starb sie friedlich, im Alter von zweiundsechzig Jahren. Im Jahr darauf erschien ihre erste Biografie. Die Nazis ließen das Buch sofort einstampfen.

„Ein deutscher Katholik
kann niemals Nationalsozialist sein!"

Hitlers populärster Gegner auf der Kanzel

Warum der Münchner Männerseelsorger und Widerstandskämpfer Rupert Mayer (1876–1945) trotz allem eine problematische Figur gewesen ist

In München war die Hölle los in den aufgewühlten Elendsjahren nach dem Ersten Weltkrieg. Die bayerische Landeshauptstadt wurde zum Sammelpunkt gescheiterter Existenzen und revolutionärer Wirrköpfe jeder Couleur. Die politische Auseinandersetzung spielte sich zu einem guten Teil auf der Straße und im Bierdunst der Traditionsgaststätten ab. An die erste Münchner NSDAP-Versammlung im November 1921 erinnerte sich Adolf Hitler später triumphierend:

„Der Tanz hatte noch nicht begonnen, als auch schon meine Sturmtruppler, denn so hießen sie von diesem Tage an, angriffen. Wie Wölfe stürzten sie in Rudeln von acht oder zehn immer wieder auf ihre Gegner los und begannen sie nach und nach tatsächlich aus dem Saale zu dreschen. Schon nach fünf Minuten sah ich kaum mehr einen von ihnen, der nicht schon blutüberströmt gewesen wäre (...). Zwanzig Minuten dauerte der Höllenlärm, dann aber waren die Gegner, die vielleicht sieben- bis achthundert Mann zählen mochten, von meinen noch nicht einmal fünfzig Mann zum größten Teil aus dem Saal geschlagen und die Treppen hinuntergejagt."

1923 zogen die Hakenkreuzler, wie sie in Bayern hießen, im Münchner Bürgerbräukeller eine Propaganda-Veranstaltung auf unter dem Motto „Kann ein Katholik Nationalsozialist sein?" Es war auf solchen Versammlungen nicht üblich, dass kritische Fragen gestellt wurden oder gar ein Gegner der „Bewegung" sich zu Wort meldete. Deshalb brauste zunächst einmal Beifall auf, als der in ganz München bekannte Jesuitenpater und Männerseelsorger Rupert Mayer das Podium bestieg: Der populäre Prediger und mit zahlreichen Orden dekorierte Veteran des Ersten Weltkriegs als Fürsprecher, eine bessere Werbung in bürgerlichen Kreisen konnte man sich kaum wünschen!

Umso größer war die Enttäuschung, als Pater Mayer in eine verblüffte Stille hinein feststellte: „Sie haben mir zu früh applaudiert, denn ich werde Ihnen nun klar sagen, dass ein deutscher Katholik niemals Nationalsozialist sein kann!" Im Saal brach ein unvorstellbarer Tumult los. Kaum war es dem lästigen Opponenten gelungen, das ohrenbetäubende Pfeifen und Johlen mit einem Satz zu übertönen, schrie man ihn schon wieder nieder.

Doch der zähe Kriegsinvalide, der 1916 an der Ostfront ein Bein und ein Stück des Oberschenkels verloren hatte, biss die Zähne zusammen und rief seine Argumente in die tobende Menge: „Den Hass kennt das Christentum nicht! Grundfalsch ist, dass das Evangelium nur für die Germanen da sei. Christus hat gesagt: Gehet hinaus in alle Welt und lehret alle Völker ..."

Schließlich entzog ihm der Versammlungsleiter energisch das Wort. Ein Trupp SA-Männer erhielt den Auftrag, den bekannten Priester vor der Wut des Publikums zu schützen; einen solchen Märtyrer hätte man sich nicht leisten können.

Gern sei er gewiss nicht zu diesen politischen Versammlungen gegangen, vertraute er Jahre später seinen Richtern an. Im Gegenteil.

„Immer wieder habe ich es mir überlegt: Soll ich hineingehen? Dann geht's los: ‚Saupfaff elendiger!' Aber ich sagte mir: Es ist meine Pflicht! Es ist sonst niemand da! Ich muss hinein! Ich wusste, wenigstens ein Drittel ist drinnen, die noch keine Stellung bezogen haben, und denen muss man zeigen, dass man auch etwas dagegen sagen kann."

Kein kritisches Wort über den Krieg

Es war sonst niemand da? Traurig, aber wahr: In diesen Jahren nach dem Ersten Weltkrieg, als die junge Weimarer Republik unter den Angriffen brauner Säbelrassler und roter Revolutionäre zu wanken

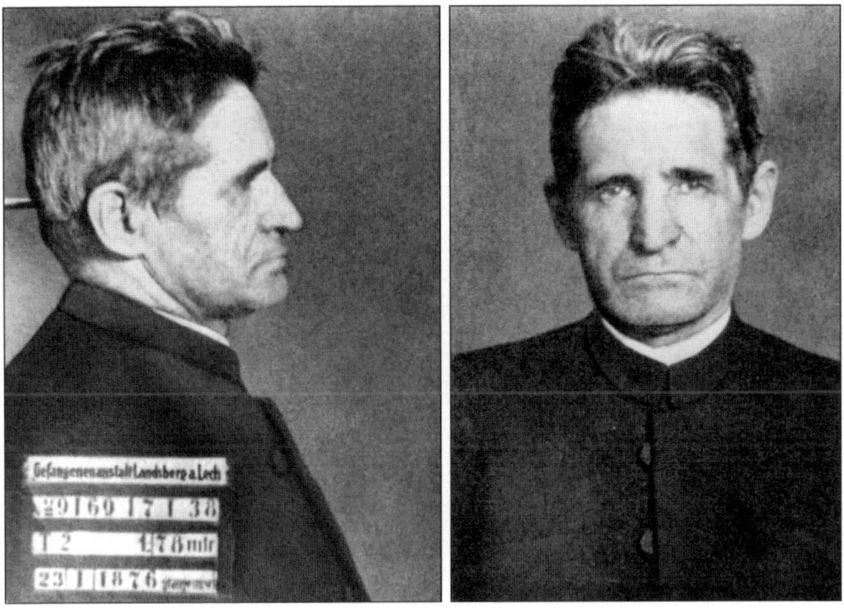

Kantig: Rupert Mayer

begann, als eine galoppierende Inflation – Ende Januar 1923 bekam man für 49 000 Mark einen amerikanischen Dollar – Ersparnisse und Löhne auffraß, als die Nazis eine kleine bayerische Splitterpartei waren und im übrigen Deutschland kaum jemand den arbeitslosen Wirtshausredner Adolf Hitler kannte, da bewies dieser einfache Jesuitenpater bereits mehr Durchblick als die meisten katholischen Politiker und Leitartikler, von den Bischöfen und Prälaten ganz zu schweigen.

Rupert Mayer hatte nie einem Stadtrat oder Parlament angehört und keine Staatswissenschaften studiert. Aber er konnte aufmerksam zuhören und ließ sich von Phrasen nicht blenden. Hitler lernte er bereits 1919 kennen, pikanterweise in einer Kommunistenversammlung, beurteilte ihn als „Hysteriker reinsten Wassers" und ließ sich fortan weder von seinem patriotischen Elan noch von seinen vagen Bekenntnissen zu einem „positiven Christentum" beeindrucken.

Eine Lichtgestalt ist er gewesen in der angepassten Christenheit jener Jahre – und eine problematische Figur: Von keinem braunen Parteibonzen ließ er sich den Mund verbieten, der kantige Jesuit. Aber er hat auch so gut wie nie die Bedingungen hinterfragt, die den Nazis ihren steilen Aufstieg ermöglichten: die Sehnsucht nach dem starken Staat, die auch im katholischen Lager verbreitete Republikfeindlichkeit, die Kollaboration von Kirchenführern und akademischen Größen mit den neuen Herren.

Eine solche gesellschaftspolitische Gewissenserforschung lag ihm ebenso fern wie die Modelle eines neuen Deutschland, an denen etwa der protestantische Theologe Dietrich Bonhoeffer oder sein Mitbruder im Jesuitenorden, Alfred Delp, zimmerten – gegründet auf dem Respekt vor individuellen Bürgerrechten und von einer solidarischen Gesellschaft mit neuen Wirtschaftsformen und politischen Beteiligungsmodellen träumend. Mayer blieb im Grunde immer der patriotische Frontseelsorger und Kriegsveteran.

Er ist kein Chauvinist und Kriegshetzer gewesen, er feuerte selbst keinen einzigen Schuss ab und kümmerte sich auch um verletzte französische Soldaten. Aber er hat das Völkermorden auch nie in Frage gestellt, nie an die falschen Ideale gerührt, mit denen Imperialismus und Geschäftsinteressen verkleistert wurden. Ein einziges Mal, noch im August 1914, er hatte bereits etliche Kameraden beerdigen müssen, schrieb er erschrocken nach Hause: „So habe ich mir die Sache doch nicht vorgestellt."

Sein patriotisches Pflichtbewusstsein ließ sich davon nicht verunsichern. Was ein echter bayerischer Soldat sei, so predigte er seinen Kameraden regelmäßig, der wisse eben auch, was er seinem Herrgott schulde. 190 000 im Ersten Weltkrieg gefallene bayerische Soldaten als Opfer für den Himmel?

Frontseelsorger und Sozialarbeiter

Hat ihn sein über zahlreiche Hürden und Stolpersteine führendes Leben so hart gemacht? Bayerns populärster Priester kam in Stuttgart zur Welt, 1876, in einer Kaufmannsfamilie. Er war ein kränkliches, behütetes Kind und dennoch ein begeisterter Turner und Schwimmer, ein Pferdenarr, der später als Theologiestudent gern in Reitstiefeln zu den Vorlesungen kam und in seiner Studentenverbindung als der beste Fechter galt.

Kurz vor dem Abitur beschloss er in den damals im Deutschen Reich verbotenen Jesuitenorden einzutreten – „aus Liebe zu den Menschen", wie er kurz angebunden erklärte. Die ordensinterne Ausbildung absolvierte er im „Ausland", in Vorarlberg. Auf seiner ersten Seelsorgestelle im württembergischen Spaichingen, inzwischen gab es für einzelne Jesuiten wieder eine Aufenthaltsgenehmigung in Deutschland, tat er sich schwer mit dem Predigen und Beichthören. Sein Gedächtnis war zu schwach. Doch Rupert arbeitete mit solch eiserner Disziplin an sich, dass ihn die Ordensoberen bald als Volksmissionar durch ganz Deutschland, Österreich und die Schweiz schickten.

In den Jahren vor dem Ersten Weltkrieg begann er in München neue Wege der Großstadtseelsorge zu erproben. Die bayerische Hauptstadt hatte damals schon über eine halbe Million Einwohner, und jedes Jahr kamen bis zu zehntausend Menschen hinzu, die hier Beschäftigung suchten: Arbeiter, Arbeiterinnen, Dienstmädchen.

Abend für Abend machte Pater Mayer fünf bis sechs Hausbesuche bei den Neuzugezogenen, informierte über Gottesdienstangebote und kirchliche Verbände, aber auch über soziale Einrichtungen. Er scharte Gruppen engagierter Laien aus der Jugend und den Arbeitervereinen um sich, schulte sie in regelmäßigen Zusammenkünften und schickte sie ebenfalls in die Häuser.

Als der Krieg ausbrach, meldete er sich sofort an die Front, barg Verwundete im Geschützfeuer, unterschied dabei nicht zwischen Freund und Feind. „Er stand im Granathagel da wie eine Marmorsäule", erinnert sich ein Kriegskamerad. Als einbeiniger Invalide nach München zurückgekehrt, baute er dort eine erfinderische Sozialarbeit mit Brotgutscheinen, Kohlelieferungen und Jobvermittlung auf, hielt bis zu siebzig Predigten im Monat, saß trotz der schmerzhaften Kriegsverletzung samstags bis zu sieben Stunden im Beichtstuhl.

„Es muss Wärme von uns ausgehen, den Menschen muss es in unserer Nähe wohl sein, und sie müssen fühlen, dass der Grund dazu in unserer Verbindung mit Gott liegt."

Es war ein kleines Wunder, dass der aus seinem Herzen keine Mördergrube machende Invalide aus all den braunen und roten Parteiversammlungen heil herauskam, in denen er gefragt und ungefragt Stellung bezog. Seine freimütigen Predigten schlugen sich bei der Polizeidirektion in einer dicken Akte nieder. Als der Jesuit die Repressalien gegen kirchliche Vereine und die zwangsweise Einführung der „Deutschen Gemeinschaftsschule" anprangerte, saß ein Polizeihauptwachtmeister Karl unter der Kanzel und informierte die vorgesetzten Stellen in eigenwilliger Orthografie über die Auslassungen dieses „Rubert Meier":

„Hierzu wird bemerkt, dass P. Meier seine Ausführungen in einem sehr erregten Zustande vollbrachte und seine Darlegungen einzig und allein dahingehend gezielt waren, das Volk gegen die Unternehmungen des Staates, sowie der Partei aufzuwickeln."

Das Redeverbot ignorierte er einfach

1936 wurde Mayer von der Staatsanwaltschaft verwarnt: Politik auf der Kanzel, das gehe im heutigen Staat nicht mehr. Schließlich erteilte ihm im April 1937 die Berliner Gestapo-Zentrale ein Redeverbot für das ganze Deutsche Reich, was Pater Mayer schlicht ignorierte. Auch als man ihn kurz darauf verhaftete, ließ er sich keine diplomatischen Finten einfallen, sondern gab nüchtern zu Protokoll:

„Ich erkläre, dass ich im Falle meiner Freilassung trotz des gegen mich verhängten Redeverbotes nach wie vor, sowohl in den Kirchen Münchens als auch im übrigen Bayern, aus grundsätzlichen Erwägungen heraus, predigen werde. Ich erkläre insbe-

> sondere, dass ich auch in Zukunft von der Kanzel herab in der bisherigen Form die Kirche gegen etwaige Angriffe mit aller Entschiedenheit und Offenheit und Schärfe, aber ohne persönlichen Angriff verteidigen werde. Ich werde auch weiterhin in der von mir bisher geübten Art und Weise predigen, selbst dann, wenn die staatlichen Behörden, die Polizei und die Gerichte, meine Kanzelreden als strafbare Handlungen und als Kanzelmissbrauch bewerten sollten. Vorgelesen, genehmigt und unterschrieben: Rupert Mayer SJ."

Während die Gestapo für den unverbesserlichen Regimefeind einen richterlichen Haftbefehl wegen Wiederholungsgefahr erwirkte, gab es draußen in der Stadt nach den Sonntagsgottesdiensten Demonstrationen, prügelten sich vor dem Gestapo-Hauptquartier in der Brienner Straße empörte Christen mit entgeisterten Nazis, die solche Gegenwehr nicht gewohnt waren.

Am 22. Juli 1937 begann der Prozess gegen Pater Mayer vor dem Sondergericht München. Ein politischer Prozess, der sich auf politische Ausnahmegesetze stützte: Angeklagt war er wegen „Kanzelmissbrauchs" (der Paragraf stammte noch aus der Kulturkampf-Ära Bismarcks) und wegen fortgesetzten Vergehens wider das „Gesetz gegen heimtückische Angriffe auf Partei und Staat" (1934 erlassen). Über Rupert Mayer verhandelten noch keine fanatischen Blutrichter vom Schlage Freislers. Es sind typische Mitläufer gewesen, bemüht, die Erwartungen der übergeordneten Behörden nicht zu enttäuschen und dem Angeklagten mit einem Rest von Fairness dennoch goldene Brücken zu bauen.

Bühnenreife Dialoge im Gerichtssaal

Erstklassige Verteidiger – die waren zu dieser Zeit noch erlaubt – hatten eine versöhnliche Erklärung vorbereitet, die ausdrücklich vom Jesuitenprovinzial gebilligt war: Er, Rupert Mayer, werde weiterhin die Glaubens- und Sittenlehre der Kirche gegen Angriffe und Verleumdungen in Schutz nehmen, aber sich „trotz meines Temperaments" bemühen, die staatlichen Gesetze zu achten. Pater Mayer, damals einundsechzig, unterschrieb das Kompromisspapier hastig und etwas verwirrt – und ergänzte gleich zu Beginn der Verhandlung trotzig:

„Soweit ich das mit meinem Gewissen vereinbaren kann! Und wenn ich das nicht mehr kann, dann werde ich mich selbst dem Staatsanwalt melden!"

Als „Wahrheitsfanatiker“ hatte sich Pater Mayer selbst einmal bezeichnet. Nichts charakterisiert ihn besser als seine bühnenreifen Dialoge mit dem Gerichtsvorsitzenden, der sich manchmal mit hintergründiger List, manchmal naiv-treuherzig um diesen bockigen Angeklagten bemühte.

Da ging es zum Beispiel um Mayers auf der Kanzel geäußertes Urteil, die Erziehungsberechtigten seien „gegen alles Recht und Gesetz“ um die katholische Konfessionsschule gebracht worden. „Ja, das geht doch nicht“, tadelte ihn der Vorsitzende väterlich.

Darauf Mayer lakonisch: „Das geht auch nicht.“

Der Vorsitzende: „Das kann der Staatsanwalt sich doch nicht gefallen lassen, da mag er noch so katholisch eingestellt sein. Man soll es halt nicht machen, gegen Gesetze verstoßen.“

Pater Mayer: „Das ist sehr schwer!“

Der Vorsitzende, geduldig: „Natürlich ist das sehr schwer. Mit der Zeit kommen wir schon zusammen. Sie sollen nicht in Ihrem Rechte beschnitten werden, als Priester Ihr Recht zu vertreten. Aber diese Ausfälle hier nebenbei gegen den Staat ...“

Pater Mayer: „Mir kommt es viel ehrlicher vor, als wenn ich durch alle möglichen Phrasen mich durchwinde, um dann das gleiche zu sagen. Hier wissen die Leute, so ist es, und es ist auch so.“

Der Vorsitzende: „Es muss halt eine gewisse Form haben.“

Pater Mayer: „Grob ist mir viel lieber, wenn es ehrlich ist.“

Auf den Vorwurf, er habe den Reichspropagandaminister Goebbels auf der Kanzel durch den wiederholten Ausruf beleidigt „Die Lüge hinkt durch die Welt“ (Goebbels war leicht gehbehindert), entgegnete Mayer ebenso unerschrocken wie schlau:

„Aber lügt denn der Herr Reichsminister?“

Man zog sich auf salomonische Weise aus der Affäre. Das Gericht verurteilte Mayer zu sechs Monaten Gefängnis, hob den Haftbefehl aber gleich wieder auf: man vertraue auf die Einsicht des Delinquenten. Wenige Monate später begann er wieder in der gewohnt deutlichen Weise zu predigen, wurde erneut verhaftet, wanderte ins Gefängnis Landsberg, wo er Tüten zu kleben hatte. 1939 die dritte Verhaftung, weil er unter Berufung auf seine seelsorgerliche Schweigepflicht die Namen von Besuchern nicht nennen wollte.

„Ja, wir werden mutig, wenn wir uns in Gottes Hand geborgen wissen, was immer uns auch treffen mag. Es gibt keine Macht auf Erden, die uns ohne die Zulassung Gottes etwas anhaben könnte."

Im KZ Sachsenhausen litt er fürchterliche Schmerzen an seinem Beinstumpf, magerte lebensbedrohlich ab, auf fünfzig Kilo. Seiner bekümmerten Mutter schrieb er voller Galgenhumor: „Mach Dir nur keine Sorgen. Ich bin hier sehr gut aufgehoben. Ich kann mich prächtig erholen." Die Gestapo, die keinen so populären Toten brauchen konnte, traf mit der Münchner Kirchenleitung eine Vereinbarung: Der Priester kam frei, musste sich aber in das abgelegene Benediktinerkloster Ettal zurückziehen und durfte dort nicht einmal die Messe feiern oder Beichte hören.

„Seitdem bin ich lebend ein Toter", grämte sich der Gerettete. Fünf Jahre verbrachte er hier im Exil, um bei Kriegsende müde und gebrochen neunundsechzigjährig in das zerbombte München zurückzukehren. Wieder belagerten verzweifelte Menschen sein Sprechzimmer, wieder organisierte er Wohnungen und Lebensmittel, predigte bis zur Erschöpfung. Mitten in einer solchen Predigt erlitt er am Allerheiligentag 1945 einen Gehirnschlag. Ohne noch ein Wort sagen zu können, blieb er minutenlang aufrecht vor dem Altar stehen, gehalten von seiner Oberschenkelprothese, bis ihn Mitbrüder aus der Kirche trugen.

Als sich die Todesnachricht in der Stadt verbreitete, raunten sich die Münchner voll zärtlicher Bewunderung zu: „Unser Pater Mayer ist niemals umgefallen – nicht einmal im Sterben!"

„Wenn ihr einen Pfarrer wollt, der's Maul hält, müsst ihr euch einen schnitzen!"

Oberpfälzer Don Camillo mit Löwenmut

Wie sich der Dorfpfarrer Johann Nepomuk Kleber (1886–1969) mit hinterfotzigem Witz gegen die braune Diktatur behauptete

Mit hintergründigem Witz und durchtriebenem Sich-blöd-Stellen kann ein machtloser Einzelner eine Diktatur unter Umständen wirkungsvoller bekämpfen als mit flammenden Reden oder mit der Waffe in der Hand. Im Bistum Regensburg bewies dies während der Nazi-Zeit der Pfarrer von Wiefelsdorf, Johann Nepomuk Kleber: ein Original, ein mit Mutterwitz und Bauernschläue hochbegabtes Schlitzohr, ein urbayerischer Don Camillo, der das Pech hatte, keinen bärbeißig-menschenfreundlichen Peppone zum Gegner zu haben, sondern kalte, zu allem entschlossene Fanatiker mit einer Killermentalität. Doch einschüchtern ließ er sich keinen Augenblick.

Es war ja ein merkwürdiges Phänomen damals im „Dritten Reich": Während Studenten, Hochschullehrer, Ärzte, Juristen ihrem vermeintlichen akademischen Durchblick zum Trotz schon früh in hellen Scharen zu den Nazis überliefen, zeigte sich die von intellektuellen Schnöseln gern verachtete bayerische Landbevölkerung erstaunlich widerstandsfähig gegenüber den braunen Parolen. Neuere historische Studien kommen zum Schluss, der gefährlichste Widerstand gegen die Nazis habe nicht in plakativen politischen Aktionen gelegen, sondern in der Nichtanpassung des Denkens, in der Weigerung, sich Weltsicht und Feindbilder vorschreiben zu lassen. Die braunen Herrenmenschen sahen das ähnlich, sonst hätten sie die Querköpfe unter den Priestern und Laienchristen nicht so fanatisch verfolgt.

Der Großteil der Bauern, klagte eine staatspolizeiliche Leitstelle, sei vom politischen Katholizismus so infiziert, „dass sie gegen jede Erörterung des Rassenproblems taub sind“ und „gegenüber den weltanschaulichen Lehren des Nationalsozialismus vollständig unempfänglich“.

Unüberbietbar knapp formulierte der Benefiziat August Tremmel in Bayerbach dieses bodenständige Selbstbewusstsein in den Sätzen: „Schaut's fei auf, dass 's G'wehr net nach hinten losgeht. In den letzten vierhundert Jahren war es immer so, dass, wenn ein Evangelischer am Ruder war, alles evangelisch sein musste, bei einem Katholischen war's dasselbe. Und jetzt is wieder so ein Hanswurscht kemma, der's wieder anders verstanden hat.“ Gegen Tremmel wurde, natürlich, Strafanzeige erstattet.

49 Verhöre und ein Heim für alte Leute

Da musste auch ein Querkopf wie der 1886 in Eslarn geborene Kleber zwangsläufig mit den humorlosen Herrenmenschen aneinandergeraten, die eigenständiges Denken als Staatsverbrechen betrachteten. Im Priesterseminar hatten ihn seine Mitstudenten in einer Art boshafter Bewunderung den „Philosophen“ genannt. Am Tag der Priesterweihe verabschiedete er sich von seinem Zimmernachbarn, den er mit seinen Grübeleien ebenso genervt hatte wie mit seinen losen Streichen, mit dem Satz: „Ich verzeihe dir alles, was ich dir angetan habe!“

So jemand würde nie ein berechenbarer Gefolgsmann werden. Dass er ein Heim für arme und alte Leute baute, eine Zeitung gründete (und damit den Spartakisten in Maxhütte das Wasser abgrub) und als Bezirksvorsitzender der Bayerischen Volkspartei in den Dörfern Wahlreden hielt, machte den umtriebigen Bauernpfarrer bei den Nazis erst recht verdächtig. Er wurde immer wieder verhört (49 Mal bis zum Frühjahr 1937, dann hatte er keine Lust mehr zum Zählen), zweimal in Schutzhaft genommen, schließlich für sechzehn Monate ins Gefängnis gesteckt und auf Druck der Partei von Wiefelsdorf wegversetzt.

Sein ungestümes soziales Engagement war ihm zum Verhängnis geworden: Um das Caritashaus finanzieren zu können, unterschrieb er alle möglichen Wechsel und fiel auf einen Schwindler herein, der ihn zu ruinösen Geschäften überredete und sich dann davonmachte. Klebers naive Verstrickung war ein gefundenes Fressen für seine Gegner. Der Richter flüsterte ihm nach der Verhandlung zu, er halte ihn für unschuldig, sei aber überstimmt worden.

Doch der Verurteilte dachte gar nicht daran, zu verzweifeln. Als er ins Schwandorfer Gefängnis eingeliefert wurde, wo er zahlreiche Regimegegner wusste, schmetterte er auf dem Gang das Operettensolo „Grüß euch Gott, alle miteinander!“ Sofort wussten alle, wer da einpassierte – und auch, warum es ihn schließlich doch erwischt hatte.

Denn natürlich war die Geschichte mit den Schulden (für die später das Bischöfliche Ordinariat geradestand) nur ein Vorwand gewesen. Schließlich hatte Kleber 1933 von der Kanzel herab prophezeit: „Deutschland wird ein großer Friedhof werden!“ Seine Spezialität war es, Kritik geschickt so zu verpacken, dass sie jeder Zuhörer auf Anhieb verstand und ihm doch kein Spitzel die böse Absicht nachweisen konnte: „Es kann ja nicht jeder von uns herumlaufen mit dem Fell von so einem braunen Kamel wie Johannes draußen in der Wüste“, donnerte er am Fest des Täufers von der Kanzel. Ein andermal kündigte er das Predigtthema so an: An den beiden letzten Sonntagen habe er über das Himmelreich und Gottes Reich auf Erden gesprochen, jetzt komme logischerweise das Dritte Reich dran, „das ist das Höllenreich“.

Eine Nazi-Fahne „so groß wie mein Schneuztuch“

Johann Nepomuk Kleber beherrschte perfekt die Kunst der verhüllten Kritik mit Kunstpausen, Auslassungen und hinterfotzigen Betonungen, die auch Kabarettisten wie Werner Finck entwickelten. Und er konnte sich herrlich dumm stellen. Als sich der Parteikommissar wieder einmal beschwerte, Kirche und Pfarrhof seien an Festtagen „national“ zu beflaggen und im Weigerungsfall habe er mit den härtesten Strafen zu rechnen, da stieg Kleber auf die Kanzel und bettelte seine Pfarrkinder in herzzerreißendem Ton an, für eine Fahne zu spenden.

Die Kirchenstiftung habe leider kein Geld, also müsse er sich an den „vielgenannten Volkswillen" wenden: „Wenn ihr eine Fahne wollt, die weit und breit herunterhängt, dann müsst ihr weit und breit spenden. Wer mit einer kleinen zufrieden ist, kann eine kleinere Spende geben." Die Wiefelsdorfer verstanden ihn gut: Ganze zwei Reichsmark und vierzehn Pfennige kamen bei der Kollekte zusammen.

Ausgefuchst: Johann Nepomuk Kleber

Am nächsten Sonntag beklagte sich Pfarrer Kleber bitter auf der Kanzel, mit den mageren Spendenergebnis von knapp über zwei Reichsmark könne er bestimmt bloß eine Fahne „so groß wie hier mein Schneuztuch" für Kirchturm und Pfarrhaus kaufen, aber er werde es mal „beim Juden" versuchen. Im jüdischen Kaufhaus Schocken in Regensburg bekam er natürlich keine „nationale" Fahne; man schickte ihn zu einem arischen Geschäft in der Goliathstraße, und dort erstand er zwei lächerlich kleine Wimpel.

Den einen ließ er am nächsten nationalen Feiertag vom Wiefelsdorfer Kirchturm herunterbaumeln, der andere grüßte aus dem kleinsten Fenster des Pfarrhofs, das zum stillen Örtchen gehörte. Alsbald fuhr der Parteikommissar aus Schwandorf vor und monierte die Verhöhnung des staatlichen Hoheitsabzeichens.

Kleber stellte sich wieder einmal dumm und erklärte ganz naiv, größere Flaggen habe er mit dem wenigen Spendengeld leider nicht kaufen können. Und nach dem Gesetz der Verhältnismäßigkeit habe er halt das passende Pfarrhausfenster für den Wimpel ausgesucht, da falle die geringe Größe der Fahne nicht gar so auf!

Vorbild für einen Märtyrer

Nicht immer kam er ungeschoren davon wie in dieser Sache. Als das nach Hindenburgs Tod angeordnete Trauergeläute verspätet erfolgte, wanderte er für drei Tage in Schutzhaft. Der spätere Domprediger Dr. Johann Maier konnte von seinem Mitbruder Kleber, den er im August und September 1934 vertrat, jedenfalls zweierlei lernen: zum einen, welche Solidarität sich mit der nötigen Entschlusskraft gegen das Terrorregime erzielen ließ (zumindest in jenem frühen Stadium). Als man Kleber für sechzehn Monate ins Gefängnis gesteckt hatte, verlangten 98 Prozent der Pfarrangehörigen auf einer Unterschriftenliste seine Freilassung. Als er endlich zurückkehren durfte, geleiteten ihn die Wiefelsdorfer in einem Festzug, unter Glockengeläute, zur Kirche.

Zum anderen hatte der frischgebackene Priester Maier hier ein Vorbild vor Augen – kein Seelsorgeprogramm aus dem Lehrbuch, keinen Spruch an der Wand, sondern einen lebendigen Menschen –, das sein eigenes Verhalten später bei der Demonstration gegen die sinnlose Weiterverteidigung der Stadt Regensburg und bei der Standgerichtsverhandlung prägen sollte, die ihm das Todesurteil brachte. Bei der Amtseinführung hatte Kleber seinen Mitbürgern von der Kanzel herab erklärt:

> „Wenn ihr einen Pfarrer wollt, der das Maul hält, dann müsst ihr euch einen schnitzen. Aber wenn einer Pfarrer sein soll, dann ist er verpflichtet, zur Wahrheit zu stehen, und wenn's ihn das Leben kostet!"

Bevor er nach Wiefelsdorf gekommen war, 1920, hatte Kleber seelsorgliche Erfahrung in Falkenberg, Wurz und Kulmain gesammelt, in Wernersreuth und Runding, Schönsee und Stadlern, in Tegernbach und, 1917/18, als Kriegspfarrer bei der 15. bayerischen Infanterie-Division in Frankreich. Nach der Entlassung aus dem Gefängnis war er in Künzing und Fuchsberg tätig, wo er wieder Schwierigkeiten mit den Behörden bekam; schließlich war er bis zum Ende des Nazi-Reichs Benefiziat in Loh bei Stephansposching, wo er die wunderschöne Rokoko-Kirche betreute.

Nach dem Krieg kümmerte er sich als Gefangenenseelsorger in Frankreich um zwölftausend Kriegsgefangene. 1949 übernahm er noch als Dreiundsechzigjähriger die im Aufbau befindliche Arbeiterpfarrei Neufahrn; erst mit einundachtzig Jahren zog er sich in den Ruhestand zurück. Zwei Jahre später, am 14. Oktober 1969, starb er in Biberbach; in der Wiefelsdorfer Priestergruft liegt er begraben.

„Mich freuen alle Vögel, die Blumen
oder auch wieder ein neues Leiden.
Am meisten freut mich der liebe Heiland."

Zeugin der anderen Welt

Warum ein Kraftmensch mit Charisma wie die „Resl" von Konnersreuth (1898–1962) umstritten bleiben wird

In den fünfziger Jahren des vorigen Jahrhunderts zog ein katholischer Publizist amüsiert Bilanz: „In den USA sind vom heutigen Deutschland drei Dinge bekannt – Konrad Adenauer, das Münchner Oktoberfest und Therese Neumann von Konnersreuth." Er hatte Recht. Die aus der amerikanischen Besatzungszone zurückgekehrten Soldaten erzählten Wunderdinge vom „Miracle Girl", die mit frommem oder auch abergläubischem Schaudern überall in Texas, Oklahoma und Arkansas weiter verbreitet wurden.

Die schlichte Landarbeiterin Therese Neumann aus dem bitterarmen Oberpfälzer Grenzland ist schon zu Lebzeiten eine Berühmtheit gewesen. Auch heute noch verwandeln die Pilgerscharen ihr Grab auf dem kleinen Dorffriedhof in ein Blumenmeer und schmücken es mit Täfelchen „Resl hat geholfen".

Die „Resl": Hysterikerin oder Heilige? Konnersreuth: Zeichen des Himmels für ein gottvergessenes Zeitalter oder eine düstere Frömmigkeit für Wundersüchtige? Seit die „Resl" 1926 zum ersten Mal visionär die Passion Christi miterlebte und aus Wunden blutete, die Theologen und Mediziner als „Stigmen" bezeichnen, scheiden sich an der urwüchsig-temperamentvollen Oberpfälzer Schneiderstochter die Geister.

Mit zwanzig Jahren ein Pflegefall

Die Tatsachen sind bekannt: Alles begann am 10. März 1918 mit einem Brand in Konnersreuth im kargen Oberpfälzer Stiftland nahe der tschechischen Grenze. Es brannte im Nachbarhaus der „Resl", die ein mit beiden Beinen auf der Erde stehender Mensch war, nüchtern, lebensfroh, resolut, hilfsbereit. „Stricken, Nähen, Häkeln, Sticken war mir zuwider", sagte sie einmal, aber, und da leuchteten ihre Augen, „aufs Feld hab ich mich immer gefreut!" Bei den Löscharbeiten zog sich die knapp zwanzigjährige Dienstmagd und Landarbeiterin eine Rückgratverletzung zu. Ein Nervenstrang war eingeklemmt. Die Folge: vollständige Lähmung, jahrelanges Siechtum, schließlich vier Jahre Blindheit. Dass die „Resl" dann plötzlich wieder sehen und laufen kann, schreibt sie einem Wunder zu.

In der Nacht zum 5. März 1926 fühlt sie sich zum ersten Mal visionär in den Garten Getsemani versetzt, wo sie Christus mit der eigenen Todesangst ringen sieht. „Der Heiland hat mich gut angeschaut", erinnert sie sich. Im selben Moment spürt sie stechende Herzschmerzen, heißes Blut tritt ihr aus den Poren. Später empfängt sie die Geißelungswunden und die Nägelmale an Händen und Füßen.

Von da an erlebt sie fast jeden Freitag, insgesamt rund siebenhundertmal, das ganze Leiden Christi mit. Ströme von Blut dringen aus ihren Augenhöhlen, fließen aus neun großen Kopfwunden – die an die Dornenkrone erinnern –, aus der handtellergroßen Schulterwunde, die vom Kreuz herrührt. Besonders schlimm ist es am Karfreitag: Die „Resl" verfällt in einen todesähnlichen Schlaf, während dessen sie nicht mehr ansprechbar ist. Erst am Ostermorgen erwacht sie frisch und wie neugeboren.

» Und wie der Heiland gestrahlt hat! Wie aus lebendigem Licht, und doch hat man gekannt, dass er aus Fleisch ist, und seine Wei [Wundmale] haben besonders geleuchtet. Jedes hat eine eigene Helln gehabt. Und sein Gewand war auch wie aus Licht (...), und da hat die Herzwunde hell durchgeleuchtet. Ach, war

das schön! Der liachte Mo [lichte Mann, ein Engel aus dem Evangelium], der hat den Stein anglangt, und da ist der davon wie ein Papier! War das alles mächtig!"
Die Resl erzählt ihre Auferstehungsvision

Pilger und Sensationstouristen

In den folgenden Jahren wurde Konnersreuth zu einer Stätte echten Glaubens und intensiver Begegnung mit dem Gekreuzigten, aber auch zu einem Jahrmarkt der Sensationslust. Fromme Pilger, misstrauische Skeptiker und neugierige Touristen kamen zu Tausenden und defilierten in einem nicht enden wollenden Strom am Schmerzenslager der blutenden, stöhnenden, laut weinenden Therese Neumann vorbei. Die meisten verließen das Dorf verunsichert, erschüttert und nachdenklich. Denn hier rollte offensichtlich kein geschickt inszeniertes Passionsspektakel ab.

Hier – so erlebten es viele – ging ein Mensch überzeugend mit seiner ganzen Existenz den Kreuzweg des Herrn mit und machte so erschreckend deutlich, welchen Preis Jesus von Nazaret für seine provokante Botschaft bezahlt hatte. Das blutige Drama, in schönen Passionsmusiken zum ästhetischen Ohrenschmaus geglättet, hier trat es dem Zeitgenossen hautnah entgegen – urteilten die Anhänger der „Resl", aber auch so nüchterne, zunächst distanzierte Beobachter wie die Schriftstellerin Luise Rinser:

> „Ein Mensch wie Therese Neumann ist ein Beweis dafür, dass es mitten in unserer Welt des ‚Betriebs', in dieser durch Konvention so töricht überschätzten Welt der Arbeit, des Erfolgs, des Geldes, des bürgerlichen Ansehens und ähnlicher flüchtiger Dinge eine andere Welt gibt, in der dies alles gar nichts gilt, gemessen an den Reichtümern, die ein ‚Leben im Geist' bietet. Und jener, der dies zu ahnen vermag, ist vielleicht schon gerettet."

An der Echtheit der Wundmale hat kaum ein kritischer Mediziner gezweifelt. Bei der mikroskopischen Untersuchung von Abstrichen des ausgeschiedenen Blutes ließ sich einwandfrei beweisen, dass es sich um menschliches Blut (und zwar nicht um Menstruationsblut) handelte. Eingehende Beobachtungen des Blutungsbeginns mit der Lupe ergaben keine Anzeichen für Manipulationen mit fremdem Blut, wie Skeptiker geargwöhnt hatten. Künstliche Eingriffe hätten zu Narben an den Bindehäuten und zu Eiterungen geführt – beides fehlte bei der „Resl".

Natürlich hat sie sich die Wundmale nicht selbst beigebracht, etwa durch hartnäckiges Kratzen; die Ärzte haben über den Stigmen regelmäßig ein zartes, durchsichtiges Häutchen festgestellt. Schwer vorstellbar, dass sich eine noch so durchtriebene Schwindlerin in einem ständig von Neugierigen bevölkerten Krankenzimmer immer im richtigen Moment die Wunden aufreißt, um das Blut zum Fließen zu bringen. Und genauso unwahrscheinlich, dass diese Wunden dann über Stunden hinweg so gleichmäßig fortgeblutet und über Jahre hinweg dieselbe Gestalt behalten hätten.

Das böse Wort „Hysterie"

Ablehnende Fachleute verwiesen dagegen auf die ärztliche Diagnose, die Therese Neumann bereits als jungem Mädchen gestellt wurde: schwere Hysterie. Man weiß, wie massiv eine solche Störung des Nervensystems das seelische Erleben steigern und körperliche Vorgänge beeinflussen kann. Auch „echte" Stigmata, so meinen aufgeschlossene Psychiater und Psychologen, können von einem äußerst intensiven seelischen Erleben hysterischer Art herrühren: Ein hochgradiger seelischer Erregungszustand schlägt auf den Körper durch.

Unter Medizinern werden die unglaublichsten, aber gut bezeugten Geschichten erzählt, etwa die von der Mutter, die gerade noch verhindern konnte, dass sich ihr Kind beim Spielen mit einer Schlinge erwürgte, und alsbald eine rote Strangulationslinie am eigenen Hals ausbildet. Eine erwachsene Frau, die als Mädchen vom Vater brutal verprügelt wurde, erleidet Hautblutungen, wenn sie die traumatische Erinnerung überkommt. Eine Schwangere überlebt nur knapp eine Gasexplosion, an ihrem Kind wird sich ein Muttermal in Form einer Flamme zeigen.

Der Waldsassener Sanitätsrat Dr. Seidl hatte seiner erblindeten und gelähmten Patientin bereits 1919 „schwerste Hysterie“ bescheinigt, um dem schwer geplagten Mädchen wenigstens die Invaliditätsrente zu sichern. Damals war das ein Schreckenswort, das nach Irrenhaus und Zwangsjacke klang. Heute weiß man, dass Hysterie nichts mit böswilliger Simulation, raffiniertem Theater, Unmoral und Lüge zu tun hat.

Hysterie ist einfach ein „psychoreaktives Syndrom“, auf Deutsch eine Methode der Seele, mit Konflikten und Problemen fertig zu werden. Und wenn ein gesunder, robuster, in die harte Bauernarbeit förmlich verliebter junger Mensch mit großen Plänen – die „Resl“ träumte davon, als Missionsschwester nach Afrika zu gehen – von einem Augenblick auf den andern zum alten Eisen gehört, sich monatelang als behindert und hilfsbedürftig erlebt, dann kann man bei entsprechender Veranlagung schon mit einem Verhaltensmuster reagieren, das seelische Belastungen in körperliche Blockaden umsetzt.

Ein Vater, der dem Bischof widersteht

Ein anderes Bild gibt freilich die ungewöhnlich lange Dauer der Konnersreuther Phänomene über Jahrzehnte hinweg. Während ihrer Visionen überstand Therese Neumann so gefährliche Experimente wie Blendversuche mit Karbonlampen ohne jede Regung. Ganz abgesehen von der nach Angaben der – sehr nüchternen, keineswegs bigotten – Familie über sechsunddreißig Jahre durchgehaltenen Nahrungslosigkeit: Schwer vorstellbar, dass ein Schwindel innerhalb dieses langen Zeitraums keinem der zahlreichen Beobachter aufgefallen sein sollte.

Im jetzt eröffneten Seligsprechungsverfahren werden so mysteriöse Erscheinungen wie Blutungen, Nahrungslosigkeit und Visionen freilich keineswegs die Hauptrolle spielen: Von rund dreihundertzwanzig Stigmatisierten hat die Kirche nur etwa sechzig zur Ehre der Altäre erhoben. Frömmigkeit, Demut, Nächstenliebe sind für ein nach christlichem Maßstab geglücktes Leben erheblich wichtiger. Und am Umgang der „Resl“ mit den Mitmenschen, an ihrer Wahrheitsliebe und Bescheidenheit haben Augenzeugen massive Kritik geäußert. Zu „Resls“ Lebzeiten gingen der Regensburger Erzbischof Buchberger und Kardinal Faulhaber aus München auf massive Distanz zu Konnersreuth, weil sich die Familie Neumann hartnäckig weigerte, dem Wunsch des Vatikans nach einer mehrwöchigen Beobachtung in einem „weltlichen“ Krankenhaus nachzukommen.

Hintergründig: die „Resl“ von Konnersreuth

Dort sei seine Tochter vor einem heimtückischen Anschlag der Nazis nicht sicher, gibt der Vater zu bedenken. Was sich nicht so einfach von der Hand weisen lässt, in Konnersreuth bringen die „Hakenkreuzler“ keinen Fuß auf den Boden. Das Desinteresse an ihren Hetzparolen schreiben sie auch dem Einfluss des Pfarrers und der Familie Neumann zu. Ganze 14 Stimmen bekommen die Nazis bei der Wahl im Juli 1932 (734 Konnersreuther stimmen für die Bayerische Volkspartei, 22 für die Kommunisten). „Auch wir haben einen Führer“, hat Pfarrer Joseph Naber am Sonntag zuvor auf der Kanzel versichert, „aber einen, der nicht kommt, um uns zu unterdrücken, sondern um uns zu lieben!“ Die Neumanns verweigern hartnäckig den Hitlergruß und hören „Feindsender“. Doch auch als der braune Spuk vorüber ist, werden alle Vorschläge, Resls Nahrungslosigkeit in einer Klinik zu überprüfen, regelmäßig abgeschmettert – 1950, 1953, auch noch 1961, ein Jahr vor ihrem Tod.

Ein so glühender Resl-Verehrer wie der 1992 gestorbene Regensburger Bischof Dr. Rudolf Graber stellte klar, in der reichen mystischen Tradition der Kirche stehe „der geringste Grad der Liebe" immer schon höher als jedes außerordentliche Phänomen, „ja selbst als eine Totenerweckung". Angeblich hat ihm die Resl schon ganz früh vorhergesagt, er werde einmal Bischof von Regensburg werden. Dennoch hütete er sich, vorschnell einen Seligsprechungsprozess zu beginnen. Auch sein Nachfolger Manfred Müller legte die heikle Sache erst einmal auf Eis.

Erst der nächste Regensburger Oberhirte Dr. Gerhard Ludwig Müller gab die bisher geübte kirchenamtliche Zurückhaltung auf. 2005 verkündete er in der Konnersreuther Pfarrkirche die Einleitung des diözesanen Seligsprechungsverfahrens – und nahm zur Verblüffung theologisch versierter Beobachter gleich das Ergebnis vorweg: Es sei allzu billig, das Geheimnis dieses Lebens und Leidens auf „gezielten Schwindel" oder „hysterische Seelenzustände" zurück zu führen, „um nur ja das bequeme Vorurteil gegenüber jeder Transzendenz nicht aufgeben und sein materialistisch verengtes Weltbild nicht hinterfragen zu müssen".

Seither sammeln in Regensburg eine historische und eine theologische Kommission Beweismaterial. Die eigentliche Prozedur wird dann in Rom stattfinden. Wann das sein wird und ob es überhaupt dazu kommt, steht in den Sternen.

Kein Glaubensmodell für das dritte Jahrtausend?

Als Gnadenort für das dritte nachchristliche Jahrtausend taugt Konnersreuth wohl kaum. Auf weite Strecken begegnet man bei den hier angebotenen Schriften und Veranstaltungen einer eher randständigen, in starkem Maß an abstrusen Phänomenen interessierten Religion und einem düsteren, wenig strahlenden, kaum inspirierenden Christentum. Unappetitliche Geschichten werden verbreitet wie Resls „Sühneleiden" für Todsünder und Alkoholiker, ihr ziemlich frecher Umgang mit Christus („Heiland, ich hab jetzt keine Zeit, dass ich red mit dir", brummte sie einmal nach ihrer Karfreitagsvision, „ich muss ausschlafen") oder ihre zahlreichen Besuche im Fegfeuer. Am Allerseelentag 1928 notierte der hochgebildete, in die

Resl aber offensichtlich kritiklos vernarrte Ortspfarrer Joseph Naber in seinem Tagebuch:

> „Heute darf Theres den letzten katholischen Pfarrer von Arzberg vor der endgültigen Einführung des Protestantismus aus dem Fegfeuer erlösen. Wegen Unmäßigkeit im Trinken und Nachlässigkeit bei der Feier der hl. Messe habe er, sagte sie, solange im Fegfeuer leiden müssen, seiner Kindlichkeit wegen dürfe sie ihn jetzt erlösen."

Eine Oberpfälzer Bauerntochter wird unmittelbar von Gott mit jenseitigen Geschäften beauftragt?

Andererseits, auch das geben Theologen zu bedenken, stellt ein Schicksal wie das von Therese Neumann ein hervorragendes Gegenprogramm zur modischen „Kuschelreligion" und Wellness-Spiritualität dar, wo es keine harten Ansprüche an das enorm wichtige Ich gibt und Leistung, Schönheit, Fitness und Glamour die einzigen, wie Götzen verehrten Lebensziele bilden. Die großen Heiligen der Christenheit haben immer irritiert und provoziert: Ist ein von Leid und Schmerzen beeinträchtigtes Leben nur halb so viel wert? Hat behindertes Leben Sinn? Bezeugen die Wunden des geschundenen und getöteten Christus die Verkommenheit irdischer Macht oder die Liebe Gottes?

„Rassen gibt's doch bloß beim Vieh"

Warum Oskar Maria Graf (1894–1967) alles andere war als ein krachlederner Provinzdichter

„Meine Mutter", erinnert sich der vierunddreißigjährige Nachwuchsschriftsteller, „hasste niemanden so wie den Gendarm und log aus Instinkt, wenn ein solcher ins Haus kam und sie ausfragen wollte über unsere Streiche." Das wache Misstrauen gegenüber Behörden und bürgerlicher Ordnung war dem „Voralpen-Gorki", wie sich der 1894 im Dorf Berg am Starnberger See geborene und 1967 in New York gestorbene Oskar Maria Graf selbst gern nennen ließ, in die Wiege gelegt worden. Doch Graf war mehr als ein scharfzüngiger Bürgerschreck, der das anarchistisch angehauchte Künstlerleben der Schwabinger Bohème liebte und am Provozieren seine Freude fand.

Unter den verbrannten und verbannten Dichtern der Nazi-Zeit nimmt Oskar Maria Graf heute noch den Rang eines bunten Exoten ein. Er gilt als krachlederner Widerständler, als Prachtexemplar eines sprachbegabten alpenländischen Bierdimpfls, den lediglich die eingefleischte Dickköpfigkeit seiner bayerischen Natur in den Kampf gegen die braunen Gleichmacher getrieben habe. Eine Kreuzung aus Mühlhiasl, Michael Kohlhaas und Karl Valentin, ein Unikum, das zwischen Schuhplattler-Tänzen und Hofbräuhaus-Gemütlichkeit wirre politische Reden geführt haben muss.

An solchen Zerrbildern ist der Dichter selbst nicht gerade unschuldig. In Schwabing, aber auch in der Berliner Literaturszene gab er sich liebend gern als ungeschlachter bayerischer Seppl und verteilte Visitenkarten mit dem hübschen Aufdruck „Oskar Maria Graf, Provinzschriftsteller. Spezialität: ländliche Sachen". Breit gebaut, mit einem vierkantigen Schädel und großen, abstehenden

Ohren, unterstrich er den derben Eindruck noch, indem er in der Öffentlichkeit in Lederhosen und Janker auftrat – ob er nun im noblen Münchener Cuvilliés-Theater las oder in Moskau beim sowjetischen Schriftstellerkongress zu Gast war.

Menschenfreund, Europäer, politischer Visionär

Inzwischen haben jedoch Literaturforscher in der Handschriftenabteilung der Bayerischen Staatsbibliothek und im Nachlass von Grafs Witwe zahlreiche vergessene Reden und Aufsätze entdeckt. Sie lassen das Bild eines umfassend gebildeten, äußerst belesenen, leidenschaftlich engagierten, aber im Urteil behutsamen und abwägenden politischen Denkers entstehen, der allen Parteiparolen und vorschnellen Klassifizierungen abhold war. Der Urbayer als Muster eines weitläufigen, toleranten Europäers, der auf nationalen Dünkel empfindlich reagiert. Der erfolgreiche Autor derb-realistischer Dorfgeschichten als exzellenter Kenner seiner Schriftstellerkollegen, die er im Ausland eifrig bekanntmacht und gleichzeitig unerbittlich kritisiert, wenn sie es an Mut fehlen lassen.

Vor allem aber war Oskar Maria Graf ein grundehrlicher Humanist, ein Menschenfreund, der sich dagegen wehrte, wenn die kleinen Leute als Kanonenfutter oder Stimmvieh missbraucht werden sollten – von wem auch immer. Im Gegensatz etwa zu Ludwig Thoma, der die Welt bei aller kritischen Grundeinstellung immer aus dem Blickwinkel des Bürgers und behäbigen Bauern sah, blieb der Sohn eines Bäckers und Kleinökonomen (vier Kühe, ein Pferd und ein halbes Dutzend Schweine hatten die Grafs) seinem Milieu treu.

Daheim in Berg hatte der kleine Oskar aber auch schon früh gelernt, über den Tellerrand hinauszuschauen: Sommerfrischler und König-Ludwig-Verehrer machten den kleinen Ort zu einem der ersten bayerischen Touristenzentren. Und als Oskar noch ein Kind war, begann sich das ländliche Sozialgefüge bereits zu verschieben: Das Geld ersetzte den Grundbesitz als Statussymbol, und die Töchter der angesehensten Großbauern tanzten auf den Bällen des „Veteranen- und Kriegervereins" mit Oskars feschem Bruder Maxl.

In der Familie, vor allem gegenüber dem literarisch interessierten kleinen Bruder, benahm sich der vierschrötige Max nach dem frühen Tod des Vaters allerdings so grob und tyrannisch, dass der siebzehnjährige Oskar nach einer hässlichen Prügelszene ausriss und mit 300 Mark in der Tasche nach München ging – damals die Hauptstadt der deutschen Kultur mit einer vitalen Kunst- und Literaturszene.

Der neuzugezogene Provinzler hatte große Pläne, er ließ sich sofort Visitenkarten drucken – „Oskar Graf, Schriftsteller, München" –, schrieb Dramen und Geschichten, setzte aber bloß ein paar witzige Aphorismen bei einer Zeitung ab und musste sich seinen Lebensunterhalt als Liftboy, Bäckereigehilfe, Anstreicher und Hilfsarbeiter bei der Post verdienen. Er fand Gefallen am „Sozialistischen Bund", verfasste flammende politische Manifeste und schaffte es mit gekonnter Schauspielerei, als „Idiot" aus dem Ersten Weltkrieg nach Hause und in die Irrenanstalt geschickt zu werden.

Lob von Thomas Mann

Nun stellten sich auch die ersten literarischen Erfolge ein: Gedichtabdrucke in renommierten Zeitungen, ein „Bayerisches Lesebücherl" mit Erzählungen und Schnurren, ein Roman im Auftrag des katholischen Borromäusvereins, in fünf Wochen heruntergetippt. 1928 der Durchbruch mit der Autobiografie „Wir sind Gefangene", die Thomas Mann als „wahres Kunstwerk" lobte. Grafs störrisch-eigenwillige Sprache, der alles Unechte und Aufgeblasene entlarvende Dialekt, die derbe Direktheit der Darstellung, die Nähe am Leben des einfachen Volkes – all das überzeugte.

Fruchtbar war auch das Exil in Brünn und Prag (1934), später in New York (1938): Kontakte, Aktivitäten, Veröffentlichungen in Exilverlagen. Die NS-Machthaber versuchten Grafs Bauerngeschichten als Blut- und Bodenliteratur zu vereinnahmen, was den aufrechten Sozialisten und Kriegsgegner wütend machte: „Verbrennt mich!", forderte er in einem Offenen Brief, der in der Weltpresse Beachtung fand.

„Nach meinem ganzen Leben und nach meinem ganzen Schreiben habe ich das Recht, zu verlangen, dass meine Bücher der reinen Flamme des Scheiterhaufens überantwortet werden und nicht in die blutigen Hände und die verdorbenen Hirne der braunen Mordbanden gelangen."

Hellsichtig hat er bereits 1938 in den USA vor dem kommenden Zweiten Weltkrieg gewarnt, hat Chamberlains halbherzige Neutralität kritisiert, mit der man deutschen Imperialismus und sowjetischen Bolschewismus „aufeinanderhetzen" und dabei möglichst viel für sich gewinnen wolle. Ein verantwortungsbewusster Archivar des Grauens, nimmt er jetzt im Exil seine Informationsaufgabe wahr, setzt die Weltöffentlichkeit über die deutschen Zustände in Kenntnis.

Oskar Maria Graf dokumentiert jedoch auch das Abbröckeln der Nazi-Sympathien beim bayerischen Kleinbürgertum; er informiert über die Besetzung des traditionsreichen Verlagshauses Knorr & Hirth (aus dem die „Süddeutsche Zeitung" hervorging). Von da an habe sich im traditionsverhafteten Münchner Mittelstand die Erkenntnis Bahn gebrochen, wie bereits zur Zeit der Räterepublik 1918 müsse man jetzt wieder „gegen die Bagasch" vorgehen.

„Das Volk wollte nichts als Ruhe"

Messerscharf analysiert Graf die Geburtsfehler des Staates von Weimar, der „schüchternen Republik", wie er das nur von einer Minderheit gestützte und von kaum jemandem geliebte Gebilde nennt. Der alte Ungeist des „Wilhelminertums", die Begehrlichkeit der unersättlichen Schwerindustriellen, stellungslosen Offiziere und landhungrigen Junker, die blinde Uniformverehrung, das sei der Anfang gewesen – und die Ausschaltung des Volkswillens.

„Dieses Volk lebte sein bitterschweres Leben und hatte nie einen Sinn für Uniformen, für glanzvolle Paraden, für Militär und Säbelrasselei. Es war dasselbe Volk wie in jedem anderen Lande. Es arbeitete, war geduldig und hing am Frieden. Es wollte nichts als Ruhe und etwas mehr Freiheit."

Wehren konnte sich das Volk nicht; jahrzehntelang hatte man es unmündig gehalten, und nun sollte es ausgerechnet in diesem Chaos eigene Initiative ergreifen?

Schuld seien aber auch die anderen Völker, sagte Oskar Maria Graf 1938 vor Deutschamerikanern in New York. Denn niemand habe der schwer ringenden Republik geholfen, „weil man einfach dem deutschen Volke seine republikanische Gesinnung nicht glaubte“. Eng damit verbunden seine Ehrenrettung der deutschen Arbeiterschaft – ungeachtet mancher Fehler ihrer Führer –, die bei der Abwehr des Kapp-Putsches, beim Kampf um die freie Ruhr, bei den Hamburger und Bremer Aufständen, in der Münchner Räterepublik 70 000 Menschenopfer gebracht habe.

Die Menschen haben den Krieg satt

Vom „Volk“ ist bei Oskar Maria Graf überhaupt oft die Rede. Er liebt es, fühlt sich eins mit ihm – ohne es zu glorifizieren. „Das Volk“, sagte er 1944 in Chicago, „ist für mich immer etwas anderes gewesen als das, was die beflissenen Abteilungsleiter der Branche ‚Weltgeschichte‘ darunter verstehen.“ Er weiß, dass das Volk stark und träge zugleich ist, Hoffnungsträger und müdes Produkt seiner Leidensgeschichte, konkreten Bedingungen unterworfen und doch fähig zum überraschenden revolutionären Aufbäumen.

Graf hätte sich wohl kaum so gut als Kronzeuge des „anderen Deutschland“ geeignet, wäre er kein so differenzierter Beobachter und Denker gewesen. Man möge doch zur Kenntnis nehmen, wie satt das deutsche Volk den Krieg habe, bat er in der schon zitierten Rede 1944 in Chicago. Und erzählte eigene Erlebnisse: „Als die Nazis in meiner oberbayrischen Heimat während der Jahre 1929 bis 33 serienweise Versammlungen in Dörfern und Marktflecken abhielten, fing einmal so ein Rassetheoretiker zu salbadern an. ‚Was sagt er? Was?‘ fragten die Bauern ziemlich abweisend. ‚Rassen gibt's doch bloß beim Vieh? Wir sind doch keine Hund' und Küh'…‘ Worauf der Redner sofort von was anderem redete.“

Viele jüdische Freunde hätten ihm übereinstimmend erzählt, dass die amtlichen Tafeln „Juden ist das Betreten der Ortschaft verboten" von den Dorfbewohnern nicht ernst genommen worden seien. „Öfter haben Wirte und Geschäftsleute Juden gegenüber geäußert, sie sollten nur ruhig kommen, gegen die verrückte Vorschrift sei eben nichts zu machen."

Robust: Oskar Maria Graf

Aber nein, er beschönigte, rechtfertigte und verbrämte nichts. Er war nur der Ansicht, das praktische Zusammenleben und die Leute überhaupt seien vernünftiger als irgendwelche Ideologenhirne und Behördenschikanen. Vor allem versuchte er seinen ausländischen Zuhörern beschwörend klar zu machen, dass sie den „Hakenkreuzlern" keinen größeren Gefallen tun könnten, als einen allgemeinen Deutschenhass zu entwickeln. Wer könne es wagen, die Hoffnung auf eine Demokratisierung des deutschen Volkes einfach zur Illusion zu erklären – wo doch Tausende von Hitlergegnern in den KZs zu Krüppeln geschlagen und ermordet worden seien?

Kritisch beobachtete „OMG" die Entwicklungen in seinen Gastländern. Den Vereinigten Staaten verübelte er ihre rassistischen Tendenzen und später den Vietnam-Krieg. Genauso wach verfolgte er das Wiederaufflackern antidemokratischer und judenfeindlicher Strömungen im Wirtschaftswunder-Deutschland, in das heimzukehren er nach dem Krieg so lange gezögert hat, bis es nicht mehr möglich war: Bei seinen spärlichen Besuchen habe ihn das „wiedererwachte, engstirnig provinzielle deutsche Tüchtigkeitsprotzentum" angewidert, erklärte er 1961.

Im selben Jahr gab er in der Berliner „Deutschen Post“ zu bedenken: „Man schreit in einem fort nach einer Wiedervereinigung, denkt aber von oben bis ganz hinunter: ‚Hoffentlich bleibt uns dieses Übel erspart.‘“ Denn längst sei die Zweiteilung ihres Landes im Denken der Deutschen zum chronischen Zustand geworden.

Im Moskauer Politbüro wiederum witterte er unduldsame Rechthaber, „denen das von ihnen terrorisierte Volk längst weit, weit vorausgeeilt ist“. Aus diesem Phänomen bezieht er aber seinen Optimismus. Auch in der katholischen Kirche – sinnfälligstes Beispiel einer moralischen Diktatur – habe sich die im Volk eingewurzelte und unter furchtbaren Blutopfern verteidigte reine Lehre Christi eines Tages gegen die Terrormethoden durchgesetzt, mit denen man ausgerechnet diese humane Botschaft in die Menschenköpfe einzuhämmern pflegte. „Ist es so abwegig und verrannt, daraus den Schluss zu ziehen, dass die Stalin-Diktatur (…) eine ähnliche Entwicklung nehmen wird?“

Altmodischer Einzelgänger

Immer wieder entpuppt sich der alpenländische Paradekommunist als widerborstiger Einzelgänger, treu nur seinem überempfindlichen Gewissen, unbequem zwischen alle Stühle hingeklotzt, ein grober und doch ganz rein-naiver Parzival: „Ein wahrhaft moralischer Mensch“, so sein Traum, warte nicht auf das Beispiel der anderen, er maße sich aber auch nicht an, die anderen nach seinem Gusto ändern zu dürfen. Das sei auch nicht notwendig: „Er besitzt noch oder schon wieder die Unschuld, die kraftvolle Unbefangenheit des Glaubens an das Gute in uns. Für ihn ist jeder Mensch das gleiche unvollkommene, gebrechliche Geschöpf wie er selber, ein Wesen, dem man nur mit argloser Einfalt und unbeirrbarem Vertrauen etwas Ähnliches abgewinnen kann.“

So richtig schön altmodisch hört sich das an – und ziemlich beschämend für die organisierten Weltverbesserer mit dem perfekten Stufenplan und dem alleinseligmachenden Parteibuch. Wie ein Evangelium pflegt er wieder und wieder das lakonische Wort seiner

Mutter zu zitieren, jawohl, die Welt sei schlecht, es komme aber darauf an, dass *wir* uns änderten.

Damals, als „blutjunger dummer Bauernbub", hat er eine Menge lernen dürfen. Vor allem in den Gesprächen mit seinem Vater, der nicht viel von Geschichte wusste, aber mehr Durchblick bewies als manche Fachleute: Der kleine Oskar hatte begeistert irgendeine Abenteuergeschichte von den Feldherren Tilly und Wallenstein im Dreißigjährigen Krieg verschlungen. Hastig sprudelte er seine Weisheit heraus, doch der Vater schüttelte nur den Kopf und sagte: „Ah, Bub, das ist ja alles gar nicht wahr. Das ist ja ganz anders gewesen! Der Tilly hat nämlich im Böhmischen sehr viel Holz gehabt und der Wallenstein hat bei uns im Bayrischen recht viel gehabt – bloß deswegen haben sie Krieg geführt."

Oskar brachte diese Erklärung nicht mehr aus dem Kopf. „Und seitdem habe ich mich stets, wenn ich eine geschichtliche Begebenheit las, gefragt: ‚Was steckt nun eigentlich dahinter? Was war der Grund?' Ich muss gestehen, es war immer ‚bloß das Holz'. Es hat nur immer einen anderen Namen gehabt und es hat stets den Herrschenden gehört. Das Volk muss nur immer dafür aufkommen und bluten. Erst wenn durch diesen Krieg jener Zustand geschaffen wird, dass kein Volk sich mehr ‚wegen des Holzes' in Fanatismus und Kriege treiben lässt, beginnt die wahrhafte Demokratie."

1967 starb Oskar Maria Graf im amerikanischen Exil. Es sollte noch ein Jahr dauern, bis er in seine bayerische Heimat zurückkehrte: An seinem ersten Todestag wurde die Urne mit Grafs Asche auf dem Friedhof München-Bogenhausen beigesetzt.

*„Elementare Musik entbindet im Kinde Kräfte,
die sonst nicht zur Entfaltung kommen"*

„Das ist ein Aufwachen ringsum im Land!"

Warum Carl Orffs (1895–1982) pralles Musiktheater alles andere als altmodisch ist

Er war fünf Jahre alt, als er von der Mutter den ersten Klavierunterricht bekam – und schon begann er, eigene Noten auf eine Schiefertafel zu kritzeln. Er war sechs, als er das Marionettentheater entdeckte – und sogleich entwarf er Puppenspiele, die er mit dem Schwesterchen und ein paar Spezln in Szene setzte und von Geige, Zither, Glockenspiel und Ofenblech (für die Donnerschläge) begleiten ließ; sich selbst stellte er die Aufgabe, „so laut wie möglich auf dem Klavier herumzuhämmern". Er war acht, als ihn die Eltern in anspruchsvolle Konzerte mitnahmen – begeistert schwärmte er von Mozart und Beethoven. Und er war knapp sechzehn, als die ersten seiner Lieder gedruckt wurden.

Carl Orff, ein Wunderkind? Er selbst hasste solche Klassifizierungen – wie er auch den akademischen Lehrbetrieb an der Münchner Musikhochschule und den langweiligen Musikunterricht in den Schulen hasste. Deshalb erfand er das „Schulwerk", das den Kindern in Spiel und Tanz einen ungezwungenen Zugang zu der in ihnen selbst schlummernden Musikalität ermöglicht und Instrumente wie Xylophon und Triangel, Glockenspiel, Tamburin und Blockflöte anbietet, die sie nach kurzer Zeit spielen können. Der bis dahin übliche jahrelange Theorie-Unterricht und die endlosen Tonleiterübungen eigneten sich nach seiner Überzeugung nur dazu, den Kindern die Freude an der Musik zielsicher auszutreiben.

Das Schulwerk wird von ihm bleiben und seine pädagogischen Impulse – mehr noch als seine Musik, Sprache und Bewegung verbindenden Bühnenwerke wie „Carmina Burana“, „Der Mond“ oder „Die Kluge“, die heute noch oft und gern aufgeführt werden. Vor allem natürlich in München, wo Orff 1895 geboren wurde, als Sohn eines feschen Offiziers und einer ebenso schalkhaft wie künstlerisch veranlagten Mutter. In jeder freien Stunde setzten sich die Eltern ans Klavier oder spielten mit Freunden zusammen Streichquartette. „Überall Musik“, erinnerte sich Carl an seine früheste Kindheit, „an der ich zwar nicht teilnahm, die mich aber unbewusst berührte“.

Zauberer: Carl Orff

Beseelte Bewegung

1913 bestand Orff die Aufnahmeprüfung für die Musikhochschule, deren trockener akademischer Betrieb ihm schrecklich auf die Nerven ging. Gelernt muss er hier trotzdem etwas haben, denn jetzt brachte er sogar eine Oper auf die Bühne, „Gisei, das Opfer“ nach einem japanischen Schauspiel, musikalisch deutlich an Debussy orientiert, aber mit Glasharmonika und Windmaschine, Harfen und Donnerblech farbig und originell instrumentiert und mit zwei Orchestern und einem zweiten Chor hinter den Kulissen äußerst anspruchsvoll angelegt.

1916 die erste Anstellung als Korrepetitor und Kapellmeister an den Münchner Kammerspielen unter dem berühmten Otto Falckenberg: Shakespeare, Strindberg, Wedekind im expressionistischen Theaterstil. Nach dem Krieg, dessen letztes Jahr er im Ersten Bayerischen Feldregiment an der Ostfront mitmachte – bei einem Angriff wurde er verschüttet und als Invalide entlassen –, wechselte er nach Mannheim, später nach Darmstadt, jeweils als musikalischer Direktor an den Opernhäusern. 1919 bereits kehrte er nach München zurück, als Leiter des Bach-Chors.

Bald gründete er zusammen mit der Malerin und Leibeserzieherin Dorothee Günther die „Güntherschule“ zur Ausbildung von Gymnastik- und Tanzlehrerinnen: bewusstes Verhältnis zum Körper durch Bewegungserziehung. Beseelte Bewegung, elementare Gesten, vitales, dramatisches Theater in der mitreißenden Verquickung von Musik und Wort, Rhythmus und Motorik wie einst in der griechischen Tragödie – das war Orffs Sehnsucht.

Nirgendwo spürten das seine vielen Anhänger stärker als in den „Carmina Burana“, der stürmisch-erregten, stellenweise aber auch zauberhaft zarten Vertonung einer mittelalterlichen Liederhandschrift aus dem Kloster Benediktbeuern. Musik und Bühne sind zu einem perfekten Gesamtkunstwerk verwoben. Ausgelassene Trinklieder mit einem beklemmend düsteren Stimmungshintergrund wechseln ab mit scheuen Liebesgeständnissen, poetische Hymnen auf den Frühling – untermalt von geschickt Vogelstimmen imitierenden Flöten und Oboen – und ekstatischen Beschwörungen der Leidenschaft.

Den Nazis gefielen die „Carmina Burana“ nicht

„Fortuna hatte es gut mit mir gemeint“, erinnert sich der alt gewordene Carl Orff, „als sie mir einen Würzburger Antiquariatskatalog in die Hände spielte, in dem ich einen Titel fand, der mich mit magischer Gewalt anzog: ‚Carmina Burana, lateinische und deutsche Lieder und Gedichte des 13. Jahrhunderts‘. Diese Handschrift hatte man im Kloster Benediktbeuern gefunden, ehe sie im Zuge der Säkularisation der bayerischen Klöster nach München kam.

An dem für mich denkwürdigen Gründonnerstag 1934 erhielt ich das Buch. Beim Aufschlagen fand ich gleich auf der ersten Seite die längst berühmt gewordene Abbildung der Fortuna mit Rad (…). Bild und Wort überfielen mich. Obwohl ich mich fürs erste nur in großen Zügen mit dem Inhalt der Gedichtsammlung vertraut machen konnte, stand sofort ein großes Werk, ein Bühnenwerk mit Sing- und Tanzchören in Gedanken vor mir. Noch am selben Tag hatte ich eine Particell-Skizze vom ersten Chor ‚O Fortuna' entworfen. Nach einer schlaflosen Nacht war auch ein zweiter Chor ‚Fortune plango vulnera' entstanden, und am Ostermorgen war ein dritter, ‚Ecce gratum', zu Papier gebracht."

So berichtet Carl Orff selbst über den rauschhaften Zustand, in dem sein bekanntestes Werk Gestalt annahm. Die Carmina Burana, ein Feuerwerk der Rhythmen und Farben, pralles, lebensvolles Tanztheater. Glanzlichter sind der Wirtshausgesang „In taberna quando sumus", dessen vom Chor hastig gemurmelte Verse die Geräuschkulisse einer vollbesetzten Schenke liefern, der Klagegesang eines gebratenen Schwans – von einem Tenor in Falsettlage tragikomisch deklamiert – und das traurig dahinfließende, von hoffnungsfrohen Kinderstimmen konterkarierte Sehnsuchtslied einer einsamen Schönen. Über all diesen bunten Schicksalen dreht sich ungerührt und ewig das Rad des Schicksals:

O Fortuna,
velut luna
statu variabilis ...
O Schicksalsglück,
wie der Mond
so veränderlich,
wächst du immer
oder schwindest.
Kein Verlass ist auf das Leben,
erst bedrückt,
dann verwöhnt es
spielerisch die Schärfe unseres Sinns.
Unbeständiges, eitles Schicksal,
rollendes Rad!
(...) Klagt alle mit mir,
wie das Schicksal
den Tapferen fällt!"
Carmina Burana

Die 1937 zum ersten Mal aufgeführten „Carmina Burana" brachten den ansonsten recht vorsichtigen Carl Orff, der aber durch seine Vertonungen von Werfel und Klabund bereits Anstoß erregt hatte und mit dem 1943 als Widerständler hingerichteten Musikwissenschaftler Kurt Huber Freundschaft pflog, in Konflikt mit den Nazis: Die hatten 1936 bei ihm einen „Olympischen Reigen" für den Einzug der Kinder bei den Olympischen Sommerspielen in Berlin bestellt, und anders als etwa Hans Pfitzner sollte sich Orff dazu hergeben, Shakespeares „Sommernachtstraum" neu zu vertonen, um die berühmte Bühnenmusik des verfemten jüdischen Komponisten Mendelssohn-Bartholdy vergessen zu machen.

Doch nun rümpften die braunen Kulturverwalter die Nase über die urwüchsig-pralle Lebenslust der Mönchsgesänge. „Bayerische Niggermusik!", urteilte die Reichsmusikkammer. Besonders kreidete man es Orff an, dass er die „Carmina" in ihrer lateinischen Textgestalt vertont hatte, statt sie zu verdeutschen. Da könne man ja gleich in Chinesisch singen, raunzte die Parteizeitung „Völkischer Beobachter". Zum Glück mochte Hitler die wuchtige Komposition; noch 1944 setzte er Orff auf die sogenannte „Gottbegnadeten-Liste" von rund tausend Musikern, Bildhauern, Malern, die vom Fronteinsatz verschont blieben.

Nach dem Krieg soll Orff gegenüber der Entnazifizierungskommission wahrheitswidrig behauptet haben, gemeinsam mit dem Nazi-Opfer Kurt Huber („Weiße Rose") eine Jugendgruppe gegründet zu haben. Man stufte ihn als Mitläufer ein.

Der Auferstandene „derbleckt" den Tod

Der weltweite Siegeszug der „Carmina" ließ sich durch solche schnell vergessenen Peinlichkeiten nicht aufhalten. Orff ergänzte sie durch die „Catulli Carmina" (nach Gedichten des römischen Lyrikers Catull, der von seiner unglücklichen Liebe erzählt) und den „Trionfo di Afrodite", einen Preisgesang auf die Göttin der Liebe, zu einer Trilogie. Schnell beliebt wurden auch seine Märchenoper „Die Kluge" (1942) mit ihren volksliedhaften Melodien, die ein mächtiges Ensemble von Sängern und Schauspielern erfordernde „Bernauerin“ (1947) und sein schlicht deklamierendes Trauerspiel nach Sophokles' „Antigonae“ (1948).

So kennt man ihn heute noch, als Schöpfer übermütiger und trauriger Bühnenspiele voller Sinnlichkeit und Gespenster, getragen von antiker Mythologie und elementarer christlicher Symbolik. Typisch sein Weihnachtsstück, in dem die über den „Kometen“ staunenden Hirtenkinder eine zentrale Rolle spielen, oder seine fromme „Comoedia de Christi Resurrectione“ für Ostern, ein echt Orffsches Welttheater mit Hexenspuk und Gespenstertreiben, ein ausgelassener Freudenhymnus auf den Heiland, der den Tod „derbleckt“, mit unbeholfen-bäuerlichen Grabeswächtern („Dös is a Aufwach'n ringsum im Land, ein Aufstehen!“) und einem springlebendigen Teufel, der mit dem Wachpersonal Karten spielt und sich am Ende aus Wut darüber, „dass der nit im Grab bleibt“, selber den Schwanz abhackt.

„Als Bub bin ich in der Weihnachtszeit von einer Kirche in die andere gegangen, weil mich die aufgestellten Krippen anzogen. Ich habe immer wieder selbst welche gebaut. Auf diesen Kindheitseindruck geht mein ‚Weihnachtsspiel' zurück. Ich wollte den Menschen von heute, die ihre naive Gläubigkeit verloren haben, die Weihnachtslegende neu vermitteln. Ich habe versucht, das Weihnachtsgeschehen als Spiegelung darzustellen, ohne es realistisch zu verdeutlichen. Schon die Griechen haben gewusst: Man kann Gott nicht darstellen.“

1944 sperrte der Münchner Gauleiter Carl Orff seine „Güntherschule“ zu, die kurz darauf im Bombenhagel zerstört wurde. Doch eine 1948 vom Rundfunk wiederentdeckte alte Grammophonplatte machte Orffs lustvoll instrumentierte Schulmusik erneut so bekannt, dass er bald in Japan, Kanada, in Ägypten und Senegal Vorträge über sein „Schulwerk“ halten musste. Er kehrte als Direktor der Meisterklasse im Fach Komposition an die Münchner Musikhochschule zurück und gründete ein Ausbildungszentrum am Salzburger Mozarteum. In der Heilpädagogik spielt Orffs musikalisches Instrumentarium heute noch eine wichtige Rolle, um bei

Kindern und Jugendlichen Selbstwertgefühl aufzubauen und Kommunikation zu fördern.

Am 29. März 1982 starb Orff in München. Seine Wahlheimat hatte er in Dießen am Ammersee gefunden. Dort in der „Schmerzhaften Kapelle“ der Klosterkirche Andechs fand er seine letzte Ruhestätte, eine ungewöhnliche Ehre für einen, der weder dem Klerus noch dem Adel angehörte und überdies viermal verheiratet gewesen war.

„Sorgt doch, dass ihr, die Welt verlassend nicht nur gut wart, sondern verlasst eine gute Welt!"

Damit der Mensch dem Menschen ein Helfer ist

Warum Bertolt Brecht (1898–1956) so schlechte Manieren hatte

Alles begann in einer Augsburger Dachkammer. Hier in seiner sturmfreien Bude im toleranten Elternhaus sammelte der unverschämt selbstbewusste Gymnasiast Berthold (so schrieb er sich damals noch) seine Mitschüler und Anbeter um sich, lud zum Trinken ein, trug mit schnarrender, aber suggestiver Stimme Texte von Shakespeare, Villon, Wedekind vor – und natürlich seine eigenen, die er mit sechzehn bereits in Münchner und Augsburger Zeitungen veröffentlichte. Zuvor war die kleine Truppe singend und mit Lampions durch die Vorstadt gezogen und hatte Rabatz gemacht.

Der schlaksige Junge mit den spöttischen Augen und den flotten Sprüchen trat wie ein Halbstarker aus dem Proletariermilieu auf, großkotzig, arrogant, nachlässig (aber sehr gewählt nachlässig) gekleidet, mit schäbiger Lederjacke und Schiebermütze. Am Ende seiner Schulzeit stellte er verächtlich fest, leider sei es ihm nicht gelungen, seine Lehrer „wesentlich zu fördern". Wenige begriffen, dass er mit seinem rabaukenhaften Auftreten davon ablenken wollte, dass er das verwöhnte Söhnchen eines Fabrikdirektors war. Obwohl es sich beim Vater um einen Aufsteiger mit Volksschulbildung und ohne Allüren handelte, der sich in der Papierfabrik vom Angestellten zum Prokuristen und schließlich zum Leitenden Direktor emporgearbeitet hatte.

Und noch etwas sollten die schlechten Manieren verbergen: Brecht litt zeitlebens unter starken Herzbeschwerden, die sich in

Todesangst und Panikattacken äußerten und schon den Schuljungen zu langen Kuraufenthalten zwangen. Die allwissenden Psychologen koppeln die Herzneurose mit einer symbiotischen Mutterbeziehung und erklären Brechts Kaltschnäuzigkeit und Bindungsscheu mit einer Riesenangst, verlassen zu werden und den eigenen Gefühlen ausgeliefert zu sein.

Halbherzige Bekehrung zur Arbeiterklasse

Jedenfalls entwickelt Brecht von Anfang an ein erstaunliches Talent, seine Fans in die Irre zu führen. Er wurde keineswegs schon als strammer Marxist geboren, sondern pries den Ersten Weltkrieg in seiner frühen Lyrik voller Pathos als „Sturmsinfonie“, dachte allerdings nicht daran, sich freiwillig zu melden wie viele Kameraden. Er dichtete, weil es ihm Freude machte und Bewunderung einbrachte, aber er bemühte sich nicht, Geld damit zu verdienen, das seine schwangere Freundin dringend gebraucht hätte. Er sang Loblieder auf die eigene Bekehrung zum Arbeiterstand („Und ich verließ meine Klasse und gesellte mich / Zu den geringen Leuten“), aber die auch in Augsburg für Aufregung sorgende Revolution ließ ihn kalt, die roten Fahnen betrachtete er mit Skepsis.

„Die Bibel“ hatte er sein erstes Bühnenwerk in unbefangenem Größenwahn genannt, da war er fünfzehn. Das Manuskript ist verloren, sicher zum Glück. Die ein Jahrzehnt später entstandenen Stücke „Baal“ und „Trommeln in der Nacht“ hingegen werden heute noch gespielt, der verstörende Lobgesang auf ein amoralisches, asoziales, triebgesteuertes Genusstier namens Baal und die Geschichte eines ähnlich egoistischen, von der Revolution nur schwadronierenden, politisches Engagement verachtenden Kriegsheimkehrers „Trommeln in der Nacht“. Damit landete der Vierundzwanzigjährige auf Anhieb in den Münchner Kammerspielen und beim Regisseur Otto Falckenberg. Mit Brecht sei „ein neuer Ton, eine neue Melodie“ ins Theater gekommen, schwärmte der prominente Kritiker Herbert Ihering.

Bertolt Brecht nannte er sich jetzt, aus Zuneigung für den Wiener Arnolt Bronnen, der sich ihm willig unterordnete wie alle anderen. Man staunte über den frisch gebackenen Theaterstar, der durch Berlin hetzte, als gehöre ihm die ganze Kultur der Stadt, und wie ein Viehhändler um Honorare feilschte. Mit dem einen Verlag schloss er einen Langzeitvertrag ab, ging mit dem Dokument zu einem anderen, seine Forderung höher schraubend, und entschloss sich am Ende für einen dritten, der jetzt mehr bot als die beiden ersten.

Provokateur: Bert Brecht

Besonders sympathisch scheint Brecht nicht aufgetreten zu sein, bei den ersten Proben überwirft er sich mit der Bühnenlegende Heinrich George, alles will er selbst inszenieren und kontrollieren, von anderen Autoren schreibt er ohne jedes Unrechtsbewusstsein ab; mit „Fragen geistigen Eigentums" nehme er es eben nicht so genau. Aber jeder ist davon überzeugt, dass der charmante, arrogante, wendige, sprachschöpferische, von einer Vision in die nächste taumelnde Brecht ein Genie ist.

Missverstandene „Dreigroschenoper"

Unleugbar hat er einen siebten Sinn für Förderer (Lion Feuchtwanger ist der erste), für hochbegabte Kollegen (der Komponist Kurt Weill verhilft mit seiner Mischung von Jazz, Ballade und Kabarett den nächsten großen Stücken zum Erfolg), für Leute, von denen er etwas lernen kann, für berühmte und verborgene Inspirationsquellen. An der Seite von Karl Valentin spielt er hingerissen Klarinette, schreibt im Valentin-Stil den bitterbösen Einakter „Die Kleinbürgerhochzeit". Und 1928, Brecht ist dreißig Jahre alt, hat sein erster wirklicher Theater-Hit Premiere, schräg, frivol, sentimental, zeitlos: Die „Dreigroschenoper", angelegt als ein sozialkritisches „Referat" (Brecht), wird vom Publikum als herrliche Gangsterkomödie verstanden, was den Stückeschreiber ziemlich verwirrt.

» Ich hatte zu zeigen versucht, dass die Ideenwelt und das Gefühlsleben der Straßenbanditen ungemein viel Ähnlichkeit mit der Ideenwelt und dem Gefühlsleben des soliden Bürgers haben."

„Die Welt ist arm, der Mensch ist schlecht.
Wir wären gut – anstatt so roh
Doch die Verhältnisse, sie sind nicht so."

„Verfolgt das Unrecht nicht zu sehr, in Bälde
Erfriert es schon von selbst, denn es ist kalt.
Bedenkt das Dunkel und die große Kälte
In diesem Tale, das von Jammer schallt."

Ein Jahr später noch eine „Oper", die bis heute aufgeführt wird: „Aufstieg und Fall der Stadt Mahagonny". Das ist eine Goldgräbersiedlung, eine Art Las Vegas, „wo man alles dürfen darf" – aber nur, wenn man es sich leisten kann. Das größte Verbrechen ist, kein Geld zu haben, und Brecht zeigt, was das Geld (oder der Raubtierkapitalismus) mit den Menschen macht.

» Denn wie man sich bettet, so liegt man
Es deckt einen keiner da zu
Und wenn einer tritt, dann bin ich es
Und wird einer getreten, dann bist's du."

Die Uraufführung in Leipzig gerät übrigens zu einem fürchterlichen Skandal, das distinguierte Theaterpublikum kann mit dem politisch aufgeladenen Stück nichts anfangen. In der Folgezeit zerstreitet sich Brecht mit Weill und wendet sich einem anderen Komponisten zu,

Hanns Eisler, versucht den Überblick über seine zahlreichen Liebesbeziehungen zu behalten – er hat sogar geheiratet, verweigert sich der familiären Nähe aber ebenso wie dem anstrengenden Umgang mit seinen mittlerweile drei Kindern –, beteiligt seine Freundinnen an der literarischen Produktion und nennt sie dort dankbar mit Namen, was damals absolut ungewöhnlich ist, pendelt zwischen Berlin und den Münchner Kammerspielen hin und her, erlebt die ersten Konfrontationen mit den Nazis, schreibt so nebenher sehr sachliche, unsentimentale, oft zynische, noch öfter aber wunderbar poetische Liebesgedichte.

Nach einigen etwas trockenen Lehrstücken („Die Maßnahme", „Der Jasager") bringt er „Die Mutter" nach einem Roman von Maxim Gorki und die desillusionierende „Heilige Johanna der Schlachthöfe" auf die Bühne. Gorkis und Brechts „Mutter" eines Arbeiters mit revolutionären Zielen, eine Analphabetin, folgt irritiert, schüchtern tastend, zunehmend begeistert dem Sohn auf seinem Weg, lernt lesen und politisch denken. Die „Heilige Johanna" ist ein Leutnant der „Schwarzen Strohhüte" (so etwas wie die Heilsarmee) und verkörpert in der Welt der Schlachthöfe Chicagos das Mitleid mit den Ausgebeuteten, den naiven Glauben an menschliche Gefühle bei Börsenspekulanten und das Unverständnis für proletarische Rebellion. Als Johanna stirbt, wird sie zwar von den Kapitalisten heiliggesprochen, hat aber begriffen, dass private Güte ohne gesellschaftliche Veränderungen wirkungslos bleibt:

„Sorgt doch, dass ihr, die Welt verlassend
Nicht nur gut wart, sondern verlasst
Eine gute Welt!"

Die Welt ist veränderbar

Schon bei der Premiere des ersten Erfolgsstücks „Trommeln in der Nacht" ließ Brecht Tafeln mit der Aufforderung „Glotzt nicht so romantisch!" über die Bühne tragen. Seinen Platz in der Literaturgeschichte verdankt er nicht nur seinen Dramen und Lehrstücken, sondern mindestens ebenso sehr einem ziemlich neuen Anspruch an das Theater: Der Verstand, weniger das Gefühl des Publikums sollte angesprochen werden. Statt Illusionen zu vermitteln, wollte er es zur Kritik erziehen; und was da auf der kleinen Bühne geschah, sollte allen Ernstes die große Welt draußen verändern.

„Wer noch lebt, sage nicht: niemals!
Das Sichere ist nicht sicher.
So, wie es ist, bleibt es nicht.
(...) An wem liegt es, wenn die Unterdrückung bleibt? An uns.
An wem liegt es, wenn sie zerbrochen wird? Ebenfalls an uns.
Wer niedergeschlagen wird, der erhebe sich!
Wer verloren ist, kämpfe!
Wer seine Lage erkannt hat, wie soll der aufzuhalten sein?"

Denn nicht nur das Bewusstsein des einzelnen Theaterbesuchers ist veränderbar, auch die gesellschaftlichen Strukturen sind es, auch die politischen Machtkonstellationen, das ist Brechts feste und lebenslange Überzeugung. Alle seine dramaturgischen Einfälle und Strategien dienen diesem Ziel. Brechts Konzept des „epischen Theaters", der berühmt gewordene „Verfremdungseffekt", die kahle Bühne, die kühle Kunstsprache, die häufige Unterbrechung der Handlung durch Musik und Chöre, um Raum zum Nachdenken und Verarbeiten zu schaffen: Der Zuschauer soll weder erschrecken noch in einen Sog von Emotionen und Leidenschaften hineingerissen werden. Bert Brechts Theater will argumentieren, Zustände sichtbar machen, Alternativen zur Diskussion stellen. Der Schauspieler soll nicht komplett in seiner Rolle aufgehen, sondern auf sie „zeigen" (ein Lieblingswort Brechts) wie auf ein Objekt. Bühnenakteure, die ihre gesellschaftliche Klasse verkörpern, sind ihm ohnehin lieber als großartige Individuen (die es in seinen Inszenierungen trotzdem zuhauf gab, man denke nur an Helene Weigel oder Therese Giehse).

Verfremdet wird hier alles, Sprache, Bühnenkulissen, literarische Vorbilder, um beim Publikum eingefrorene Denkgewohnheiten, liebgewordene Vorurteile, alltägliches Verhalten aufzubrechen. Natürlich ist auch dem großen Brecht die praktische Umsetzung seiner Ideen nur zum Teil gelungen. Seine bisweilen zerhackte, stark vereinfachte, skelettierte Sprache soll beim potenziellen Theaterpublikum Schwellenängste abbauen, klingt aber nicht selten nach einem Traktat aus irgendeinem Politbüro. Später wird Brecht weder in den USA noch in der Filmindustrie ein Bein auf den Boden bringen, weil er doziert und theoretisiert, statt lebendige Dialoge zu schreiben. Und außerdem kann er sich gute Filme nur in Schwarz-Weiß vorstellen.

Dennoch haben Generationen von Theaterleuten, Schauspielern und Regisseuren von Brecht gelernt, und zwar von seiner Art, zu inszenieren und zu proben. Das Kollektiv experimentiert, korrigiert, schreibt um, wochenlang, monatelang, passt Text und Bühne den Bedürfnissen der Schauspieler und der Zuschauer an – und Bert Brecht lenkt den Veränderungsprozess keineswegs geschickt manipulierend aus dem Hintergrund, sondern greift die Vorschläge dankbar auf, diskutiert endlos lange, nimmt seinen Platz im Team ein. Das ist für das Ensemble immer ebenso anstrengend wie beglückend, denn jeder und jede erfährt sich als wichtig, ernstgenommen, gleichberechtigt.

Ausbeuterischer Ehevertrag

So würde er vielleicht auch gern mit seinen Freundinnen, Geliebten, Gespielinnen, Musen, Dienerinnen umgehen – wie immer man sie nennen mag, die Rollen changieren und ändern sich bisweilen dramatisch. Doch das schafft er nicht. Seine erste Ehefrau Marianne Zoff unterschreibt achselzuckend einen Vertrag, der dem Meister Affären und Eskapaden nach Lust und Laune erlaubt, Marianne aber zur Treue verpflichtet. Aller feministischen Empörung zum Trotz: Staunen muss man weniger über Brechts dreiste, ausbeuterische, seinen Idealen von Freiheit und Menschenwürde Hohn sprechende Doppelmoral als über die devote Fügsamkeit, mit der sich die keineswegs unbedarften, sondern meist hochgebildeten und künstlerisch begabten Weggefährtinnen seinem Reglement unterworfen haben.

„Der, den ich liebe
Hat mir gesagt
Dass er mich braucht.
Darum
Gebe ich auf mich acht
Sehe auf meinen Weg und
Fürchte von jedem Regentropfen
Dass er mich erschlagen könnte.“

Ein unendlich zärtliches Liebesgedicht derart mit männlichem Anspruchsdenken vollzupacken, gelingt wohl nur jemandem wie Brecht. Und damit auch ganz klar wird, dass es sich eigentlich um eine Hausordnung für die ideale Beziehung handelt, gibt er dem 1937 entstandenen Poem den mahnenden Titel „Morgens und abends zu lesen“.

Seine Frauen erleichtern ihm die langen Jahre im Exil, schaffen eine Heimat, die er nicht zu brauchen glaubt und doch genießt wie ein Ertrinkender. Einen Tag nach dem Brand des Berliner Reichstags, am 28. Februar 1933, hat er nach zunehmenden Attacken von stramm rechten Medien und Polizeibehörden Deutschland verlassen und eine Odyssee über Prag, Wien, Zürich, Paris nach Dänemark angetreten, wo er mit seiner jüdischen Ehefrau und kongenialen Muse Helene Weigel ein Haus auf der Insel Fünen bezieht. „Das Haus hat vier Türen, daraus zu fliehn“, notiert er aufatmend.

Brecht weigert sich, Dänisch zu lernen, man wird ja bald wieder nach Deutschland zurückkehren, er findet die Menschen hier sehr freundlich, schreibt den ganzen Tag, unterbrochen von kurzen Schlafpausen. Mit seinem uralten Ford – Brecht ist ein besessener Autofahrer – besucht er regelmäßig seine Freundinnen Margarete Steffin und Ruth Berlau. Die an Tuberkulose leidende Steffin will Helene Weigel nicht im Haus bei den Kindern haben; Ruth Berlau entsetzt Brecht mit ihrem Entschluss, sich den Internationalen Brigaden im spanischen Bürgerkrieg anzuschließen. Er weiß, dass seine Frauen meist mutiger sind als er.

Auch, wenn es darum geht, Verdienstmöglichkeiten zu finden. Brecht dagegen fährt vergeblich nach London („ein böses Städtchen") und New York, um neue Verlage aufzutun und im Filmgeschäft Fuß zu fassen. Die englische Sprache bleibt ihm ebenso fremd wie die amerikanische Mentalität. Ein aufgeschlossenes New Yorker Arbeitertheater ruiniert er mit einem fürchterlich theorielastigen Drehbuch und wirft dem Ensemble dann vor, seinen Text wie irgendeine Broadway-Komödie behandelt zu haben.

Auch in Moskau hat er kein Glück mit seinen Theaterexperimenten. Aber anpassen wird er sich nicht, weder an die amerikanische Unterhaltungsindustrie noch an den vorgeschriebenen literarischen Realismus in der Sowjetunion. Tatsächlich entstehen im Exil, das erst 1947 endet, Brechts beste Stücke, die in Paris und Zürich uraufgeführt werden und meist einen aktuellen Background haben: „Der aufhaltsame Aufstieg des Arturo Ui" kämpft gegen die Verklärung krimineller Helden und hat natürlich Hitler im Blick. „Mutter Courage und ihre Kinder", in nur fünf Wochen vollendet, schildert eine unbelehrbare Geschäftemacherin, die am Krieg verdienen will, auch wenn sie ihre Kinder dadurch verliert. „Sie hat Furcht vor Krieg", sagt sie verächtlich über ihre stumme Tochter Kattrin, „die leidet am Mitleid."

Die gesellschaftliche Verantwortung des Wissenschaftlers angesichts von Kernspaltung und Atombombe thematisiert „Leben des Galilei": Wissenschaft kann sich nicht in einen geschützten Raum abseits von Herrschaftskonflikten zurückziehen. Dann bleibe nur „ein Geschlecht erfinderischer Zwerge" übrig, lässt Brecht den Naturforscher Galilei sagen, „die für alles gemietet werden können". Wäre er, Galilei, nicht zu feige gewesen, „hätten die Naturwissenschaftler etwas wie den hippokratischen Eid der Ärzte entwickeln können, das Gelöbnis, ihr Wissen einzig zum Wohle der Menschheit anzuwenden!"

„Der gute Mensch von Sezuan" nimmt die Grundidee aus der „Heiligen Johanna" wieder auf: Güte ruiniert. Diesmal will ein Götter-Konsortium per Experiment den Zustand der Welt beurteilen und die Chance der Menschen, ein gutes und solidarisches Leben zu führen. Die Himmlischen lassen der jungen Prostituierten Shen Te Geld zukommen, die davon einen Tabakladen erwirbt und jetzt in einer sehr unangenehmen Lage ist: Sie kann plötzlich einer Anzahl Notleidender helfen, glaubt aber mit rücksichtslosen Geschäften erst mal Gewinne einfahren zu müssen, um ihre sozialen Aktivitäten starten zu können. „Es ist alles in Ordnung“, sagen die Götter und besteigen rasch eine rosa Wolke, um ihrem schlechten Gewissen zu entkommen. Ein Patentrezept bietet das Stück nicht an:

> „Wir stehen selbst enttäuscht und sehn betroffen
> Den Vorhang zu und alle Fragen offen.
> (...) Verehrtes Publikum, los, such dir selbst den Schluss:
> Es muss ein guter da sein, muss, muss, muss!“

„Wählt euch doch ein anderes Volk!“

Als der Exilierte nach Deutschland zurückkehrt, ist er weicher, demütiger geworden, „freundlicher“, wie er selbst es ausgedrückt hätte. Sehr bewusst entscheidet er sich, in Ostberlin zu leben. Er versucht allerdings auf den von der staatlichen Propaganda ausgerichteten Begrüßungsveranstaltungen nichts Wertendes zu sagen; er ist mit dem „Deutschen Theater“, wo die „Mutter Courage“ Premiere hat (und sechs Jahre laufen wird), schrecklich unzufrieden und bekommt nur unter großen Schwierigkeiten eine eigene Theatercrew unter Helene Weigel bewilligt; er will kein „DDR-Dichter“ in feindlichem Kontrast zum Westen sein: „Ich kann mich ja nicht in irgendeinen Teil Deutschlands setzen“, stellt er klar, „und für den anderen tot sein.“ Sogar die österreichische Staatsbürgerschaft nimmt er an, um falsche Schlüsse zu verhindern.

Nützt alles nichts. Österreichische Zeitungen hetzen gegen den „ostzonalen Hausdichter“ und zwingen den Komponisten Gottfried von Einem, der Brecht mit einem „Salzburger Totentanz“ beauftragt hat, seinen Sitz im Direktorium der Salzburger Festspiele aufzugeben. Hat sich der rote Stückeschreiber nicht noch vor kurzem in Hollywood vor McCarthys „Komitee für unamerikanische Umtriebe“ verantworten müssen, und war nicht jeder, der dort vorgeladen wurde, ein Kommunist?

Im Nachkriegsdeutschland – hüben wie drüben – fragt man nicht lang nach Nuancen, sondern steckt einen Künstler schnell in die entsprechende Schublade. Die ostdeutsche Kulturpolitik vermisst in Brechts „Mutter Courage“ und anderen Stücken den klaren Klassenstandpunkt und die eindeutige sozialistische Perspektive. Im Westen verübelt man ihm sein Engagement gegen die Wiederbewaffnung und seine Kritik an Adenauer *und* dessen SPD-Antipoden Kurt Schumacher, die in seinen Augen schon wieder auf ein mächtiges Großdeutschland zusteuern: „Hoch zu Bonn am Rheine träumen zwei kleine / Böse alte Männer einen Traum von Blut und Stahl.“

Wer interessiert sich da schon groß für seinen Brief an den DDR-Staatsratsvorsitzenden Walter Ulbricht nach dem Arbeiteraufstand vom 17. Juni 1953, in dem er die Forderungen der Demonstranten unterstützt und fordert, sie nicht als Feinde und Provokateure zu behandeln? Oder für das Gedicht, mit dem er auf den Vorwurf eines Kultur-Apparatschiks antwortet, die Arbeiter hätten sich das Vertrauen der Regierung verscherzt:

> „Wäre es da nicht doch einfacher, die Regierung
> Löste das Volk auf und
> Wählte ein anderes?“

Stattdessen lastet man Brecht an, dass er sich am 17. Juni nicht an die Spitze der protestierenden Massen gestellt, sondern erst einmal mit seinem Ensemble diskutiert hat. Außenminister Heinrich von Brentano (CDU) vergleicht ihn mit Horst Wessel, dem Autor der SA-Hymne „Die Fahne hoch“. Der Weg zu dem Land, „wo der Mensch dem Menschen ein Helfer ist“ (Brecht), der ist noch weit.

Am 14. August 1956 stirbt Bert Brecht achtundfünfzigjährig an einem Herzinfarkt; auf dem Dorotheenstädtischen Friedhof gleich neben seiner letzten Wohnung ist er zusammen mit Helene Weigel in der Nähe des großen Philosophen Hegel und von Hanns Eisler bestattet.

”Auch der Hass gegen die Niedrigkeit
Verzerrt die Züge.
Auch der Zorn über das Unrecht
Macht die Stimme heiser. Ach, wir
Die wir den Boden bereiten wollten für Freundlichkeit
Konnten selber nicht freundlich sein.

Ihr aber, wenn es soweit sein wird
Dass der Mensch dem Menschen ein Helfer ist
Gedenkt unsrer
Mit Nachsicht.“
„An die Nachgeborenen“

„Eigentlich bin ich stinkfaul.
Es war nie Fleiß – es war alles Interesse."

„Ich hab nichts zum Sagen"

Wie die Theaterlegende Therese Giehse (1898–1975) Bühnenhandwerk und Moral verband

Im ganzen deutschsprachigen Raum war sie berühmt als „die Giehse". In den Münchner Kammerspielen und im Zürcher Schauspielhaus galt sie als unbestrittener Star. Legendär, wie sie die Mutter Courage gab und die Milliardärin Claire Zachanassian in Dürrenmatts „Besuch der alten Dame", Mutter Wolffen in Gerhart Hauptmanns „Biberpelz" und Gorkis Wassa Schelesnowa. Theaterenthusiasten liebten ihre verhaltenen und doch so ausdrucksstarken Gesten, ihre rollenden Augen, in denen sich eine ganze Bühnenwelt von kindlicher Neugier über Liebe, Zorn und Entsetzen bis zum Gram des Alters verbarg, ihre klare, unverwechselbare Stimme.

„Ich war dick und rothaarig und hatt' den Herrn Jesus umgebracht", erzählte die Giehse über ihre triste Kindheit im Münchner Lehel. Ihre Mitschülerinnen waren zwar ärmer und magerer als die Tochter des Textilkaufmanns Salomon Gift („Seiden, Tuche und Posamentierwaren en gros") und litten stärker unter den Entbehrungen der Kriegsjahre. Aber Therese war halt ein Judendirndl, und von diesem Makel konnte sie sich auch nicht mit Bonbons und Backfischvertraulichkeiten freikaufen.

Die Theaterwelt sollte ihr den frühen Jammer einmal danken. Denn die damals als schrecklich faul (was in der Schule dran kam, interessierte sie in der Regel nicht) und verschlossen geltende junge Dame zog sich in eine Zauberwelt aus Balladen und Bühnenstücken zurück, verdiente sich, als sie dem Schulzwang entronnen war, mit der Ausgabe von „Kohlenkarten" in einer städtischen Amtsstube das

Geld für privaten Schauspielunterricht und schaffte es als Achtundzwanzigjährige dann tatsächlich, ein Engagement an den berühmten Münchner Kammerspielen zu bekommen, unter dem Theatergott Otto Falckenberg.

„Ich will nicht schön sein, ich will zum Theater“

Vorausgegangen war eine bittere Lehrzeit. In der Familie hatte man ihr die Bühnenträume immer ausreden wollen, ihre Stimme klang rau, ihr Körper war alles andere als grazil, die Nase unter den lebhaften, aber immer etwas traurigen Froschaugen viel zu groß, sie bewegte sich wie eine resolute Kellnerin: Was später ihr Kapital werden sollte und sie zu einer markanten Bühnengestalt machte, schien am Anfang ein unüberwindliches Hindernis. „Schau, Theres, du bist doch überhaupt nicht schön“, sagten ihr Mutter und Geschwister, „was willst du denn beim Theater?“ Therese entgegnete sachlich: „Ich will nicht schön sein, ich will bloß zum Theater!“

Wer freilich einen so eisernen Willen hat wie die Giehse, verwandelt die vermeintlichen Schwächen einfach in Stärken. In einem Anflug von Verwegenheit sprach sie beim großen Albert Steinrück vor, der im Residenztheater Kraftmenschen spielte, ganz nüchtern, wie es den jungen Leuten gefiel, ohne das Pathos der Mimen von einst. „Ich weiß, ich bin zu dick“, erklärte sie ihm ebenso nüchtern, „aber das Gretchen im ‚Faust‘ will ich ja gar nicht spielen.“ Steinrück betrachtete sich das rundliche Mädchen genau, das einem bürgerlichen Kaffeekränzchen entsprungen schien und so gar nichts von koketter Anmut an sich hatte. Über die Bühne würde diese Mamsell sicher nicht schweben können.

Eben das überzeugte ihn. „Ja, Sie sind dick“, urteilte er knapp, „aber viel weniger dick als begabt!“ Er verwendete sich für die junge Gift bei einer guten Lehrmeisterin, Toni Wittels-Stury, die auf Erfolge am Mannheimer Nationaltheater zurückblickte und als harte, aber einfühlsame Ausbilderin galt. Therese verwandelte ihren nicht gerade bezaubernden Familiennamen auf Anraten ihrer Schwester Irma in die einprägsamen, langgezogenen Silben „Giehse“ und übte geduldig alle jene Rollen der hübschen Naiven und Sentimentalen, die sie nie spielen würde, von denen sie aber unendlich viel lernen konnte.

Dann die Ochsentour über Nebenrollen, Provinzbühnen, Saisonverträge: Berlin, Siegen in Westfalen, Gleiwitz in Oberschlesien, Landshut, Breslau; dort gehörten Käthe Gold, Carola Neher und Peter Lorre zum Ensemble. Mit der Bayerischen Landesbühne ist sie durch die Kleinstädte getingelt. 1926 holte sie Otto Falckenberg an die Münchner Kammerspiele: für eine Nebenrolle in Büchners „Dantons Tod“. Hier gab man Shakespeare und Brecht, wach, rebellisch. Bewusstseinsveränderndes Theater, Stücke zum Denken – obwohl man die kassenfüllenden Boulevardkomödien auch nicht verachtete.

Leise: Therese Giehse

Adolf Hitler und andere Parteigrößen aus der „Hauptstadt der Bewegung“ saßen bisweilen in der ersten Reihe, gaben Blumensträuße für schöne Damen aus dem Ensemble ab. Hitler, der von der jüdischen Herkunft der Giehse nichts ahnte, nannte die forsche Rotblonde begeistert eine „völkische Künstlerin, wie man sie nur in Deutschland findet“, und sein „Völkischer Beobachter“ schwärmte: „Endlich ein deutsches Weib in diesem verjudeten Haus!“ Einer der harmlosesten Irrtümer der braunen Kulturzerstörer.

Als sich die Wahrheit herumsprach, zeigten sich die Nazis großzügig, boten der Giehse Saalschutz an – Schutz vor ihren eigenen pöbelnden Horden. Sie verzichtete dankend – und gründete, als die Kammerspiele 1932 in Konkurs gingen, mit Klaus und Erika Mann und anderen Avantgardisten ein aufmüpfiges literarisch-politisches Kabarett mit dem Namen „Pfeffermühle“.

„Was willst du? Butter? Freche Bohne!
Die Butter macht dich faul und fett!
Weit wichtiger ist die Kanone
und die Granate überm Bett.
(...)
Den Pakt schließt man, um ihn zu brechen.
Da wundert sich bald keiner mehr.
Von Frieden spricht man, um zu sprechen.
Derweil marschiert das Militär."

Aus dem Programm der „Pfeffermühle"

Das Kabarett der Emigranten

Die meisten Kabarettisten mussten nach der Machtübernahme durch die Nazis emigrieren, auch die Giehse; im Herbst 1933 begannen sie in Zürich aufzutreten, bedroht und terrorisiert durch Schweizer Faschisten, die mit Stinkbomben und Trillerpfeifen aufmarschierten und Gerüchte über bevorstehende Bombenattentate verbreiteten. Mehrfach gab es Schlägereien im Theatersaal, die Störer riefen „Raus mit den Emigranten!" und „Juda verrecke!"

„Erika war Conférencier, Direktor, Organisator. Erika sang, agitierte, engagierte, inspizierte, kurz, war die Seele des Ganzen. Nein, die Pfeffermühle hatte eine Doppelseele; die andere Hälfte hieß Therese Giehse. Sie gehörte dazu, von Anfang an, und mit welcher Intensität, welch unbedingtem Einsatz! Der gefeierte Star der Münchner Kammerspiele (...) stellte dem noch unbewährten und übrigens politisch bedenklichen Tingel-Tangel die ganze Fülle ihrer Erfahrungen und ihres Talents zur Verfügung. Ohne sie wäre die Pfeffermühle nicht geworden, was sie Jahre lang war: das erfolgreichste und wirkungsvollste theatralische Unternehmen der deutschen Emigration."

Klaus Mann in seiner Autobiografie

Eine lange Odyssee begann, Tourneen durch die Tschechoslowakei, die Niederlande, Belgien, Luxemburg, die USA. Exakt 1034 Vorstellungen insgesamt, dauernd auf Wanderschaft, ungesichert. Dazwischen immer wieder das Zürcher Schauspielhaus, Zufluchtsort und Experimentierbühne für die Emigranten: Goethe, Ferdinand Raimund, Oscar Wilde, Garcia Lorca, Tschechow, Gorki, Brecht. Und am Ende die unmissverständliche Anweisung der Schweizer, der tschechischen, der niederländischen Behörden an die Kabarettisten, auf politische Anspielungen und Bekenntnisse zu verzichten.

Einmal gastierte die „Pfeffermühle" auf Einladung von Max Reinhardt in seinem Salzburger Schloss Leopoldskron – bei romantischem Kerzenlicht, denn der Strom war dem hoch verschuldeten Regisseur abgestellt worden. Das Publikum bestand aus gutbetuchten Amerikanern aus dem Showbusiness, unter ihnen Marlene Dietrich in ihrer betörenden Robe, das Dekolleté mit Weißfuchs eingefasst. Ständig stand sie auf und stolzierte zum Telefon, um mit New York und San Francisco zu sprechen. Therese Giehse war keineswegs beleidigt, sie amüsierte sich über die Diva: „Ihre wunderschönen Abgänge und Wiedereintritte waren viel interessanter als unsere Darbietungen!"

Der Weltruhm der Giehse gründete sich in ihrer Verbindung von exzellent beherrschtem Bühnenhandwerk und moralischem Anspruch. Ihre Auffassung von der Bühnenarbeit formulierte sie knapp so: „Ich hasse jede Art von Dilettantismus. Mir missfallen Menschen, die nur Theater spielen, weil sie gut oder interessant aussehen. Sie sollen ihr Handwerk verstehen (...). Sie sollen Seele und Fantasie haben. Vor allem Fantasie."

Sie verlasse sich derart auf das Wort, bescheinigte ihr der Stückeschreiber Franz Xaver Kroetz, „dass man als Autor schon nach dem ersten Zuhören weiß, ob man etwas geschrieben hat, das in sich stimmt, oder ob man gepfuscht hat".

Unsentimental und präzise

Kenner rühmten die Wahrhaftigkeit ihres Spiels, ihre Fähigkeit, Menschen aus Fleisch und Blut überzeugend und verständlich zum

Leben zu erwecken, „die guten Mütter und die bösen Frauen, die Listigen und die Lustigen, die Gerissenen und die Gedemütigten, die humorvoll Verzeihenden und die giftgeladenen Rachsüchtigen, die schwer Geschlagenen und die frei Triumphierenden". Völlig unsentimental bringe sie das Publikum zum Mitleid mit den Geschundenen, präzise führe sie „den Zerfall der Starken, das Altern der Robusten" vor, klar bilde sie „das verluderte Gefühl" ab, „das sich verschämt bekennt; die Kaltherzigkeit, ohne brutal zu werden; die Zielstrebigkeit ohne Penetranz".

» Die meisten Leute sind nicht wirklich freundlich. Sie tun nur freundlich. Ich mag da halt nicht mittun. Ich mag wirkliche Freundlichkeiten, aber kein bloßes Herumgetue. Ich bin lieber sachlich. Aber Sachlichkeit vertragen die Leut nicht."

Dazu gehört freilich auch, dass die Giehse nicht „wertfrei" spielen wollte, dass Theater bei ihr stets mit Aufklärung und Moral zu tun hatte. Die Beherrschung der Bühnentechnik – unaufdringlich, weder durch Virtuosität noch durch Stümperei unangenehm auffallend – sei nicht alles, stellte sie klar. Und forderte, „dass das Künstlerische von einer Menschlichkeit getrieben werden muss, die stets versucht, Himmel und Hölle zu verstehen, zu erkennen und die Erkenntnis durch die Gestalt zu befreien".

Ihre jüngeren Kollegen nannten sie zärtlich-respektvoll „Giesi", bewunderten ihre Neugier und Lernfähigkeit, die sie noch im hohen Alter bewies. Als Berufsschüler sie nach einem Auftritt im Münchner Jugendtheater um Unterstützung im Kampf gegen irgendwelche bürokratischen Hemmnisse ersuchten, unterschrieb sie den Protest der jungen Leute eifrig mit „Therese Giehse, Lehrling, 75 Jahre alt". In Tschechow- und Gorki-Stücken spielte sie so vital, dass sie ein Kritiker den einzigen Menschen auf der Bühne nannte, „der noch nicht gealtert, noch nicht verwittert ist".

» Was soll denn Großartiges entstehen aus dem Zufallstheater von heute? (...) Man will gar nicht das Stück, man will eine Sensation. Das ist ja heute das Elend im Theater: Jeder meint,

> er müsste was Apartes, was laut Auffallendes machen. Maria Stuart mit einem Delphin sprechen lassen oder irgend etwas anderes Dummes. Das finden die Leute dann apart. (...) Es fehlt der Ernst, und es fehlen die Maßstäbe."

As Fünfundsiebzigjährige reiste sie mit einem Brecht-Abend durch Deutschland, die Schweiz und Frankreich, nüchtern, nachdenklich auf einer nackten Bühne lesend und singend. „Als ob sie die Texte zum ersten Mal kennenlernen würde", wie ein Kritiker schrieb. Am 3. März 1975 starb sie im Münchner Rotkreuz-Krankenhaus an einem Nierenversagen, drei Tage vor ihrem siebenundsiebzigsten Geburtstag. Kurz zuvor war ein langes Interview, das sie – zunächst ziemlich widerwillig – der Schriftstellerin Monika Sperr gegeben hatte, in Buchform erschienen. Der Titel klingt so lakonisch, trocken und gnadenlos selbstkritisch, wie die Giehse immer gewesen war: „Ich hab nichts zum Sagen."

„Wir schweigen nicht, wir sind Euer böses Gewissen; die Weiße Rose lässt Euch keine Ruhe!"

„Sag nicht, es ist für's Vaterland!"

Wie die Geschwister Hans (1918–1943) und Sophie Scholl (1921–1943) von begeisterten Jungnazis zu todesmutigen Widerständlern wurden

Stalingrad ist der Wendepunkt. Schon Ende 1941 hat der russische Winter den Vormarsch der deutschen Armee bei Moskau gestoppt. Bei vierzig, fünfzig Grad Kälte versagten die Panzermotoren ihren Dienst, die Wehrmachtssoldaten konnten in dem eisenharten Boden keine Schützengräben mehr ausheben und waren dem Geschossfeuer der Russen schutzlos ausgeliefert. Das Brot musste man mit der Axt schneiden, Verbandspäckchen gefroren zu Eisblöcken. Und weil der Krieg ja bestimmt lange vor Wintereinbruch glorreich beendet sein würde, hatte Hitler seinen Truppen keine warmen Mäntel und Handschuhe mitgegeben.

„Die Knie froren uns am Boden fest", schrieb ein Gefreiter verzweifelt nach Hause. Vor Moskau zerbröckelte der Mythos von der unbesiegbaren deutschen Armee. Ende 1941 lagen bereits eine Million toter Wehrmachtssoldaten in den Weiten Russlands. Die Propaganda konnte die Zweifel noch einmal auffangen. Im Mai 1942 meldete sie Siege auf der Krim und den erfolgreichen Vormarsch Richtung Kaukasus.

Doch jetzt, ein Jahr später, nach einem weiteren mörderischen Winter und dem Schock von Stalingrad, geht der Glaube an den Führer und den Sieg endgültig verloren. In der Heimat melden Geheimberichte der Gestapo einen katastrophalen Stimmungsumschwung. Enttäuschte Offiziere schließen sich dem militärischen Widerstand an.

Zwei Wochen nach der Hiobsbotschaft aus Stalingrad, am 18. Februar 1943, lädt Reichspropagandaminister Goebbels ein handverlesenes Publikum aus Kriegsveteranen, Ritterkreuzträgern und Parteifunktionären in den Berliner Sportpalast, zu einer zweistündigen hypnotischen Rede, die vom Rundfunk im ganzen Reich übertragen wird:

„Die Engländer behaupten, das deutsche Volk wehrt sich gegen die totalen Kriegsmaßnahmen der Regierung. Es will nicht den totalen Krieg, sondern die Kapitulation. Ich frage euch: Wollt ihr den totalen Krieg? Wollt ihr ihn, wenn nötig, totaler und radikaler, als wir ihn uns heute überhaupt noch vorstellen können? (...) Seid ihr damit einverstanden, dass, wer sich am Kriege vergeht, den Kopf verliert?"

Ein donnerndes „Ja!" aus tausend Kehlen geht in nicht enden wollende Sprechchöre über: „Führer, befiehl, wir folgen!"

Nur ein paar Flugblätter

Am selben 18. Februar 1943 huschen zwei schlanke Gestalten durch die verlassenen Flure der Münchner Universität; die Vorlesungen sind noch nicht zu Ende. Vor den Hörsaaltüren, auf Fenstersimsen und Mauervorsprüngen verteilen sie Flugblätter, die eine illusionslose Beschreibung der militärischen Lage geben und zum Widerstand gegen die Nazi-Diktatur aufrufen. Als am Ende noch Flugblätter übrig sind, lassen sie diese vom obersten Stockwerk unter der großen Glaskuppel in den Innenhof hinunter flattern.

Die beiden Studenten Hans und Sophie Scholl, setzen sie alles auf eine Karte, weil sie die Anspannung der letzten Monate nicht mehr aushalten? Die verwegene Aktion ist jedenfalls ein tödlicher Fehler. Der Pedell und Hausschlosser Jakob Schmid, ein strammer SS-Mann, sieht die Blätter durch das Treppenhaus segeln, rennt den beiden nach und schleppt sie in das Rektorat. Die Gestapo rückt an, schließt alle Ausgänge, sammelt die Flugblätter ein. Nur wenige

Tage später werden Hans und Sophie Scholl in einem Schauprozess zum Tod verurteilt und zum Schafott geführt.

Das war der Beginn der Legende von der „Weißen Rose“, wie sich die Widerstandsgruppe ziemlich romantisch nannte: ein rührendes Märchen von ein paar naiv-unpolitischen Studenten, die etwas gegen den Krieg und die kulturlose Nazi-Bande tun wollten und sich mit ihren wenig durchdachten Spontanaktionen selbst dem Henker auslieferten.

In ihrer Mitte eine zornige Jeanne d'Arc, die blutjunge Sophie Scholl, eine Mischung aus frommer Jungfrau und früher Emanze, die wohl für einen der hübschen Wirrköpfe schwärmte und weder eine Ahnung von politischen Zusammenhängen hatte noch irgendwelche Pläne für die Zukunft, als sie zu der Gruppe stieß.

Wenn die Erinnerung an historische Vorgänge derart nach Heldenepos und Heiligenverehrung klingt wie bei der „Weißen Rose“, dann stimmt meistens etwas nicht. Bestand die Gruppe wirklich nur aus den Geschwistern Scholl und ein paar Randfiguren? Teilten die Mitglieder eine gemeinsame Weltsicht oder einte sie nur die Abneigung gegen das aktuelle Regime? Waren sie alle von Anfang an strikte Nazi-Gegner gewesen? Warum hielten sich die Geschwister von Hans und Sophie Scholl aus den Widerstandsaktivitäten heraus? Es ist an der Zeit, ein differenziertes Bild von der „Weißen Rose“ zu zeichnen. Und das ist auch möglich, seit die Mauer gefallen ist und die Gestapo-Verhörprotokolle frei zugänglich sind, die bis dahin im Ostberliner Ministerium für Staatssicherheit verschlossen waren.

Fasziniert von der völkischen Bewegung

Sophie und Hans stammten aus einer Familie, in der selbstständiges Denken geschätzt war. Der Vater Robert, Bürgermeister im schwäbischen Forchtenberg – wo er gegen zähen bäuerlichen Widerstand den Anschluss an das Eisenbahnnetz durchsetzte – und dann Wirtschaftsprüfer in Ulm, hatte im Ersten Weltkrieg den Dienst mit der Waffe verweigert und war als Sanitäter an die Front gezogen. Den

Kontakt zu jüdischen Freunden und avantgardistischen Künstlern ließ er sich auch von den Nazis nicht verbieten. Die Mutter hatte vor ihrer Heirat als Diakonisse gearbeitet.

Couragiert: Hans und Sophie Scholl

Wenn man sich als junger Mensch in so einer liberalen Familie emanzipieren wollte, musste man sich zwangsläufig für die völkische Bewegung begeistern: Kameradschaft, Volksgemeinschaft, Heimat! Hans war Fähnleinführer in der Hitler-Jugend, auf dem Nürnberger Parteitag 1936 durfte der Siebzehnjährige das Banner der Ulmer HJ tragen. Inge Scholl, ein Jahr älter als ihr Bruder Hans, notierte in ihrem Tagebuch: „Hans hat eine feine Radierung von Hitler. Sie hängt im Kinderzimmer. Vater hat sie am Anfang jeden Tag, wenn er vom Geschäft heimkam, weggehängt und in eine Schublade getan. Hans hat sie aber jedes Mal wieder an ihren Platz getan, bis Vater schließlich nachgegeben hat."

Ganz andere Töne schlug ihr Bruder mit neunzehn Jahren an. Aus der Militärausbildung schrieb er nach Hause:

„Bei uns wird ja ordentlich mit dem Säbel gerasselt. (...) Ich verstehe die Menschen nicht mehr. Wenn ich durch den Rundfunk diese namenlose Begeisterung höre, möchte ich hinausgehen auf eine große einsame Ebene und dort allein sein."

Seine Schwester Inge Scholl, mit der die Glorifizierung der „Weißen Rose" begann, hat später verbreitet, Hans habe mit der völkischen Jugend gebrochen, als ihm sein HJ-Gruppenführer die Lektüre von Stefan Zweigs „Sternstunden der Menschheit" verbieten wollte, das sei jüdische „Drecksliteratur". Und dann nahm man seinen Jungs auch noch die selbst entworfene Fahne mit einem prächtigen Fabeltier weg: Aufrührerischer Individualismus, das Hakenkreuz sei ihnen wohl nicht gut genug!

Doch der plötzliche Bewusstseinswandel von Hans Scholl hatte noch einen anderen, etwas delikaten Grund: Er war mit dem Paragraphen 175 in Konflikt gekommen, eine ziemlich harmlose Geschichte, eine Spielerei unter Jungen, aber bei der damaligen Rechtslage hätte ihn die Sache ins Gefängnis bringen können. Hans hatte Glück, er kam mit einer milden Strafe davon. Aber der Schreck war ihm so in die Glieder gefahren, dass er in eine Lebenskrise geriet. Er löste sich von bisherigen Bindungen und trat einer Untergrundgruppe bei, wo man amerikanische Countrylieder sang und verbotene Literatur las.

Seine drei Jahre jüngere Schwester Sophie war ebenfalls lange Zeit fasziniert von der völkischen Bewegung. 1934, mit dreizehn Jahren, trat sie in den „Bund Deutscher Mädchen" ein und brachte es dort bis zur Scharführerin. Voller Glück und Energie organisierte sie große Fahrten, sang nachts am Lagerfeuer wildromantische Balladen zur Gitarre. Als eines ihrer Mädel wiederholt nicht zum BDM-Treff erschien, weil es in der elterlichen Metzgerei aushelfen musste, ließ Sophie die Säumige kurzerhand durch einen Polizisten holen.

Misstrauisch wurde sie eigentlich erst, als sie das NS-Regime mehr und mehr als „Zwangsjacke" erlebte, wie sie es selbst nannte, als Beschneidung sämtlicher Möglichkeiten zur individuellen Selbstentfaltung. Oder als ihre Freundin Luise wegen ihrer jüdischen Abstammung der Mädchengruppe nicht beitreten durfte und sämtliche Geschwister wegen der Geschichte mit Hans 1937 für kurze Zeit ins Gefängnis kamen.

„Wir müssen diesen Krieg verlieren!"

Sophies Tagebuch verrät eine intensive, aber keineswegs bigotte protestantische Religiosität und ein waches politisches Interesse. Wenn man sich über die Flüche und das Kriegsgefasel anderer Menschen aufrege, müsse man immer bedenken, „dass Gott ihretwegen Mensch geworden ist. Was ich am wenigsten an Gott begreife, ist seine Liebe."

Sophie war eine leidenschaftliche Schwimmerin und Skifahrerin, spielte auf der Kirchenorgel mit einer Freundin vierhändig Bach und Händel, tanzte den damals noch ungezähmten Foxtrott wie eine Besessene und träumte lieber vom Biologiestudium statt von einem Dasein als Hausfrau und Mutter.

> „Sie war wie ein feuriger wilder Junge und trug die glatten dunklen Haare im Herrenschnitt. Sie war lebhaft, keck und von einer göttlichen Schlamperei."
> **Sophies Freundin Susanne Hirzel**

Der schmerzhafte Bruch mit dem Nationalsozialismus war unausweichlich, als deutsche Truppen am 1. September 1939 in Polen einfielen. „Ich kann es nicht begreifen, dass nun dauernd Menschen in Lebensgefahr gebracht werden von anderen Menschen", schrieb die Achtzehnjährige ihrem Freund Fritz Hartnagel, der begeisterter Berufsoffizier war, später kam er an die Ostfront und überlebte Stalingrad. „Ich kann es nicht begreifen und finde es entsetzlich. Sag nicht, es ist für's Vaterland!"

Diese wenigen Worte hält der Münchner Zeitgeschichtler Hans Günter Hockerts für den Schlüssel zu Sophies Persönlichkeit. „Denn mit diesem einen Satz zerriss Sophie Scholl den Vorhang vor der großen Selbsttäuschung, der sich damals so viele Deutsche hingaben, nämlich der Täuschung, man müsse aus Liebe zum Vaterland Hitlers Krieg unterstützen."

Sophies Freundinnen waren schockiert, als sie sich weigerte, Pullover und Handschuhe für die Soldaten im frostklirrenden russischen Winter zu sammeln. Es sei schlimm, wenn draußen im Feld Männer erfrieren müssten, ob deutsche oder russische, erklärte sie. „Aber wir müssen diesen Krieg verlieren. Wenn wir jetzt Wollsachen spenden, tragen wir dazu bei, den Krieg zu verlängern!"

Zu diesem Zeitpunkt war bereits die ganze Familie Scholl bei der Gestapo registriert. Der Vater, von seiner Sekretärin denunziert, weil er Hitler als „Geißel der Menschheit" bezeichnet hatte, bekam Berufsverbot. Sophie ging weiter zu den Gruppenabenden des „Bundes Deutscher Mädchen" – aus alter Treue und weil sie mit ihren parteikonformen Freundinnen immer noch manche Ideale teilte. Doch einer guten Bekannten vertraute sie an:

„Wenn Hitler mir entgegen käme und ich eine Pistole hätte, würde ich ihn erschießen. Wenn es die Männer nicht machen, muss es eben eine Frau tun! Man muss etwas machen, um selbst keine Schuld zu haben."

Ihrem Briefpartner Hartnagel hatte sie schon Jahre zuvor den Kopf zurechtgesetzt: „Du findest es sicher unweiblich, wie ich Dir schreibe. Es wirkt lächerlich an einem Mädchen, wenn es sich um Politik kümmert. Sie soll ihre weiblichen Gefühle bestimmen lassen über ihr Denken. Vor allem das Mitleid. Ich aber finde, dass zuerst das Denken kommt, und dass Gefühle oft irre leiten (...)."

Die „Weiße Rose": Gegenöffentlichkeit und Sabotage

Sophie begann im Sommer 1942 in München Biologie und Philosophie zu studieren, wohnte bei ihrem Bruder Hans, der sich auf den Arztberuf vorbereitete, lernte spätestens jetzt seine Freunde kennen, die sich bei regelmäßigen Diskussions- und Leseabenden über Terror und Gleichschaltung ereiferten. Zu der Gruppe gehörten der in Russland geborene Alexander Schmorell, der stark von katholischen Jugendgruppen geprägte Willi Graf und Christoph

Probst, der schon mit 21 geheiratet hatte und bereits zweifacher Familienvater war.

Am Rande gehörten die Medizinstudenten Otmar Hammerstein und Herbert Furtwängler zum Kreis, Hans Scholls Freundin Traute Lafrenz, Sophies Kameradin Gisela Schertling, der überzeugte Katholik Otl Aicher, der sich allen Repressalien zum Trotz geweigert hatte, in die Hitler-Jugend einzutreten. Ganz verschiedene Charaktere, ausgeprägte Individualisten, aber gerade deshalb einte sie der Respekt vor der Würde jedes einzelnen Menschen und die leidenschaftliche Liebe zur Freiheit.

Wichtig waren die geistigen Mentoren: der katholische Publizist Carl Muth, der in seiner Kulturzeitschrift „Hochland" mit intelligenten Anspielungen gegen Hitler kämpfte, Hans Scholl war eine Zeitlang fast täglich zu Gast bei dem alten Mann mit seinem riesigen Freundeskreis. Der Kulturphilosoph Theodor Haecker, ebenfalls ein unorthodoxer Katholik, der wegen seiner Kritik an der Rassenpolitik der Nazis Rede- und Schreibverbot bekommen hatte. Kurt Huber, Philosoph und Musikwissenschaftler, der erst später zur Gruppe stieß und ein zwiespältiges Verhältnis zu ihren politischen Vorstellungen hatte. Die Opposition dieses ganzen Kreises sei entscheidend von bildungsbürgerlich-humanistischen und christlichen Ideen geprägt gewesen, stellt der Zeithistoriker Hockerts fest: „Es wird eine existenzialistische Grundhaltung erkennbar, das heißt ein starker Akzent auf der Bedeutung der persönlichen Entscheidung und des individuellen Gewissens."

Die „Weiße Rose" begann als privater Lesezirkel. Doch durfte man sich auf philosophische Gespräche und die Lektüre kluger Bücher beschränken, wenn überall aufrechte Christen verfolgt, Gewerkschafter verhaftet, Juden deportiert und ganze Regimenter in einem wahnwitzigen Krieg an der Front verheizt wurden? Im Sommer 1942 begann die Gruppe Flugblätter zu entwerfen, um Mitbürger, die bisher noch treu zu Staat und Partei standen, über die im Krieg und in den KZs verübten Gräuel und die katastrophale militärische Lage zu informieren:

„Leistet passiven Widerstand, verhindert das Weiterlaufen dieser atheistischen Kriegsmaschine, ehe es zu spät ist, ehe die letzten Städte ein Trümmerhaufen sind, gleich Köln, und ehe die letzte Jugend des Volkes irgendwo für die Hybris eines Untermenschen verblutet ist. Vergesst nicht, dass ein jedes Volk diejenige Regierung verdient, die es erträgt!"

Es war ein merkwürdiger Appell an das persönliche Gewissen, mit Hinweisen auf die vom NS-Terror verhöhnte abendländische Kultur und das christliche Menschenbild, garniert mit Zitaten von Goethe, Schiller, Aristoteles, Augustinus, ganz anders als die übliche Agitation politischer Widerstandsnester. Die Flugblätter wollten eine intellektuelle Elite ansprechen und waren bewusst an Professoren, Studenten, Publizisten verschickt worden, aber auch an Gastwirte.

300 000 Juden seien allein in Polen seit der Besetzung durch Hitler-Deutschland ermordet worden, es sei „das fürchterlichste Verbrechen an der Würde des Menschen" im Verlauf der ganzen Geschichte, und jeder Deutsche, der jetzt nicht aus seiner „Dumpfheit" erwache, gegen die „Verbrecherclique" protestiere und die Kriegswirtschaft auf jede nur mögliche Weise sabotiere, mache sich mitschuldig. Die „Weiße Rose" war die einzige Widerstandsgruppe, die den Mord an den Juden öffentlich angeklagt hat.

Die „Weiße Rose" nannte sich die Gruppe etwas pathetisch nach einem Roman des Abenteuerschriftstellers B. Traven über die Ausbeutung der mexikanischen Bauern: Unschuldige Reinheit als rebellisches Symbol gegen den braunen Terror. War es nur ein Debattierclub von Träumern? Laut Professor Hockerts war allein schon das Verbreiten der Flugblätter eine politische Tat, „denn damit wurde ja das Kommunikationsmonopol des NS-Regimes durchbrochen. Es wurde eine Gegenöffentlichkeit im Untergrund hergestellt."

Gewiss, den Studenten fehlte die schlagkräftige Organisation und auch die Verbindung zu anderen Widerstandskreisen, aber die fest strukturierten Oppositionsgruppen hatten die Nazis ohnehin fast alle zerschlagen, und um den Kontakt zu den Hitlergegnern in Heer und Beamtenschaft bemühten sich die jungen Leute ebenso hartnäckig wie vergeblich. Als sie verhaftet wurden, hatten sie immerhin schon mit einer an Hamburger Gymnasien tätigen Widerstandsgruppe und mit oppositionellen katholischen Jugendlichen an Rhein und Saar Beziehungen geknüpft.

Die Flugblattaktionen fanden ein vorläufiges Ende, als Hans Scholl und seine Freunde einige Monate Dienst als Sanitätsfeldwebel in der Nähe der russischen Front tun mussten, das gehörte zum Medizinstudium. Einige Forscher halten es für sicher, dass die Freunde den Abtransport von Juden in die Vernichtungslager mit eigenen Augen gesehen und Wehrmachtsexzesse erlebt haben.

Nach ihrer Rückkehr setzten sich die Freunde bald wieder an den Vervielfältigungsapparat und druckten Tausende neuer Flugblätter. Diesmal mit sehr konkreten Vorstellungen von einer neuen Gesellschaft nach dem erhofften Ende des Hitler-Reiches: Aufbau eines föderalistischen Bundesstaates. Zusammenarbeit mit den europäischen Völkern, auch mit Russland. Eine andere gesellschaftliche Machtverteilung mit einem „vernünftigen Sozialismus".

Ganz vorne dabei: Sophie Scholl. Sie übernahm die Kassenführung, fuhr mit einem Koffer voller Flugblätter nach Ulm, Augsburg, Stuttgart, wo sie das brisante Material in weit voneinander entfernte Briefkästen einwarf, um die bereits fieberhaft im ganzen süddeutschen Raum ermittelnde Gestapo zu verwirren.

Die Angst der Gestapo

Nach der Niederlage von Stalingrad begann die Gruppe wilde Hoffnungen zu hegen: Würde es jetzt nicht doch noch zum Militärputsch kommen? Stand die Invasion der Alliierten bevor? Man wurde unvorsichtig. Nachts liefen Hans Scholl, Alexander Schmorell und Willi Graf durch die verdunkelten Straßen, malten die Worte „Freiheit!" und „Nieder mit Hitler!" auf Hausfassaden und Universitätsgebäude. Dort in der Münchner Uni kam es am 18. Februar 1943 dann zu der tollkühnen Flugblattaktion, die Hans und Sophie Scholl Freiheit und Leben kostete.

Das größte Rätsel für die Historiker bleibt die Frage, warum sich die beiden so widerstandslos festnehmen ließen. Man hat gemutmaßt, die „Weiße Rose“ sei verraten worden und vor dem unausweichlichen Ende hätten die beiden noch ein unübersehbares Zeichen setzen wollen. Die neueste Forschung hält dagegen, hätten sie von einer bevorstehenden Verhaftung gewusst, dann hätten sie nicht so viel belastendes Material zuhause liegen lassen, und Hans Scholl hätte nicht einen handschriftlichen Flugblattentwurf von Christoph Probst in der Manteltasche gehabt. Für den dreiundzwanzigjährigen Probst, dessen Frau gerade das dritte Kind bekommen hatte, bedeutete dieser Fauxpas das Todesurteil. Die Forscher verweisen stattdessen auf simple psychische Faktoren: permanente Anspannung, große Enttäuschung, weil die Flugblätter bisher nichts bewirkt hatten, und das Aufputschmittel Pervitin, das damals alle Flieger und auch viele Soldaten und Studenten benutzten, um sich wach zu halten.

Von der Haltung, welche die Scholls während der endlosen Verhöre bewiesen, war sogar die Gestapo beeindruckt. Der Volksgerichtshof, der in diesem einen Jahr 1662 Todesurteile fällen sollte, kam eigens nach München. Während der Verhandlung – eine elende Farce – fiel Sophie unbeirrt mehrmals dem tobenden, brüllenden, wutschäumenden Vorsitzenden Roland Freisler ins Wort:

> „Was wir sagten und schrieben, denken ja so viele.
> Nur wagen sie es nicht auszusprechen!“

Hans Scholl soll gerufen haben: „Heute hängt ihr uns – morgen werdet ihr es sein!“

Als die Leichen der geköpften Studenten beigesetzt wurden – weitere Todesurteile sollten folgen –, sperrte die Gestapo den Friedhof vorsorglich ab. Man fürchtete Unmutsäußerungen aus der Bevölkerung. Dabei hatten doch Tausende regimetreuer Studenten bei einer Kundgebung in der Universität den wackeren Hausmeister Schmid, der die beiden Unruhestifter dingfest gemacht hatte, als Helden gefeiert.

„Wenn die Verflachung der Politik beginnt,
kommt aus den bayerischen Bergen die Rettung"

Herkules ohne Selbstkontrolle

Warum der geniale politische Stratege Franz Josef Strauß (1915–1988) nicht Bundeskanzler wurde

Seine gefährlichste Krise, sein schlimmster Absturz war nicht die „Spiegel-Affäre", wie alle glaubten – vermutlich auch er selbst. Der Absturz, der ihn beinahe für alle Zeiten als Politiker und Mythos erledigt und zu einer tragischen Figur gemacht hätte, kam sechs Jahre später. Franz Josef Strauß war längst wieder ins Bundeskabinett zurückgekehrt und dort als Finanzminister überaus erfolgreich, da verliebte er sich bis über beide Ohren – in ein siebzehnjähriges Schulmädchen. Der Zweiundfünfzigjährige half Uschi bei den Hausaufgaben, schenkte ihr zum Abitur einen gebrauchten, aber hübschen VW-Käfer, wälzte allen Ernstes Pläne, der Politik, seiner Frau Marianne und den drei Kindern den Rücken zu kehren und mit dem Teenager ein neues Leben anzufangen.

Bis heute weiß niemand genau, wie Uschi darüber dachte. Vermutlich fand sie es cool, dass ihr Verehrer plötzlich seine Haare länger wachsen ließ und ganz in Leder auf dem Motorrad heranbrauste wie ein in die Jahre gekommener Rockerboss. Seine Frau Marianne jedenfalls, die von Franz Josef einiges gewöhnt war, nahm es auf sich, seine berufliche Laufbahn, den Ruf der Familie und die CSU zu retten. Sie fuhr nach Köln zu Uschis Eltern – gehobenes Bürgertum – und brachte ihren Mann dazu, die Träume vom zweiten Frühling aufzugeben. Strauß weinte „bittere Tränen", wie sein persönlicher Referent Marcel Hepp später glaubhaft versicherte. Uschi heiratete nach ein paar Jahren einen sympathischen Finanzpolitiker, der irgendwann Bundesbankpräsident wurde.

Die pikante Geschichte soll hier nur illustrieren, dass der Fleisch gewordene Widerspruch Franz Josef Strauß, dieser charismatische Herkules zwischen höchster intellektueller Begabung und fehlendem Talent, sein ganz privates Leben auf die Reihe zu bringen, dieser begnadete Analytiker, Stratege und Demagoge, der auch im ermüdeten Zustand und nach reichlichem Alkoholgenuss mühelos stundenlange Reden absolvierte, ohne sich in seinen lateinischen Zitaten und englischen Fachausdrücken zu verheddern und das verzückt lauschende Publikum zu langweilen, dieses Urgestein brillanter Bildung und Intelligenz, dass dieser Franz Josef Strauß voller Rätsel steckt, die bis heute nicht gelöst werden konnten.

Monarch mit anarchistischen Zügen

Der Sohn eines Münchner Metzgers wollte eigentlich Historiker oder Altphilologe werden und geriet eher durch Zufall in die Politik. Als er die CSU mitgründete, galt er als bisweilen rebellischer Modernisierer, genau wie später der junge Helmut Kohl. Mit seiner schnellen Auffassungsgabe, präzisen Diktion und, ja, auch einer Portion Glück gab er zu den größten Hoffnungen Anlass. Doch mit seiner polternden Unbeherrschtheit stand er sich oft genug selbst im Weg. Sein Antipode Willy Brandt, dessen Ostpolitik Strauß gern als von Moskau gesteuerten sozialistischen Irrweg kritisierte, nannte ihn „eine der großen Begabungen in der Politik, aber eine, die mit dem Hintern oder dem Mundwerk wieder umstößt, was die Hände gerade aufgebaut haben".

Anders als die Anti-Strauß-Demonstranten jahrelang grölten, war „FJS" nie ein verkappter Nazi oder Antidemokrat. Aber weil er sich für den Intelligentesten von allen hielt und allzu oft Gefahr im Verzug wähnte, gab er der Versuchung nach, die noch junge Demokratie mit Mitteln schützen zu wollen, die sie gefährdeten. Vielleicht sah er sich als Monarch mit gelegentlichen anarchistischen Anwandlungen, als Robin Hood, der ganz nach oben gelangt war und die Nähe von Geburts- und Geldadel genoss, der Metzgerssohn, der den hemdsärmeligen Rabauken ebenso gut geben konnte wie den hochgebildeten Plauderer.

Kein Mensch, auch keiner von den vielen, die ihn hassten und fürchteten, hat seine überragende Intelligenz bezweifelt. Keiner würde heute bestreiten, dass der Volkstribun Strauß Geschichte geschrieben hat, dass er – viel wirkungsvoller als seine geschmeidigeren, dialogfreudigeren, medienbewussten Nachfolger – Bayern vom gemütlichen Agrarland zur vielleicht modernsten High-Tech-Region Mitteleuropas gemacht hat.

Flugblätter von den Nazis und der beste Abiturient in ganz Bayern

Die Schellingstraße in der Münchner Maxvorstadt, wo Franz Josef Strauß am 6. September 1915 in sehr einfachen Verhältnissen geboren wurde – Wohnküche, Schlafzimmer für die Eltern und den Buben, ein Kammerl für die Schwester, Toilette und fließendes Wasser auf dem Gang –, war damals eine Flaniermeile der Schwabinger Bohème: Literatencafés, Künstlerkneipen, Thomas Mann und Bert Brecht und überall Revoluzzer, die es fertigbrachten, als erste in Deutschland einen König ins Exil zu treiben und eine Räterepublik zu etablieren.

Mit der war es freilich schnell vorbei, und in der hervorragend beleumundeten Metzgerei der Familie Strauß bekam man von den revolutionären Wirren wenig mit. Man war patriotisch und katholisch und wählte die tonangebende Bayerische Volkspartei. Umso deutlicher erinnerte sich der scharf beobachtende Franz Josef später an den kalt blickenden Mann mit den Schaftstiefeln und der Reitpeitsche in der Hand, der fast täglich in das Fotostudio Hoffmann direkt gegenüber der Metzgerei kam. Der Sohn des Inhabers sollte bald der Leib- und Hoffotograf des „Führers" werden, der sich hier sein erstes Parteibüro einrichtete und irgendwann auch eine reizende Fotolaborantin namens Eva Braun kennenlernte.

Die Metzgerei Strauß betrat der Vegetarier Hitler nie. Dafür war einer seiner Vertrauten, Heinrich Himmler, Stammkunde – wenigstens bis zum Tag, an dem Vater Strauß seinem Franzl eine fürchterliche Ohrfeige verpasste, weil er neugierig und hilfsbereit Flugblätter der „Hakenkreuzler" von der anderen Straßenseite ausgetragen hatte. Der Sechsjährige hatte den Text noch nicht lesen können.

Politisch war der Vater eisern. Ansonsten vermochte er durchaus über seinen Schatten zu springen, wenn es um die Zukunft der Kinder ging. Im aufgeweckten Franz Josef hatte er seinen Nachfolger in der Metzgerei gesehen. Als ihm aber ein gestandener Theologieprofessor berichtete, der kleine Ministrant täte die lateinischen Messtexte fehlerfrei herunterbeten wie ein alter Stadtpfarrer und habe sich von seinem Taschengeld ein Lehrbuch mit lateinischen Vokabeln gekauft, stimmte er seufzend dem Wechsel des Knäbleins auf das berühmte Schwabinger Max-Gymnasium zu. 1935 machte Franz Josef sein Abitur, das beste in ganz Bayern: neun Einser, eine einzige Zwei im Turnen. Ein Streber ist er übrigens nie gewesen, sondern ein äußerst beliebter Kamerad, der alle abschreiben ließ und sich am Abend vor der Aufnahmeprüfung in die Maximilianeum-Stiftung – freie Wohnung und Kost für Elitestipendiaten – ein freundschaftliches Wetttrinken mit dem einzigen Kommunisten seiner Klasse lieferte. Der Rote soll achtzehn Maß Starkbier geschafft haben, Strauß neunzehn – oder war es umgekehrt? Jedenfalls bestand er die Prüfung am nächsten Morgen nicht ganz ausgeschlafen, aber wie immer mit einem fantastischen Ergebnis.

Gerettet von seinem bajuwarischen Englisch

Den Reichsarbeitsdienst muss der Einserabiturient absolvieren, er gibt Nachhilfestunden und kann sich ein Motorrad kaufen. Dann beginnt er zu studieren: Griechisch, Latein, Geschichte, Germanistik, am Ende zusätzlich zwei Semester Volkswirtschaft. 1939, kurz vor dem ersten Staatsexamen für das Lehramt an Gymnasien, geht es mit der motorisierten Artillerie in die Eifel, später nach Frankreich, Hilfsfunker ist er jetzt, dann 1941 nach Polen und nach Russland. Zwischendurch Urlaub für die beiden Staatsexamina. Als er zurückkehrt und nach Stalingrad marschieren soll, fällt die Lokomotive aus, der Zug steht tagelang in der Kälte, Strauß erfrieren die Füße. Aber er überlebt. Zum Genesungsurlaub darf er heim nach München, wo das Elternhaus ausgebombt worden ist – und die Ernennung zum Studienrat und Beamten auf Lebenszeit eintrifft.

Es ist eine Geschichte von glücklichen Zufällen und vom erfolgreichen Durchlavieren. Ein Widerstandskämpfer ist der Oberleutnant Strauß nie gewesen – auch wenn die eine oder andere aufmüpfige Äußerung überliefert ist. Kurz vor Kriegsende avanciert er zum „Offizier für wehrgeistige Führung“ in einer oberbayerischen Flak-Artillerieschule, hält eher harmlose, langatmige Vorträge über die Kriege der Vergangenheit und schickt, als sich die US-Army nähert, sämtliche Soldaten nach Hause, ohne sich um den Durchhaltebefehl vom Oberkommando des Heeres zu scheren.

Volkstribun: Franz Josef Strauß

Wie es weiterging, ist oft erzählt worden. Wieder hatte er Glück, wieder war er zur rechten Zeit am rechten Ort. Oberleutnant Strauß stellte sich selbst ein Entlassungszeugnis aus, datierte es dummerweise auf den 20. April (Führers Geburtstag), wurde von amerikanischen Truppen verhaftet, die das Datum als dreiste Provokation ansahen, geriet an einen Offizier vom Geheimdienst CIA, der von seinem bajuwarisch gefärbten, aber ausgezeichneten Englisch fasziniert war, tippte – wieder in fehlerfreiem Englisch – eine fünfundzwanzigseitige Expertise über ein hochmodernes Leitsystem für die Flugabwehr, mit dem er gearbeitet hatte, und wurde umgehend zum stellvertretenden Landrat von Schongau ernannt.

Der Landrat nämlich, ein biederer Veteran der Bayerischen Volkspartei, sprach kein Wort Englisch und überließ dem dynamischen Jungspund hochbeglückt die gesamte Kommunikation zwischen Bevölkerung und Besatzern.

Und dann lernte Franz Josef den „Ochsensepp" kennen, den oberfränkischen Bauernspross (daher der Spitzname) Josef Müller, den die Amis bei der Befreiung des KZs Dachau gerade noch vor dem Galgen gerettet hatten. Müller war ein aufrechter Jurist und Katholik, Mitarbeiter von Admiral Canaris, trickreicher Kontaktmann zwischen deutschen Nazi-Gegnern, englischer Regierung und Vatikan. Bei der Gründung der CSU gehörte er zum „liberalen" Flügel, der eine überkonfessionelle Partei mit guten Kontakten zu den Unionsfraktionen in den anderen Bundesländern wollte.

Der schnell denkende, elegant formulierende, leiblichen Genüssen und schönen Frauen zugeneigte, dabei extrem sportliche Strauß (als Radrennfahrer erzielte er Rekorde) fiel dem „Ochsensepp" auf. Schließlich, da war Strauß schon Generalsekretär der jungen CSU und gehörte dem Frankfurter „Wirtschaftsrat" der britischen und amerikanischen Besatzungszonen an, warf der erste Kanzler der 1949 gegründeten Bundesrepublik, Konrad Adenauer, ein Auge auf ihn. Der alte Fuchs Adenauer, ein listiger Stratege mit Erfahrung und Visionen, konnte das ehrgeizige Nachwuchstalent gut brauchen, schon allein um die eigenbrötlerischen Bayern in seine an westlichen Allianzen orientierte, den „Soffjetz" misstrauisch gegenüberstehende Politik einzubinden.

Strauß, direkt gewählter Bundestagsabgeordneter des Wahlkreises Weilheim-Schongau, begann seinen kometenhaften Aufstieg als stellvertretender Fraktionschef der CDU/CSU, stellvertretender Parteivorsitzender der CSU, Minister für besondere Aufgaben und bald darauf Minister für Atomwissenschaft und Atomtechnik. „In Chemie bin ich ihm sicher noch über", schwärmte der Nobelpreisträger Otto Hahn. „Aber wie man die Kernspaltung für Wissenschaft und Technik einsetzen kann, das weiß er besser als jeder von uns."

Strauß besaß das fast unheimliche Talent, sich in kürzester Zeit in jedes ihm noch unbekannte Thema einzulesen und bald mit den erfahrensten Fachleuten auf Augenhöhe zu kommunizieren, Probleme auf den Punkt bringend und so nebenbei erstaunliche Lösungsmöglichkeiten entwickelnd. Im Bonner Parlament galt er schnell als rhetorisches Kraftwerk, gnadenlos gut informiert, scharfsinnig, angriffslustig, ein Meister im direkten Schlagabtausch, bitterböse Polemik nicht scheuend. Sich selbst bezeichnete er stolz als „Gründungsmitglied im Verein für deutliche Aussprache“.

> „Lieber ein kalter Krieger als ein warmer Bruder!“
> „Wenn S' scho koa Hirn ham, halten S' doch wenigstens den Mund!“
> „Was wir in diesem Land brauchen, ist der mutige Bürger, der die roten Ratten dorthin jagt, wo sie hingehören: in ihre Löcher.“
> „Hier und heute beginnt der Ausverkauf Deutschlands (...). Aber Brandt wird als Verzichtskanzler geschichtsmächtig werden, wenn er lange genug Gelegenheit hat, sein antieuropäisch-prosowjetisches Programm in die Tat umzusetzen.“

„Atomminister“ zu sein, konnte seinem Ehrgeiz nur für kurze Zeit genügen. Auf Adenauers Verteidigungsminister Theodor Blank, einem als liberal geltenden einstigen Gewerkschafter, hackte er so hartnäckig herum, dass ihm der genervte Bundeskanzler endlich das begehrte Amt übertrug, in der Hoffnung, den gefährlich und maßlos gewordenen Kronprinzen damit ruhig zu stellen. Strauß erntete Sympathien, weil er Generälen mit kritischem Selbstbewusstsein begegnete. Er schürte aber auch Ängste, weil er die konventionelle Rüstung der unter den wachsamen Augen der Alliierten schrittweise wiederaufgebauten Bundeswehr für völlig unzureichend hielt und bei jeder Gelegenheit für atomare Trägerwaffen plädierte.

Skandale, Skandale, Skandale

Das Glück schien ihm all die Jahre hold, politisch wie privat. 1961 wählte ihn die CSU zu ihrem Vorsitzenden, Strauß blieb es siebenundzwanzig Jahre lang bis zu seinem Tod. Er sammelte Ehrendoktorhüte, acht insgesamt, und Wahlerfolge. Und „Bonns begehrtester Junggeselle“, wie die Boulevardpresse schrieb, wagte auch endlich den Schritt zum Traualtar: Die Brauereibesitzerstochter Marianne

Zwicknagl war hochgebildet – sie hatte in London studiert und an der Pariser Sorbonne – und schwerreich.

Doch dem Glückskind, das ganz offensichtlich von der Kanzlerschaft träumte, folgte ein düsterer Schatten, der immer länger und dunkler wurde: undurchsichtige Geschäfte, unappetitliche Machenschaften, spektakuläre Skandale. Bei einer spanisch-schweizerischen Rüstungsfirma bestellte Strauß exakt 10 680 Schützenpanzer vom Typ „HS 30“ und ließ 205 Millionen Mark als Vorschuss überweisen. Die Firma hatte noch nie einen Schützenpanzer gebaut und konnte lediglich ein Holzmodell vorlegen. „Das Ding ist leider nur bedingt truppenverwendungsfähig“, musste FJS später einräumen; Parteispenden der dankbaren Firma in Millionenhöhe stritt er ab.

Auch das amerikanische Flugzeugunternehmen Lockheed hatte so einen Superbomber wie den von Strauß bestellten Starfighter F-104 G (700 Exemplare à fünf Millionen Mark, mit einer völlig neu zu entwickelnden Vorrichtung zum Abwurf von Nuklearbomben) noch nie gebaut. Man konstruierte, experimentierte, baute um, lieferte aber gern. Der Lockheed-Vertreter in Bonn war ein alter Spezl von Strauß aus seiner Zeit in Schongau. In den nächsten Jahren stürzte jede dritte Maschine ab, einhundertzehn Piloten starben.

Einen lukrativen Großauftrag verschaffte FJS auch einer Firma namens Fibag (Finanzbau Aktiengesellschaft), die mehrere tausend Wohnungen für in der BRD stationierte US-Soldaten bauen sollte. Beteiligt an der Fibag waren Strauß (über den CSU-Generalsekretär Friedrich Zimmermann als Treuhänder) und sein enger Freund Hans Kapfinger, einst Journalist für Nazis und Kommunisten und dann erzkonservativer Verleger in Passau. Einen Untersuchungsausschuss im Bundestag überstand Strauß gerade noch unbehelligt. Nicht aber die „Spiegel-Affäre“.

» Unter politisch denkenden Menschen gibt es keine Diskussion mehr darüber, dass der nächste Krieg am wahrscheinlichsten aus Angst vor einem Präventivschlag des Gegners ausbrechen würde (...), dass es somit keine dringlichere Aufgabe gibt als die, das Misstrauen stückchenweise abzubauen und stückchenweise durch konkrete Sicherungen zu ergänzen. Trotz dieser weltweiten Strömung der Vernunft ist in der Bundesrepublik ein Mann groß geworden, der das Misstrauen zwischen den Großstaaten genährt und der für die Bundesrepublik Waffen gefordert hat, die den Selbstmord eines sowjetischen Angreifers und damit den Selbstmord der Menschheit auslösen könnten. (...) Die Bundesrepublik, den Rücken zur Wand, muss jetzt mit ihm fertig werden, indem sie ihn entweder annimmt oder abschüttelt."

Rudolf Augstein im SPIEGEL vom 5. April 1961, Titelgeschichte „Der Endkampf"

SPIEGEL-Herausgeber Augstein und Adenauer-Minister Strauß sind längst zu Erzfeinden geworden. „Dieser Mann darf niemals Kanzler werden!", hat sich das einflussreichste politische Magazin der Republik zum Ziel gesetzt, und die Zeit drängt, denn der unverwüstliche Konrad Adenauer ist zwar nicht amtsmüde, aber sechsundachtzig Jahre alt. Augstein, der alerte, weltläufige, leicht zynische Norddeutsche, ist auf den ersten Blick das genaue Gegenteil von Strauß, aber genauso intelligent und arrogant, ein genialer Analytiker. Jahrzehnte später werden sie sich heimlich zu spannenden Gesprächen treffen und über die alten Zeiten plaudern, bei Cognac und Bier.

Doch jetzt kommt es erst mal zum Countdown wie im klassischen Western. Unter dem Titel „Bedingt abwehrbereit" bringt der SPIEGEL im Herbst 1962, mitten in der Kuba-Krise, eine verdammt gut recherchierte, aber zunächst nicht besonders aufregende Geschichte über Zustand und Verteidigungskonzept der Bundeswehr und das aktuelle Herbstmanöver der NATO. In manchen Etagen des Verteidigungsministeriums wittert man Geheimnisverrat. Der Präsident des Bundesnachrichtendienstes sieht kommunistische Spione in der SPIEGEL-Redaktion am Werk. Die Bundesanwaltschaft beginnt zu ermitteln. Strauß ist elektrisiert. „Jetzt haben wir die Schweine!", jubelt er, informiert den bestürzten Adenauer, erwirkt Haftbefehle gegen Augstein und den Autor des Artikels Conrad Ahlers.

Ahlers wird im Urlaub in Spanien aufgespürt. Strauß höchstpersönlich ruft spät nachts den Militärattaché der Deutschen Botschaft in Madrid an, drängt auf sofortigen Vollzug des Haftbefehls, er komme gerade vom Bundeskanzler. Das eigentlich zuständige Bonner Justizministerium wird nicht informiert, Minister Stammberger gehört der FDP an. In Hamburg wird das Verlagsgebäude des SPIEGEL geräumt, Büros und Aktenschränke werden versiegelt.

Am nächsten Tag steht die Republik Kopf. Demos für die Pressefreiheit in Hamburg, Berlin, Frankfurt. Zahlreiche andere Zeitungen öffnen dem SPIEGEL ihre Archive, damit die nächste Nummer erscheinen kann – sogar BILD macht mit. Der liberale Publizist Sebastian Haffner schreibt, die „Nacht- und Nebelaktion" mit Verlagsdurchsuchungen und Freiheitsberaubung grenze an „Geheimbündelei und Hochverrat". Strauß versichert in Interviews seelenruhig:

> „Es ist kein Racheakt meinerseits. Ich habe mit der Sache nichts zu tun. Im wahrsten Sinne des Wortes nichts zu tun!"

Dass er die dreiste Lüge später im Bundestag wiederholt, bricht ihm den Hals. Kanzler Adenauer springt ihm zunächst bei, spricht von einem „Abgrund an Landesverrat", lässt den Minister jedoch bald darauf fallen wie eine heiße Kartoffel, als sich herausstellt, wie eigenmächtig und illegal der gehandelt hat. Strauß besitzt keinen schriftlichen Beweis dafür, dass ihn „der Alte" zunächst zum Handeln ermuntert hat. Dass die Bundesanwaltschaft nach wochenlangen Ermittlungen tatsächlich ein paar Hinweise auf Geheimnisverrat findet, interessiert niemanden mehr. Nach drei Jahren urteilt der Bundesgerichtshof 1965, es gebe „keine Beweise". Die SPIEGEL-Mannschaft wird aus der Untersuchungshaft entlassen: Ahlers nach 55 Tagen, Augstein nach 103 Tagen.

Strauß ist am Ende, am 30. November – fünf Tage nach der fulminant gewonnenen bayerischen Landtagswahl – muss er als Bundesminister zurücktreten. „Wenn einem so die Affären nachlaufen", zieht der fuchsschlaue Uralt-Kanzler Konrad Adenauer auf Kölsch Bilanz, „wie dem Herrn Strauß, da muss wat dran sein. Dat kommt nicht von allein."

Strauß ist jetzt sechsundvierzig Jahre alt, versucht aller Welt zu beweisen, dass er sich korrekt verhalten hat und nur den Staat retten wollte, entschuldigt sich für keine Lüge, bekommt irgendwann auch noch vom Landgericht München bescheinigt, dass ihm zweifellos „der Geruch der Korruption" anhafte – und entschließt sich, abzuwarten. Adenauer hat das Kanzleramt endlich an den schwachen Ludwig Erhard abgegeben. Strauß nimmt sein Wirtschaftsstudium wieder auf, an den Universitäten Innsbruck und München, liest alles, was er über Finanzfragen und Handelsrecht bekommen kann. Und er hält fulminante Reden im Bundestag, 153 große Reden werden es bis zu seinem Tod sein.

1966 heben Kurt Georg Kiesinger und Willy Brandt überraschend die erste Große Koalition der BRD-Geschichte aus der Taufe. Franz Josef Strauß kehrt ins Kabinett zurück – als Finanzminister, wie er es geplant hat. Er wird ein überragender Finanzminister. 4,6 Milliarden Mark beträgt die Deckungslücke im Bundeshaushalt, als er sein Amt antritt. Als er es nach drei Jahren wieder verlässt, kann er einen Haushaltsüberschuss von 1,5 Milliarden vorlegen. Die Staatsschulden sind um zwei Milliarden, die Arbeitslosenzahlen von 700 000 auf 250 000 zurückgegangen. Mit dem Wirtschaftsminister von der SPD, dem ähnlich grandiosen Karl Schiller, arbeitet Strauß so prächtig zusammen, dass man die beiden mit einer Anleihe bei Wilhelm Busch freundlich-bewundernd „Plisch und Plum" nennt.

Doch die Geschichte wiederholt sich: Als die Große Koalition 1969 beendet ist und Willy Brandt mit Genschers FDP eine sozialliberale Koalition schmiedet, wird Strauß ein weiteres Mal arbeitslos. Sein neues Amt als finanzpolitischer Sprecher der Unionsfraktion reicht ihm nicht. Als Anführer einer „Sammlungsbewegung zur Rettung des Vaterlandes" (FJS) setzt er sich zum Ziel, die nur über eine hauchdünne Mehrheit verfügende Regierungskoalition zu spalten, Brandts versöhnungsbereite Ostpolitik ebenso wie die teuren Reformprogramme zu torpedieren, die plötzlich wieder wahrnehmbaren Neonazis überflüssig zu machen; „rechts von uns" dürfe es keine demokratisch legitimierte Partei geben. Und er reist in alle

Welt, nach China, Israel, Südafrika, zum Diktator Pinochet nach Chile (dem er angeblich unter vier Augen ins Gewissen redet), nach Saudi-Arabien, um sich ein Image als international geschätzter Staatsmann aufzubauen.

Weil die Erfolge aber ausbleiben und der Kämpfer und Vordenker Strauß zunehmend als zahnloser Löwe abgetan wird, radikalisiert er Strategie und Vokabular, tritt in Bierzelten und auf Marktplätzen immer öfter als hemmungsloser Hetzer auf. Für liberale Tendenzen unter den Intellektuellen und für den Protest der Studenten hat er nicht das geringste Verständnis, vor allem seit sich die RAF mit Terror und Mord als antiimperialistische Stadtguerilla inszeniert. Als in Bamberg ein paar linke Demonstranten festgenommen werden und die Polizei auf sehr unfeine Weise provozieren, vergleicht sie Strauß wutschäumend mit „Tieren, auf die die Anwendung der für Menschen gemachten Gesetze nicht möglich ist".

In seiner lange geheim gehaltenen, später aber vom SPIEGEL veröffentlichten „Sonthofener Rede" spricht FJS im November 1974 vor der CSU-Landesgruppe der Bundestagsabgeordneten Klartext:

> „Es muss wesentlich tiefer sinken, bis wir Aussicht haben, mit unseren Vorstellungen gehört zu werden. (...) Die Taktik jetzt: nur anklagen und warnen, aber keine konkreten Rezepte nennen. (...) Wir müssen sagen, die SPD und FDP überlassen diesen Staat kriminellen politischen Gangstern. Und wenn wir hinkommen und räumen so auf, dass bis zum Rest dieses Jahrhunderts von diesen Banditen keiner es mehr wagt, in Deutschland das Maul aufzumachen."

Wenn es ernst wird, erweist sich der „geistige Terrorist" (Herbert Wehner) Strauß hingegen nicht selten als unentschlossener Zauderer; bisweilen ist er gar nicht da. Während der Kuba-Krise, die Welt taumelte am Rand eines Abgrunds, vermisste man ihn plötzlich im Krisenstab. Militärbischof Hermann Kunst, Bevollmächtigter der Evangelischen Kirche Deutschlands bei der Bundesregierung, sah ihn damals stockbesoffen in der Nähe des Kanzleramts in einem Gebüsch liegen.

Noch einmal schien eine große Stunde für FJS zu schlagen, als die Unionsparteien den Vierundsechzigjährigen 1980 auf den Schild des Kanzlerkandidaten hoben. Sein herzlich gehasster Rivale Helmut Kohl (Strauß: „Er ist total unfähig. Zum Kanzler fehlen ihm die charakterlichen, die geistigen und die politischen Voraussetzungen") sah genüsslich zu. Er wusste, der polternde Bayer würde gegen den ebenso intelligenten, aber kühl beherrschten und enorm beliebten Amtsinhaber Helmut Schmidt verlieren und dann endgültig weg vom Fenster sein.

So war es auch; Strauß heimste zwar 44,5 Prozent der Stimmen ein (Schmidt brachte es auf 42,9 Prozent), aber das gute Ergebnis der FDP (10,6 Prozent) versperrte FJS endgültig den Weg zur Macht in Bonn.

Durch Schnee und Eis nach Moskau

Strauß war nicht der Typ, der sich jetzt grollend auf das Altenteil zurückgezogen hätte, Rosen züchtend und Memoiren schreibend. Zumal man ihn daheim in Bayern verehrte und in den weißblauen Himmel hob wie einen König.

Der große Vorsitzende flog von Hauptstadt zu Hauptstadt, um sich mit den Staatsmännern der Welt zu treffen, gern im selbst gesteuerten Privatjet. Seit er nicht mehr Motorrad fuhr, war Fliegen sein Hobby geworden, mit siebzig machte er noch den Flugschein für Düsenmaschinen. Legendär sein abenteuerlicher Moskau-Flug kurz nach Weihnachten 1987 in der Cessna eines befreundeten Fleischgroßhändlers, an Bord war fast das ganze bayerische Kabinett. Obwohl der Moskauer Flughafen wegen starken Schneetreibens gesperrt war und die Maschine nach Minsk umgeleitet werden sollte, landete Strauß tollkühn auf der vereisten Piste. Er habe nur noch für ein paar Minuten Sprit gehabt, erklärte er den erschrockenen Ministern grinsend. Der neue starke Mann im Kreml, Michail Gorbatschow, empfing die Bayern wie Staatsgäste, unterhielt sich mit Strauß sehr offen über die Probleme im Land und war beeindruckt, als dieser genauso offen erwiderte, Reformen im sowjetischen Kommunismus halte er für genauso aussichtslos wie das Rösten von Schneebällen.

Für den Ostblock entwickelte er zunehmend Interesse, der glühende Antikommunist. Als er mit dem DDR-Staatsratsvorsitzenden Erich Honecker einen Milliardenkredit aushandelte, ein paar Jahre, bevor der marode Arbeiter- und Bauernstaat von selbst zerfiel, verstanden seine treuen Anbeter die Welt nicht mehr. Doch FJS verfolgte mit der Finanzspritze eine eiskalte Strategie: „Die DDR", verriet er seinem Vertrauten Gerold Tandler, „muss von der D-Mark so abhängig werden wie ein Rauschgiftsüchtiger vom Heroin!"

Vielleicht hatten diese irritierenden Aktionen der letzten Monate etwas mit dem späten Glück zu tun, das der Witwer Strauß – seine geliebte Marianne war 1984 tödlich verunglückt – bei einer feschen, dreißig Jahre jüngeren Salzburgerin fand. Lange konnten sich die beiden an ihrer diskret präsentierten Beziehung nicht freuen. Auf einem Jagdausflug im Fürstlichen Thiergarten bei Regensburg erleidet Franz Josef Strauß einen Herzinfarkt, am 3. Oktober 1988 stirbt er dreiundsiebzigjährig an multiplem Organversagen.

„Wie eine Eiche ist er vor uns gestanden", formuliert Kurienkardinal Ratzinger beim Requiem in Rott am Inn, „und wie eine Eiche ist er gefällt worden." Der Nimbus Strauß hält noch eine Weile, zwei Jahre später gewinnt die „Allianz für Deutschland" mit Strauß-Plakaten und Strauß-Fotos („In seinem Geist. Für seine Politik") die ersten freien Wahlen in der erloschenen DDR. Die Familie aber macht keine guten Schlagzeilen: Sohn Max ist in etliche Affären verwickelt, wird wegen Steuerhinterziehung in Höhe von 5,2 Millionen Euro zu drei Jahren und drei Monaten Freiheitsstrafe verurteilt, in einem Revisionsprozess aber freigesprochen. Tochter Monika Hohlmeier, Europa-Parlamentarierin und bayerische Kultusministerin, stolpert ebenfalls von einem Skandal in den anderen.

Seither gibt es Strauß-Biografien nur noch als Familiengeschichten wie einst bei Fontane: Was haben Aufstieg und Fall des Vaters mit Erfolg und Scheitern der Kinder zu tun?

„Grundsätze sind dazu da, sie hochzuhalten, damit man unten durchschlüpfen kann"

Eine ausgestorbene Rasse von Politikern

Warum Hermann Höcherl (1912–1989) mehr war als nur ein bayerisches Schlitzohr

Der Höcherl – war das nicht in grauer politischer Vorzeit dieser kugelförmige Buddha aus dem bayerischen Vorwald, der nuschelnde Hans-Moser-Typ in den Kabinetten Adenauer, Erhard und Kiesinger, sympathisch exotisch, ein hochintelligenter Trickser und ausgefuchster Diplomat? Der Höcherl, diese Mixtur aus behäbigem Großbauern und quirligem Komiker: Ohne einen Maskenbildner zu bemühen, hätte er in jedes Ludwig-Thoma-Stück gepasst.

Das Gesicht zerfurcht wie ein Gebirge, die schalkhaften Augen in tiefen Tränensäcken vergraben, treu wie ein Bernhardiner konnte er schauen und ließ sich doch von keinem etwas vormachen. Wie Wehner, Brandt, Strauß, Genscher gehörte er einer ausgestorbenen politischen Rasse an. So einer wie Hermann Höcherl war das fleischgewordene Kontrastprogramm zu den smart-alerten Wulffs, Wowereits, Lindners und Scheuers mit ihren austauschbaren Gesichtern und geschmeidigen Erfolgsstrategien.

Dass dieses politische Urgestein zwar zahllose Anekdoten produzierte und perfekt das Klischee vom krachledernen bayerischen Schlitzohr bediente, aber in seiner Substanz chronisch unterschätzt wurde, lag durchaus in seiner Absicht. Höcherl hat es immer verstanden, unbemerkt hinter den Kulissen die Fäden zu ziehen und knallharte Schachzüge mit jovialen Plaudereien zu tarnen. „Alle lauten Dinge führen zu nichts", hieß sein Credo. Wenn eine Sache im Bundestagsplenum lande, sei doch in der Regel alles schon gelaufen.

„Wer in der Politik seinen Charme einsetzt, hindert die anderen, ihren Verstand zu gebrauchen."

Dem emsigen, enorm belesenen, fünf Sprachen beherrschenden Aktenliebhaber war es ganz recht, wenn sich die Öffentlichkeit über sein zwangsläufig originelles Auftreten amüsierte: Den „laufenden Meter" nannte man ihn mit seinen 165 Zentimetern Lebensgröße (bei einem Gewicht von knapp zwei Zentnern), und im Frack sah er in der Tat komisch aus. Umso unauffälliger konnte er seine Gesetzentwürfe lancieren, Kompromisse zimmern, die Bonner CSU-Landesgruppe lenken – kaum merklich und im Verborgenen, versteht sich.

Nur ein paar Fachleute wissen heute noch, wie deutlich Kartellgesetz, Bundesbankgesetz und das prägende Bonner Agrarkonzept mit seinen marktwirtschaftlichen Prinzipien Höcherls Handschrift tragen. Vergessen ist, wie geschickt der damalige Bundesinnenminister Höcherl bei der Vorbereitung der Notstandsgesetze den Entwurf seines Amtsvorgängers entschärfte: Der nämlich wollte den Bundespräsidenten über die Verhängung eines möglichen Ausnahmezustandes entscheiden lassen. Höcherl hielt hingegen eine Art Mini-Parlament aus Vertretern aller Bundestagsfraktionen für notwendig. Solche Sensibilität erleichterte der SPD die Zustimmung, als die umstrittenen Gesetze später von der Großen Koalition verabschiedet wurden.

Als uneheliches Kind in der Zwergschule

Dafür verübelt man es dem einstigen Innenminister heute noch, dass er während einer bösen Abhöraffäre 1963 erklärte, seine Leute könnten „nicht immer mit dem Grundgesetz unter dem Arm herumlaufen". Das habe sich nicht auf die beamteten Verfassungsschützer bezogen, schob er später nach, sondern nur auf Agenten und V-Männer, und solche „Affären" gebe es jeden Tag in allen möglichen Ländern. Was die Sache natürlich nicht besser machte. Allerdings gestand er freimütig ein, die von seinem Ministerkollegen Franz Josef Strauß betriebene Verhaftung des SPIEGEL-Chefs Conrad Ahlers in Spanien sei „etwas außerhalb der Legalität" gewesen. FJS tobte.

Und sonst? Man wusste, dass er ein Pünktlichkeitsfanatiker war – um 8.15 Uhr erschien er mit der Präzision eines Uhrwerks im Ministerium – und seine Orden achtlos in einer Schuhschachtel aufbewahrte. Man fand es sympathisch, dass er bei Faschingsveranstaltungen den Eröffnungstanz mit der Putzfrau zu absolvieren pflegte und dass er den Saalordnern des Bundeshauses zum Abschied vom Ministeramt ein Essen auf eigene Kosten gab.

Gewitzt: Hermann Höcherl

Es sprach sich herum, dass er jeden Sonntag im heimatlichen Brennberg mit den Dörflern zur Messe ging, in sein Gebetbuch aber ein paar Blätter mit französischen Vokabeln eingelegt hatte, um lange Predigten sinnvoll überbrücken zu können. Sein Führerscheinentzug nach einer Alkoholfahrt machte bundesweite Schlagzeilen. Höcherls Leidenschaft für Frankenwein war ebenso ausgeprägt wie sein Lesehunger: Mehr als zehntausend Bücher soll er in Keller und Speicher wie Einmachgläser gestapelt und ausnahmslos auch gelesen haben.

Damit hat sich's auch schon, was das Publikumswissen über Schlitzohr Höcherl angeht. Dabei böte dieses Leben Stoff für eine mehrteilige TV-Dokumentation: Geboren wurde er 1912 als uneheliches Kind einer Oberpfälzer Bauerntochter; spekulationsfreudige Beobachter haben seine Sympathien für den politischen Gegner Willy Brandt später mit dieser gemeinsamen Kindheitshypothek erklärt.

„Als Oberpfälzer stamme ich aus einer Kulturlandschaft, in der die Menschen schon degeneriert waren, bevor München überhaupt gegründet wurde."

Aufgewachsen ist er auf dem Hof des Großvaters in einem aus vier Häusern bestehenden Weiler. Erste Bildungserlebnisse in einer Zwergschule, deren Lehrer sieben Klassen gemeinsam unterrichtete, und bei den regelmäßigen Besuchen einer Tante, die in Nürnberg Lehrerin war und das aufgeweckte Kind mit Lesestoff versorgte.

Ungewöhnlich die Schulzeit an wechselnden Orten: Regensburg, Cham, Landshut. Ungewöhnlich der Sprung in die Preußenhauptstadt Berlin, wo sich Höcherl 1931 an der Juristischen Fakultät der Humboldt-Universität immatrikulierte und auch an der Hochschule für Politik Vorlesungen hörte. Mit seinem damaligen Lehrer Theodor Heuss zechte und diskutierte er später, als Heuss Bundespräsident geworden war und er selbst die CSU-Landesgruppe im Bundestag führte, ganze Nächte. Ein Semester studierte er im französischen Aix-en-Provence.

Frontsoldat, Rohrleitungsbauer, Amtsgerichtsrat

Im politischen Hexenkessel Berlin habe er erlebt, „was ein sterbender Staat ist", erinnerte sich Hermann Höcherl. Keine Rede von Thälmann, Goebbels, Hitler ließ er sich entgehen. Die Reinwaschtaktiken vieler Kollegen hatte er später nicht nötig; nüchtern stufte er sich im Rückblick als nachdenklichen Opportunisten ein. Klar, die großen Visionen und Anfangserfolge der Nazis hätten ihm imponiert. 1931, mit neunzehn Jahren, trat er in die NSDAP ein und 1932 wieder aus. 1935 der Wiedereintritt – und dann die Ernüchterung: Reichspogromnacht, der Anschluss Österreichs, Sondergerichte, eine sich immer willfähriger gebärdende Justiz.

Höcherl wollte immer noch Beamter werden und keineswegs Widerstandskämpfer. Aber auf jeden Fall „raus aus diesem Laden", wie er sagte. Die einfachste Möglichkeit, sich als Jurist die Hände nicht allzu schmutzig zu machen, war die freiwillige Meldung zur Wehrmacht. 1942 ging er von seiner ersten Stelle bei der Regensburger Staatsanwaltschaft weg zur Artillerie. Besatzungssoldat in Polen, Griechenlandfeldzug, Stellungskrieg am Polarkreis, Batteriechef in Ostpreußen, 1945 Gefangennahme durch die Amis.

Erleichtert kam Höcherl vier Monate später nach Regensburg zurück, räumte Schutt und baute Rohrleitungen, gründete 1948 eine Anwaltskanzlei, wurde wieder Staatsanwalt, Amtsgerichtsrat und 1953 schließlich Bundestagsabgeordneter. Für viele überraschend: Bei der Kandidatenkür war er nicht einmal als Delegierter nominiert gewesen. Für ihn selbst eine logische Folge zäher Zielstrebigkeit. Politik zu gestalten, interessierte den „notorisch neugierigen" (sein Biograf Reiner Vogel) Juristen erheblich mehr als der Aktenkram im Amtsgericht.

Höcherl gehörte zu den Vordenkern der Finanzreform des Bundes; er übernahm bereits nach vier Jahren – als Kandidat der eher liberalen Fraktion um Franz Josef Strauß und Richard Stücklen – den Vorsitz der CSU-Landesgruppe in Bonn; er diente unter Adenauer und Erhard als Innenminister, unter Erhard und Kiesinger als Minister für Ernährung, Landwirtschaft und Forsten; seine Hauptbeschäftigung war aber wohl immer die eines unaufdringlichen Anregers, Vermittlers und Strippenziehers im Hintergrund.

Selbstverständlicher Glückwunsch für Willy Brandt

Als 1971 im Bundestagsplenum die Verleihung des Friedensnobelpreises an Kanzler Willy Brandt bekannt gegeben wurde, blieben sämtliche CSU-Abgeordnete demonstrativ sitzen – bis auf einen: Hermann Höcherl. „Wie ein Dieb in der Nacht" (so der geistvolle Chronist der Bonner Szene Walter Henkels) tauchte er kurz darauf in Brandts Haus auf dem Venusberg auf, um persönlich zu gratulieren. Strauß und sein Gefolge waren empört. Höcherl stimmte für die Ostverträge. Er dachte überhaupt nicht daran, SPD-Leute in seinen Ministerien kaltzustellen; ihn interessiere lediglich die Sacharbeit eines Beamten.

Es überrascht kaum, dass der SPD-Kanzler Schmidt 1977 den CSU-Mann Höcherl beauftragte, die Pannen bei der Fahndung nach den Entführern von Hanns Martin Schleyer aufzuklären. Höcherl produzierte viel beachtete Vorschläge, um die Kompetenzen in Zukunft besser zu verteilen. Sich selbst produzierte er auch diesmal nicht. Er blieb im Ton moderat und zurückhaltend – obwohl es ihm angelastet wird, dass wenig später der Innenminister Werner Maihofer (FDP) gehen musste. Später bat ihn der CDU-Verteidigungsminister Wörner, die Lecks im militärischen Abschirmdienst zu untersuchen.

Als „Ruheständler" in seine Regensburger Anwaltskanzlei zurückgekehrt, verteidigte er einen WAA-Gegner ebenso gern wie einen bayerischen SPD-Parlamentarier, den die Bundesanwaltschaft der Spionage verdächtigte. Das mache ihm am meisten Spaß, verriet er vergnügt, „dafür zu sorgen, dass die Richter die Prozessregeln wieder einhalten, die sie sich zurechtgebogen haben".

Der Mann passte in keine Schublade. Er agierte samtweich wie ein napoleonischer Diplomat und verteidigte gleichzeitig sein Recht auf eine eigene Meinung stur wie ein bayerischer Bauernschädel – der er ja war. Wobei er kein Hehl aus den Tricks machte, derer er sich ab und zu bediente: Wenige Tage nach der Bundestagswahl 1965 rief Höcherl den in Fachkreisen gleichermaßen geschätzten wie angefeindeten Leiter des „Landfunks" im Bayerischen Rundfunk an, Dr. Erich Geiersberger. Er, Höcherl, werde der nächste Landwirtschaftsminister sein. Das sei zwar noch geheim, aber sicher. Er müsse Geiersberger so schnell wie möglich sehen.

Wenige Tage später suchte Höcherl den Journalisten in dessen Haus auf und füllte mindestens fünfzig kleinformatige Notizzettel mit Geiersbergers Einschätzungen der aktuellen Agrarprobleme. Sofort nach Dienstantritt im Ministerium versammelte er die leitenden Beamten, legte ihnen überraschend prägnante Fragen vor und zeigte sich mit den gegebenen Auskünften höchst unzufrieden. Solche 08/15-Antworten möge man ihm doch bitte nicht zumuten. Die Ministerialbürokraten waren von ihrem neuen Chef begeistert.

Paradebayer und armer Hund

Warum der Publikumsliebling Walter Sedlmayr (1926–1990) eine so einsame Beerdigung bekam

Die Geschichte lässt sich nicht überprüfen, aber Walter Sedlmayr erzählte sie immer wieder und sie passt zu ihm: Jedes Jahr an Silvester habe er das Grab seines Vaters besucht, der zu Lebzeiten nur Ablehnung und Spott für die Bühnenträume des Sohnes übrig hatte, und dem Toten mit melancholischem Triumph seine Kontoauszüge präsentiert. Suchte er tatsächlich auf dem Gipfel von Fernsehruhm und Prominenz noch immer die Anerkennung seines Vaters, der den kleinen Walter – wie man erst nach dessen Tod erfuhr – mit Vorliebe zu verprügeln pflegte und die verhuschte Mutter betrog und demütigte, wo er nur konnte?

Eines hat dieser unerfreuliche Vater wohl nie erfahren: Dass sein berühmt gewordener Sohn, Hauptdarsteller und Moderator unvergesslicher Fernsehserien und unerreichter Politiker-Derblecker beim Salvatoranstich auf dem Nockherberg, seinen ganz speziellen Biss bei ihm gelernt hatte, in dem kleinen Tabakladen in der Münchner Agnesstraße. Dort musste oder durfte Walter nach der Schule mitarbeiten, der Kundschaft höflich die Tür aufhalten, Päckchen nach Hause tragen und was eben zum Geschäft gehörte. Und er wusste genau, wenn der Herr Ladenbesitzer besonders diensteifrig so ein Zigarrenkisterl aufmachte und besonders devot grüßte „Gnädige Frau, beehren Sie uns recht bald wieder!", dann verzog er, kaum war die Tür ins Schloss gefallen, verächtlich das Gesicht und zischte der hochmütigen Dame ein „Mistviech!" hinterher.

„Wenn mir irgendeine Reaktion nicht einfällt zu einer Figur, dann denk ich an meinen Vater. Ich spiel eigentlich so lange schon meinen Vater, dass ich jetzt selbst schon wie mein Vater geworden bin.“

Einen Geschäftspartner verbindlich anlächeln und dabei eiskalt bescheißen, der Frau Schwägerin voller Herzlichkeit ein Tasserl Kaffee anbieten und die fade Person innerlich verfluchen, dieses hinterfotzige Grinsen, das eine unbändige Lust am Reinlegen, Übervorteilen und Fertigmachen verbirgt, das beherrschte keiner aus der Riege der großen bayerischen Volksschauspieler so vollendet wie Walter Sedlmayr. Und gerade deshalb mochte ihn sein Publikum, weil es die eigenen kleinen Gemeinheiten und großen Lebenslügen in ihm wiedererkannte – und als normal und verzeihlich erlebte.

Das war schon ein Phänomen, wie da einer, der in all seinen zahllosen Fernsehrollen und halboffiziellen Auftritten nie ganz sympathisch war, dem man die gewinnende Freundlichkeit nicht so recht abkaufte, der in seinen menschlichen Beziehungen auf dem Bildschirm wie auch in der Realität anscheinend immer kühl kalkulierender Geschäftsmann blieb und ein klassischer Egoist – wie dieser Walter Sedlmayr akzeptiert und geliebt wurde als die Verkörperung bayerischer Gemütlichkeit, Bodenständigkeit und lässiger Eleganz. Zum Trachtenjanker trug er in der Regel eine mit Geschmack ausgewählte Krawatte und einen Hut der oberen Preisklasse.

Im Juli 1990 war es über Nacht vorbei mit der Liebe. Die große Mehrzahl der Fans, Kollegen und Geschäftspartner ließ ihr Idol fallen wie eine heiße Kartoffel. Denn der Vierundsechzigjährige war ermordet worden, nicht einfach so, sondern in einem anrüchigen Milieu unter offensichtlich peinlichen Begleitumständen. Das Mitgefühl hielt sich in Grenzen, die Empörung war groß. Da hatte einer den Leuten die ganze Zeit etwas vorgemacht, das verziehen sie ihm nicht.

Plötzlich erschien die anrührende Biografie des lange Verkannten in einem ganz anderen Licht: Die harmlosen Gschichterln, hinter denen er die harte Kindheit unter einem brutalen Vater und einer bigotten Mutter versteckt hatte – aus Scham oder weil er das Mitleid fürchtete –, las man als Beginn eines Lügengespinstes. Hatte er nicht seine schlechten Schulnoten verschwiegen und das Mobbing der Kameraden, die sich den dicklichen Knaben zur Zielscheibe aussuchten? Der Vater lachte ihn aus, weil er Koch werden wollte oder Schauspieler, gut – immerhin traute er dem in der Schule so schwachen Walter zu, Pfarrer zu werden. Der bewarb sich stattdessen am Gärtnerplatztheater und brachte es tatsächlich zum dritten Buffo – bis man feststellte, dass er nicht singen konnte.

Hinterfotzig: Walter Sedlmayr

Doch schon engagierte man ihn an den Kammerspielen, wo man einen beleibten Nebendarsteller suchte, die waren in den Nachkriegsjahren spärlich gesät. Ein Vierteljahrhundert gehörte er dem renommierten Ensemble an, ohne dass man groß Notiz von ihm nahm. Er spielte brav Gerichtsdiener, Wachtmeister und kleine Zuhälter und kam aus den unbeachteten Nebenrollen genauso wenig heraus wie anderswo Gustl Bayrhammer, Mario Adorf, Helmut Fischer, Hans Moser.

„Ich war immer ein Schauspieler, der zufällig aufgetreten ist, zufällig irgendwann da war. Ich war schüchtern, verhemmt, war nicht schön, hab nicht gestrahlt. Ich bin einer, der nicht strahlt."

Den „Sedlwutz“ nannten sie ihn abfällig, seit er hingebungsvoll einen Waldpilz namens „Wutz“ gespielt hatte. Die ersten Filmrollen machten ihn auch nicht gerade prominent, in grandios zweitklassigen Heimatschinken wie „Der Herrgottschnitzer von Ammergau“, „Rosen-Resli“, „Das Glöcklein unterm Himmelbett“ verkörperte er meist irgendeinen Deppen. Und dann, 1971, stellte ein Polizeikommando Sedlmayrs Haus auf den Kopf und entdeckte eine kurz zuvor gestohlene spätgotische Madonna aus der Schlosskapelle von München-Blutenburg. Der Schauspieler geriet in Verdacht, mit den Kirchenräubern gemeinsame Sache gemacht zu haben. Für mehrere Tage wanderte er in Untersuchungshaft.

Nach quälend langen Ermittlungen erklärten die Justizbehörden zwei Jahre später den vermeintlichen Hehler zwar für unschuldig, aber in der unappetitlichen Mordgeschichte erinnerte man sich alsbald an das Gerede von damals. War Sedlmayr nicht zeitlebens ein ausgesprochen sachkundiger Kenner und Sammler schöner Antiquitäten gewesen? Der Skandal hatte freilich auch sein Gutes:

> „Das war ja der Auslöser meiner Karriere. Da ist in der Zeitung gestanden ‚Bühnenstar verhaftet‘ und die Journalisten haben angerufen im Theater: ‚Wer ist denn des, der berühmte Star?‘ Den hat ja kein Mensch gekannt. Ich war eigentlich der unbekannteste Star, den es gibt.“

Ein Jahr später, Walter Sedlmayr war jetzt sechsundvierzig, sorgte der ebenso umstrittene wie gefeierte Regisseur Hans-Jürgen Syberberg („Ludwig – Requiem für einen jungfräulichen König“, „Hitler, ein Film aus Deutschland“, „Parsifal“) endlich für den künstlerischen Durchbruch: In seinem Streifen „Theodor Hierneis oder Wie man ehemaliger Hofkoch wird“ spielte Sedlmayr die Hauptrolle. Hierneis war tatsächlich Hofkoch bei König Ludwig II. und dem Prinzregenten Luitpold gewesen, eröffnete danach eine Delikatessenhandlung in München und brachte unter dem Titel „Der König speist“ seine ganz privaten Erinnerungen heraus.

Es gelang Sedlmayr – im Film fast der einzige Darsteller –, eineinhalb Stunden durch menschenleere Säle und Treppenhäuser der

Schlösser Neuschwanstein und Linderhof zu spazieren und den Zuschauer mit seinen Erzählungen keine Minute zu langweilen. Der Streifen erhielt das begehrte Filmband in Gold als „bester programmfüllender Film ohne Spielhandlung“, Sedlmayr bekam dieselbe Auszeichnung für seine darstellerische Leistung.

Es war der späte Beginn einer beispiellosen Karriere. Ab sofort gab es kaum mehr eine Fernsehwoche ohne Sedlmayr. Der Serienstar spielte im „Millionenbauer“ einen geschäftstüchtigen Hofbesitzer und Kommunalpolitiker, im „Herrn Kottnik“ einen traditionsbewussten, endlos um sein Erbe prozessierenden Druckereichef, im „Monaco Franze“ einen snobistischen Chefarzt. Und „Vater Seidl und sein Sohn“. Und „Der Schwammerlkönig“. Und „Der Kommissar“. Und „Der Alte“. Und, einhundertdreißig Folgen lang, der meist grantige und schlecht gelaunte, bei Bedarf aber generös menschliche Hauptkommissar Franz Schöninger. Und Verfilmungen von Joseph Roth, Oskar Maria Graf, Marieluise Fleißer.

In Reisefeatures à la „Einmal Schottland und zurück“ führte er sein Publikum mit Sachkunde, Intelligenz und ironischem Seitenblick zu den schönsten Ecken der Welt. Natürlich schuf er sich sein eigenes Magazin „Sedlmayrs Fernsehillustrierte“ und moderierte gemeinsam mit der beliebten Carolin Reiber den „Münchner Nachmittag“.

„Sehr verehrte Herren Verbrecher und Verleumder!“

Trotzdem war er nicht komplett zufrieden. Der vermeintlich biedere Volksschauspieler beneidete und bewunderte die Rebellen, die den Neuen Deutschen Film etablierten, allen voran den ungeheuer produktiven Rainer Werner Fassbinder: „Das war ja der erste bei uns, der versucht hat, einen deutschen Realismus zu finden.“ Das Interesse war durchaus beiderseitig: Fassbinder machte ein halbes Dutzend Filme mit Sedlmayr. In „Angst essen Seele auf“ stänkert er als Lebensmittelhändler Angermayer so bitterböse über eine Witwe (Brigitte Mira), die sich in einen jungen Marokkaner zu verlieben wagt, dass dem Zuschauer das Blut in den Adern gefriert.

Wie war er wirklich, der Biedermann, der mit ein paar Worten und Gesten die dämonischen Seiten der Normalität zum Leben erwecken konnte? Seine Kollegen haben ihn als sturen, schwierigen, undurchschaubaren Perfektionisten erlebt, der aber auch hilfsbereit und selbstkritisch sein konnte. Pünktlich, immer bestens vorbereitet, „knallhart", wenn jemand unsicher war, erzählt seine Filmtochter im „Millionenbauer", Monika Baumgartner. „Er hat sich nicht in die Karten schauen lassen." Seine Drehbuchtexte habe er grundsätzlich umgeschrieben.

Bruni Löbel wiederum war die Filmgattin vom Hauptkommissar Schöninger und in Chemnitz geboren. Obwohl sie schon als Siebzehnjährige nach einem Riesenkrach mit den Eltern aus dem Fenster geklettert war, um nach München an die Otto-Falckenberg-Schule zu fahren und nie mehr nach Sachsen zurückzukehren, fand man ihr Bayerisch in der Serie unzureichend. Walter Sedlmayr verbesserte sie freundlich und mit einer Engelsgeduld.

So richtig schön aggressiv konnte er sich von 1982 bis zu seinem Tod jedes Jahr bei der Starkbierprobe auf dem Nockherberg zeigen, wo die versammelte staatstragende Prominenz angstvoll darauf wartete, ob sie der als Fastenprediger auftretende Sedlmayr oft genug erwähnen und verbal abwatschen würde. Denn wer hier nicht vorkam, galt als politischer Niemand im Freistaat. Den Landesvorsitzenden der in Bayern traditionell schwachen SPD, Helmut Rothemund, kränkte er bis ins Mark, als er so tat, als fiele ihm der Name von diesem „Herrn Dings ...ja wia hoaßt er denn glei?" nicht ein. Rothemund nannte ihn nach diesem Auftritt wütend ein „Arschloch".

1987 begrüßte Sedlmayr das Publikum auf dem Nockherberg mit einer endlosen Kaskade von Gemeinheiten:

» Sehr verehrte Herren Verbrecher und Verleumder, werte Lügner und Lügnerinnen, liebe müde und kalte Krieger, blutige Stümper, Dilettanten, Gaukler, hochgeschätzte geistige Bürgerkrieger, Brandstifter, Brunnenvergifter, ehrenwerte Erpresser, Klimaverpester und Klassenkämpfer, liebe Handlanger Moskaus und Speichellecker Washingtons, mittelmäßige Spießbürger und reaktionäre Maulhelden, linke Landsknechte und rot-grüne Chaoten, ich begrüße Sie alle voller Hochachtung auch in Begleitung Ihrer ahnungslosen Engel und nützlichen Idioten."

Doch Sedlmayr und sein Ghostwriter, der Journalist Hannes Burger, hatten keine einzige Silbe der großteils gerichtsmassigen Äußerungen erfunden. Sie stammten alle aus Politikerreden, Landtagssitzungen und Interviews.

So viel Heuchelei und Lügen

Die Paulaner-Brauerei beschäftigte den Fernsehstar lange Jahre nicht nur als Nockherberg-Redner, sondern als Sympathie- und Werbeträger. „Gut – besser – Paulaner!" verkündete Sedlmayr in Werbespots, und überall in Bayern strahlte er genießerisch von überdimensionalen Plakaten, das Glas mit köstlichem Hefeweizen in der Hand. Als sich die Nachricht von seiner Ermordung über Funk und Fernsehen verbreitete, dauerte es nur wenige Stunden, bis die Plakate überklebt waren – was den Sprecher der Brauerei nicht hinderte, später zu vermelden: Aber natürlich, wenn Sedlmayr sein Privatleben weniger dezent gelebt hätte, wäre er „genauso als Werbeträger infrage gekommen. Seine Neigung wussten wir schon, das ist klar, aber da hat er nie ein Wort darüber verloren."

Es lag viel Heuchelei in der Luft, damals, als die Todesnachricht durch das Land lief. „Seine Neigung", die hatten tatsächlich die allermeisten Freunde, Kollegen, Journalisten gekannt und in einer heute nicht mehr vorstellbaren Diskretion für sich behalten. Homosexualität war im ausgehenden Zwanzigsten Jahrhundert immer noch ein Stigma, der oft bemühten Liberalitas Bavarica zum Trotz, und man verstand, dass der zum Inbegriff behäbiger Bürgerlichkeit gewordene Star sich nicht outen wollte und wohl auch gar nicht konnte. „Er hatte noch diese ganze schreckliche Verdammungszeit mitbekommen, wo unter Hitler Homosexuelle ins KZ gesteckt und umgebracht wurden", gab seine Filmgattin Bruni Löbel zu bedenken, „das hat ihm noch in den Knochen gesteckt."

Warum blieb sie dann wie fast die ganze Münchner Adabei-Schickeria und viele aus der Film- und Fernsehprominenz der Trauerfeier fern, die man dem Toten in der Aussegnungshalle des Nordfriedhofs ausrichtete? Weil der Kollege Sedlmayr in der verlogenen Berichterstattung der Medien eben nicht der nette, stille, tolerierbare Schwule von nebenan war, sondern eine Art Monster: „Walter Sedlmayr hatte AIDS!" – „Ganz scharf auf junge Männer in Leder" – „Frauen waren ihm ein Graus!" Die Schlagzeilen ließen die Auflagen um dreißig bis hundert Prozent in die Höhe schnellen, wahr war keine von ihnen.

Sedlmayrs Privatsekretär, der alsbald in Verdacht geriet und dann tatsächlich ein gefälschtes Testament vorlegte, hatte ihn am Abend des 15. Juli 1990 in seiner Schwabinger Luxuswohnung tot aufgefunden, mit eingeschlagenem Schädel und etlichen Stichwunden, auf dem Bauch im Bett liegend, im Jogginganzug, Hände und Füße mit Klebeband gefesselt. Die Wand neben dem Bett war bis fast zur Zimmerdecke mit Blutspritzern bedeckt. Neben dem Bett eine Lederpeitsche, auf dem Nachtkästchen eine Dose Gleitcreme und vier Kondome. Der Todeszeitpunkt lag mindestens vierundzwanzig Stunden zurück.

Dass der Tatort „inszeniert" war, wie Kriminalisten sagen, hätte jeder Polizeischüler nach kurzer Untersuchung sagen können: Die Stiche in die Nieren, die äußerst schmerzhaft gewesen sein mussten, mit einem scharfen Messer aus der Küche des Ermordeten ausgeführt, gehörten ganz sicher zu keinem Sado-Maso-Spiel, sondern stellten eine klassische Foltermethode dar, um dem Opfer irgendwelche Informationen über Geldverstecke oder Kontonummern zu entlocken. Die Sex-Utensilien (warum vier Kondome?) waren eindeutig nicht von Sedlmayr auf dem Nachttisch drapiert worden, sondern stammten aus einer aufgebrochenen Schrankschublade. Geschlechtsverkehr hatte der Schauspieler auch nicht gehabt, wie die Obduktion ergab.

Doch die erste Garde der Münchner Mordermittler fiel auf das Tatort-Szenario herein, vermutete ein aus dem Ruder geratenes SM-Date und suchte genau wie die Sensationspresse nach irgendwelchen gewalttätigen Strichern oder durchgeknallten Sexualpartnern. Der Chef der Mordkommission, Josef Wilfling („Jeder kann zum Mörder werden"), der sich zeitlebens für den besten Kriminalisten der

Republik hielt und diesen Ruf nach seiner Pensionierung in Büchern und Fernseh-Dokus zu zementieren suchte, blamierte sich in dem Fall unsterblich, samt den zeitweise fünfzig Beamten der „Soko Sedlmayr" und der Staatsanwaltschaft, die alles absegnete und auch keine besseren Ideen hatte.

Ein halbes Jahr lang zogen die Ermittler durch Schwulenbars, Lederkneipen und schummrige Cafés, verhörten mehr als fünfzig Stricher und achtzig weitere Personen mit Männerpräferenz, legten rund tausend Spurenakten an, tippten über siebenhundert Protokolle – nur um dann stolz zu verkünden, nein, ein Milieu-Mord, von denen es damals in der Münchner Szene einige gegeben hatte, sei das nicht gewesen. Der Schauspieler, das wussten mittlerweile wirklich alle, war sehr diskret, sehr bescheiden in seinen erotischen Ansprüchen, sehr großzügig gewesen.

Motiv: Habgier

Endlich, endlich konzentrierte man sich auf das Motiv „Geld": Sedlmayrs auf 15 Millionen Mark geschätztes Vermögen (fünf Häuser soll er besessen haben), seine nicht immer ganz durchsichtigen Geschäfte, seine keineswegs immer ganz koscheren Geschäftspartner. Neben dem Privatsekretär, der sich zwar als Betrüger erwiesen hatte, für die Tatzeit aber ein Alibi hatte, trat nun mehr und mehr Sedlmayrs „Ziehsohn", wie ihn alle nannten, ins Rampenlicht: siebenunddreißig und immer noch ein netter Junge, kurze Haare, randlose Brille, dünner Schnauzer. Ein vom Leben nicht gerade verwöhntes Heimkind, viele Vorstrafen, wenig Chancen, bis ihn Walter Sedlmayr zu seinem (kurzfristigen) Liebhaber, Beschützer und Teilhaber machte – und zum Geheimnisträger: Er beschaffte dem Ersatzvater junge Männer aus einschlägigen Lokalen, führte mit ihm gemeinsam die Traditionswirtschaft „Zum Sedlmayr" und durfte mit Geld vom Chef noch ein eigenes Gasthaus eröffnen.

Am Tag vor dem Mord, es war ein Freitag, war der Ziehvater dem Ziehsohn auf die Schliche gekommen: Der verschob ziemlich dreist Waren aus der gemeinsamen Gaststätte in seine eigene Wirtschaft, enthielt seinen Angestellten ihren Lohn vor und hatte auch noch einer gutgläubigen Witwe einen sechsstelligen Betrag für eine angeblich zusammen mit Sedlmayr betriebene Immobilie in Spanien abgeluchst. Tags darauf, Samstag, sperrte Sedlmayr sein Wirtshaus zu, bereitete eine Anzeige gegen den untreuen Vertrauten vor – und wurde umgebracht. Den Passus im Geschäftsvertrag, im Todesfall gehe die Gaststätte an den Geschäftspartner über, hatten die Ermittler offenbar lange übersehen.

> „Bescheißt du mich eigentlich?"
> **Sedlmayr zu seinem Ziehsohn**

Der Ziehsohn und sein Halbbruder – ein einfach gestrickter Kleinkrimineller, ein Mann fürs Grobe – wurden 1993 in einem spektakulären Indizienprozess, der ein halbes Jahr dauerte, wegen Mordes zu lebenslänglicher Haft verurteilt, inzwischen sind sie beide wieder in Freiheit. Die Tat haben sie nie gestanden. Obwohl die Strafverfolgungsbehörden mehr als hundert Zeugen und fünfzehn Sachverständige aufboten, blieben bis heute Zweifel. Letztlich hing und hängt alles an den fünf winzigen roten Fusseln, die am Küchenmesser, an der Lederpeitsche und an der Kleidung der beiden Verurteilten gefunden wurden und aus den Einlegeböden einer Münzkassette stammen. Der Hammer, mit dem Sedlmayr erschlagen wurde, konnte nach Überzeugung des Gerichts nur dem „Mann fürs Grobe" gehören. Doch er stammte aus dem Einbruch in einer Autowerkstatt, bei dem ein ganzes Set von Hämmern verschwunden war, die alle – wie der „Tathammer" – die Initialen des Werkstattbesitzers trugen.

Makaber war der Auftritt des prominenten Münchner Rechtsmediziners Wolfgang Eisenmenger vor dem Schwurgericht, als er lässig die schlimm zugerichtete Schädeldecke des Mordopfers aus seiner Aktentasche zog. Ähnlich gruselig ging es bei Sedlmayrs heimlicher Beerdigung um fünf Uhr morgens auf dem Bogenhausener Prominentenfriedhof zu: „Da standen wir in der Dunkelheit", erinnert sich einer der wenigen Beteiligten, „und haben mit Feuerzeugen den Friedhofsmitarbeitern geleuchtet."

„Meine Stärke sind sehr genaue, realistische Sachen"

„Weißwurst-Paula" und KZ-Eichmanns Gattin

Warum die Volksschauspielerin Ruth Drexel (1930–2009) ein politisch bewusstes „Alphatier" war

Ihr Grabkreuz auf dem Feldkirchner Friedhof ist ungewöhnlich, bunt, fröhlich und passt doch gut auf einen altbayerischen Gottesacker, wo Raum ist für Trauer und Hoffnung zugleich: Ein Landschaftsbild wie von einem Kind gemalt, eine Birke, von der sanft die Blätter fallen, ein Berg, der aus einem müden Auge blinzelt, ein Vogel, der in eine himmelblaue Weite fliegt, darüber die Himmelmutter, die ihr strampelndes Jesuskind zärtlich im Arm hält. Und ganz oben auf dem filigranen Schmiedeeisen das Logo ihres Münchner „Volkstheaters": Auf einem gefährlich mit den Zähnen klappernden Krokodil wie aus dem Kasperltheater reitet eine schöne Tänzerin, das Untier mit einem Sternenreigen besänftigend, den sie elegant in den Himmel wirft.

Die „Mutter Courage" eben dieses chronisch unterfinanzierten Volkstheaters hat man sie genannt, ein „Alphatier", den „Inbegriff einer emanzipierten Frau" (Ottfried Fischer), eine „Theaterwucht", eine „Meisterin des dialektischen Denkens", auch die „bayerische Miss Marple" (was ihr weniger gefiel, weil es sie auf eine ihrem Wesen eher fremde Rolle reduzierte). Ruth Drexel war Schauspielerin, Regisseurin (die erste am Bayerischen Staatsschauspiel), Intendantin. Sie spielte und inszenierte Stücke von Brecht und Gorki, Nestroy und Kroetz, Tschechow und Shakespeare. Sie verkörperte die Gattin des Holocaust-Organisators in Kipphardts „Bruder Eichmann" und die aus der Stadt heimgekehrte und von den Dorfbewohnern ausgestoßene Ex-Hure Leni in Ludwig Thomas „Magdalena". Sie war die Schlachthof-Wirtin Paula und die dominante Mutter eines schwerfälligen Kriminalers in Fernseh-Serien, die zu Quotenrennern wurden.

Ruth Drexel gab sich nicht als Emanze und diskutierte nicht über Frauenquoten, sie machte einfach die Dinge, die sie richtig fand, unerschrocken, resolut, energisch, zäh, zielbewusst, respektlos bisweilen – und empathisch, sensibel, erstaunlich leise, wenn es sein musste. „Sie ist grad, unsentimental, manchmal schroff, auch hart", beschrieb sie der Schauspielerkollege Erich Hallhuber, „und wer sie besser kennt, weiß, dass sie nicht so ist."

Mag sein, dass sie immer das letzte Wort haben musste, dass sie sich von niemandem den Schneid abkaufen ließ. Ihre Schauspieler hat sie nicht auf Zack gebracht wie eine Zirkusdirektorin, sie hat ihnen den Raum geschaffen, den sie zur Entfaltung brauchten. Sie bewegte sich wieselflink mit ihrer kräftigen, rundlichen Figur, warf die kurzen grauen Haare zurück und einen schnellen Satz in die Runde, wenn die Diskussion bei der Probe ausuferte, und war doch fähig, endlos zuzuhören, Termine zu überziehen, Drehbücher noch im letzten Moment zu ändern.

Klug war sie, politisch außerordentlich interessiert, schlagfertig, fähig zum gnadenlosen Sarkasmus und verliebt in komische Situationen. „Wenn ihr etwas gefiel, hörte sie nicht mehr auf zu lachen", erinnern sich Weggefährtinnen, sie konnte kichern wie ein kleines Mädchen und „vor Vergnügen quietschen". Bis ins Alter behielt sie eine junge Stimme, die Lust am Tanzen, am Experimentieren und am gepflegten Streitgespräch – über linke Politik und die richtige Zubereitung von Heringssalat. Alphatiere waren sie beide, Ruth Drexel und ihr Lebensgefährte Hans Brenner, Erzkomödianten mit einem enorm kritischen Anspruch an Theaterarbeit.

Bayerisch musste sie erst lernen

Man glaubt es kaum: Ruth Drexel, Inbegriff bajuwarischer Bühnensprache und Lebensart, konnte als Kind „kein Wort Bayerisch" und wurde von den Schulkameraden zunächst geschnitten, auch weil sie sich ihre Schuhbandln nicht zuschnüren konnte und weil im bildungsbürgerlichen Zuhause so viel gelesen und musiziert wurde. Die Mutter Friederike stammte halt leider aus Eltville am Rhein und war in Berlin aufgewachsen.

Erzkomödiantin: Ruth Drexel

Ruth kam im niederbayerischen Vilshofen zur Welt, 1930, die Familie zog bald nach Trostberg im Chiemgau, wo der Vater eine kleine Bankfiliale leitete. Das Gymnasium in Trostberg war mehr als zwanzig Kilometer entfernt, und im Krieg stoppte der Zug bisweilen auf freier Strecke, weil die nahe Munitionsfabrik wieder einmal bombardiert wurde. Ruth war stets auf der Suche nach sicheren Verstecken und immer in Angst um die kleinen Brüder, die sie in den Luftschutzbunker zu bringen hatte, und um den Vater, der tatsächlich noch in den letzten Kriegstagen fiel – was die Familie erst ein Jahr später erfuhr. Kriegskinder mit all den Traumata dieser Jahre.

Ruth hatte zweierlei begriffen: Das Leben ist mehr als Schicksal, jeder hat Verantwortung und muss versuchen, etwas zu verändern. Und: „Die Nazis waren blöd und deshalb so gefährlich!" Sie hätte gern Psychologie studiert – lebenslang ihre Leidenschaft, sie kannte alle Bücher von Freud –, aber das Geld reichte natürlich nur für die Ausbildung der Brüder, die Zukunft der Tochter sah die Mutter rätselhafterweise in der Modebranche.

Trotzig überlegte das Mädchen, was die Familie wohl am meisten ärgern würde: Klar, die Schauspielerei! Gab es nicht in München die legendäre Otto-Falckenberg-Schule? Kaum hatte sie die Mittlere Reife absolviert, stellte sich Ruth an die Bundesstraße, einen von der Mutter geklauten falschen Zopf im Haar, ließ sich von einem Lastwagen mitnehmen und ging der Schulleitung dort – es gab weder einen Termin zum Vorsprechen, noch war der nächste Semesterbeginn in Sicht – so lange auf die Nerven, bis man ihr zuhörte: Sie hatte selbst eine Szene geschrieben, in der vier sonderbare Personen miteinander kommunizierten. Ruth hüpfte eifrig von einem Fleck zum andern und machte ihre Sache so gut, dass man sie mitten im Studienjahr aufnahm. Als Kriegswaise bekam sie auch ein Stipendium.

Eine Mitschülerin erinnert sich, das hübsche Mädchen vom Land mit ihrem frechen Temperament und einer beeindruckenden Oberweite sei eine „absolute Sexbombe" gewesen. Bis sie die berühmte Therese Giehse als Mutter Courage in den „Kammerspielen" sah – sieben Mal nacheinander – und bei einer Probe beobachten konnte: Die Giehse aß bedächtig und lustvoll ein Gulasch, von einem leeren Teller. „So will ich werden", sagte sie ihren Kolleginnen, verzichtete fortan auf hübsche Accessoires und konzentrierte sich ganz auf politische und künstlerische Ansprüche.

Gute Freundinnen, zu Seife verkocht

Als Dreiundzwanzigjährige hatte Ruth Drexel 1953 bereits ein Engagement bei den Münchner Kammerspielen, in der deutschen Erstaufführung von Arthur Millers „Hexenjagd". Vier Jahre später wechselte sie an das (Ost-)Berliner Ensemble unter Helene Weigel; Bert Brecht hatte sie noch in München kennengelernt, bei den Proben für „Der gute Mensch von Sezuan". Weil sie den Umgang des „Arbeiter- und Bauernstaates" mit seinem Volk unerträglich fand, ging sie nach Bayern zu den Kammerspielen zurück, wechselte dann wieder nach Berlin, diesmal in den Westen, an die Schaubühne am Halleschen Ufer, wo sie in kritischen bayerischen Stücken von Marieluise Fleißer und Martin Sperr spielte. Es folgten Intermezzi am Staatstheater Darmstadt und am Düsseldorfer Schauspielhaus, an den Wuppertaler Bühnen und am Württembergischen Staatstheater

Stuttgart. 1978 dann das Regiedebüt in Düsseldorf und bald darauf am Bayerischen Staatsschauspiel, als erste inszenierende Frau, beide Male mit Stücken des Wiener Dramatikers und Zensuropfers Johann Nestroy.

Die Erfahrungen eines Provinztheaters hätten ihr gefehlt, stellte sie später bedauernd fest. „Da kriegt man als Anfänger mehr zu spielen." Sie war von Anfang an immer dort, wo die Besten waren. Die Krönung dieses Theaterlebens: Von 1988 bis 1998 und dann – weil der Nachfolger chaotisch agierte – gleich wieder von 1999 bis 2002 war Ruth Drexel Intendantin und Geschäftsführerin des Münchner Volkstheaters, für das sie der Stadt, konkret den Stadtratsfraktionen, zäh und listig Gestaltungsfreiheit und Finanzmittel abzuringen wusste. Das „Volkstheater" verstand sich weder als harmlos heimattümelnder Komödienstadel noch als elitäre Experimentierbühne, sondern als gesellschaftskritische Institution: als Stimme der „kleinen Leute, die an den großen Umständen zerschellen" (Ruth Führer). Und als Einladung an Schichten, die normalerweise nicht ins Theater gehen, sich einen sprachlichen Zugang zur Welt zu erschließen.

„Ich glaube, gutes und richtiges Volkstheater hat sich zu verstehen als ein Anwalt derjenigen, die ausgestoßen sind, die gedemütigt werden."
Hans Brenner, Schauspieler

„Wir haben nie darüber geredet, was Volkstheater ist, sondern es einfach gemacht. Wir haben uns bemüht, es nicht so künstlich und distanziert zu machen, dass der Zuschauer sagt: Es geht mich nichts an."
Felix Mitterer, Theaterautor

Die Drexel inszenierte und spielte William Shakespeare und Karl Valentin, Ödön von Horváth und Bert Brecht, Goethe und Achternbusch. Und sorgte, gewollt und ungewollt, für Skandale: In Horváths „Italienischer Nacht" entlarvte sie, ganz im Sinne des Autors, die spießigen Sozialdemokraten im Reichsbannerbund als plärrende Vereinsmeier und Schwadroneure, hilflos dem brutalen Ansturm der souverän mit der Macht umgehenden Nazis ausgesetzt. Und schlug so nebenbei eine Brücke zum gerade aktuellen Golfkonflikt, mit sehr unbequemen Fragen.

1990 folgte Lisa Wertmüllers Stück „Liebe und Magie in Mammas Küche". Fellinis Regieassistentin schildert eine verschworene Gemeinschaft beschädigter und gerade deshalb starker Frauen. Leonarda Cianciulli hat zwölf Kinder verloren, jetzt soll sie das dreizehnte, ihren Sohn Peppino, in den faschistischen Krieg ziehen lassen. In einem archaischen Ritual von Wut und Verzweiflung schlachtet sie ihre drei besten Freundinnen, zerlegt sie sauber, wie sie es in der Küche an den Hähnchen gelernt hat, und verkocht die Leichen zu Seife. Leonarda kommt wie geplant ins Irrenhaus, Peppino muss nicht an die Front.

Die Moral der schauerlichen Mär laut Ruth Drexel: „Zu dieser Zeit passiert dasselbe in Deutschland in den KZs. Sechs Millionen Juden. Fließband-Mord. Die ist ja wahnsinnig, sagen die Leute über die Leonarda. Aber das andere, das ist Geschichte. Da kommt kein Mensch drauf, zu sagen: Das war ja Wahnsinn, die müssen alle ins Irrenhaus."

Seit 1998 leitete die Drexel zehn Jahre auch noch die Tiroler Volksschauspiele in Telfs, die sie mitbegründet hatte. Auch dort der aufklärerische Anspruch, Anfeindungen, Skandale. Als sie Felix Mitterers „Stigma" uraufführte, die beklemmende Schilderung des Aufbegehrens einer Magd gegen das sich christlich gebende Patriarchat, protestierten Kirchenvertreter und drohten anonyme Anrufer: „Wenn des Saustückl aufg'führt wird, dann spreng ma Eich den Rathaussaal in d' Luft!" Ihr gehe es nur um diese Frau, erwiderte die Intendantin trocken. „Zur Theologie hab ich nichts zu melden."

Eine Theaterkommune und eine bekiffte Katze

Längst hatte die offiziöse Kulturpolitik begonnen, sich mit der erfolgreichen Künstlerin zu schmücken, sie mit Theaterpreisen und Verdienstorden zu überhäufen – besonders schön der seltene Bayerische Maximiliansorden für Wissenschaft und Kunst oder der Tiroler Adler-Orden in Gold –, aber man verübelte ihr die Leidenschaft, in jeden Fettnapf zu treten, genauso wie ihr schlampiges Privatleben. Als junge Frau war sie mit dem Air-France-Angestellten Michael Adami verheiratet, die gemeinsame Tochter Katharina wurde Wirtschaftsjournalistin beim Fernsehen. Dann gründeten Ruth und ihr „Lebensmensch" Hans Brenner, der drei Töchter von seiner Ehefrau hatte, eine Künstlerkommune in Feldkirchen bei München, wo zuvor Rainer Werner Fassbinder mit seiner Truppe gewohnt hatte.

Monica Bleibtreu war dabei, mit der Brenner eine Beziehung hatte, aus der mit dem Sohn Moritz wieder ein begabter Schauspieler hervorging. Die beiden Frauen verstanden sich prächtig und widmeten sich beide der Aufgabe, den vogelwilden Hans einzubremsen. Denn der brauchte immer ein Publikum, verkündete um fünf Uhr morgens gewaltige Theaterprojekte und war überhaupt eine ähnliche Führernatur wie die Drexel, die der Mitkommunarde Werner Asam „Frau Häuptling" nannte. Ach ja, die Cilli gab es noch, die zärtlich geliebte Tochter von Ruth und Hans – auch sie wurde Schauspielerin – und laut Asam „eine bekiffte Katze, die immer dann kam, wenn irgendwo ein Joint rumging, sonst war sie nie da".

Man stritt unentwegt über Kunst und Politik, Bühnenautoren und gesellschaftliche Trends, und man gab einander viel Aufmerksamkeit, Zuneigung und Respekt. Und Freiheit: Die Schulverweise der Kinder wurden auf dem Klo aufgehängt. Wenn ein neues Stück an der „Volksbühne" inszeniert wurde, kannten bald alle Kommune-Mitglieder sämtliche Szenen auswendig. Mit den überkommenen Beziehungsstrukturen wusste man nicht viel anzufangen. „Familie sollte nicht länger so eine Besitzkiste sein, um die man einen Zaun macht", erläutert Hans Brenners Tochter Katharina, „nein, Familie sollte etwas sein, wovon alle profitieren konnten. Es gab viele Bezugspartner und es gab viele Kinder."

„Frau Häuptling" konnte hier in Feldkirchen, anders als im Volkstheater-Büro, auch ihre leisen Seiten zeigen, ihre Verletzlichkeit, ihre Angst, den hohen Anforderungen nicht zu genügen. Die durchsetzungsstarke Kämpferin war extrem selbstkritisch. Und misstraute allen glatten Lösungen: Was nur schön und gut oder böse und grässlich war, schien ihr langweilig. Die dominanten Frauenfiguren bei Kroetz und Gorki, die sie so liebte, stellte sie gebrochen dar. Ihre Stärke, sagte sie einmal, seien wohl überhaupt die „genauen, realistischen Sachen, wo eine Figur entsteht, die widersprüchlich und durchschaubar ist".

> „Sie konnte einen so anschauen, dass man dachte, die weiß sowieso alles. Die meisten waren neben ihr Schattengewächse. Sie hatte eine unheimliche Präsenz."
> **Schauspielerkollege Werner Asam**

Als der ständig unter Strom stehende Hans Brenner mit neunundfünfzig Jahren plötzlich starb, an Krebs, war das Projekt „Kommune" längst begraben und Ruth fiel in ein abgrundtiefes seelisches Loch. Was sie rettete, waren vielleicht die Fernsehserien, die sie längst bundesweit berühmt gemacht hatten, die liefen weiter, erforderten eine immense Arbeit und ließen ihr wenig Zeit zum Trauern – die sie gebraucht hätte: „Die Ruth hat dem Hans ein wenig vorgeworfen, dass er sich aus dem Staub gemacht hat", wusste ihr Filmsohn Ottfried Fischer, der „Bulle von Tölz".

Wobei seine omnipräsente Mama, die Resi Berghammer, immer auf der Suche nach Lösungen für Ottis kleinstädtische Kriminalfälle und nach einer Frau für den nicht besonders flirtbegabten Sohn, ganz sicher die Rolle war, die zur wirklichen Ruth Drexel passte wie die Faust aufs Auge. Aber das TV-Publikum liebte die beiden, die ihre Texte oft genug improvisierten, mit bajuwarischem Sarkasmus, Hintersinn und Lebensweisheit. Für die Zuschauer jenseits der weißblauen Grenzen erfand man 2005 eine zweite Krimi-Serie: „Agathe kann's nicht lassen", wobei die Titelrolle der britischen Miss Marple nachempfunden war.

Die Drexel spielte in Helmut Dietls „Monaco Franze" und „Münchner Geschichten". In Franz Xaver Bogners „Zur Freiheit" machte die „Weißwurst-Paula" als Muttertier mit raffiniertem Profit- und Familiensinn ein heruntergekommenes Wirtshaus zum

Mittelpunkt des guten alten Münchner Schlachthof-Viertels mit seinen einzigartigen Charakteren, dem Kometen-Sepp, der Radl-Anni, dem Metzger-Seppe. An der Popularität, die ihr die Fernsehserien verschafften, litt sie entsetzlich: Wildfremde Leute liefen ihr auf der Straße nach und fragten: „Mama, darf ich dich anfassen?“ Dabei hatte sie bei aller Zugewandtheit immer den Wunsch nach Distanz, nach Diskretion.

Diesen Wunsch erfüllte sie sich, als sie am 26. Februar 2009 in Feldkirchen starb. Sogar das Umfeld der Freunde und Kollegen wurde erst nach der Beerdigung informiert, erst recht die große Öffentlichkeit. Der Abschied gehörte allein ihr und der Familie.

Literatur in Auswahl

BIERMANN Werner: Strauß. Aufstieg und Fall einer Familie. Berlin 2006

BIERWIRTH Waltraud (Hg.): Der Fall Maldaque. Ein Willkürakt mit Todesfolge. Beiträge und Dokumente. Regensburg 2013

BOSL Karl (Hg.): Bosls bayerische Biographie. 8000 Persönlichkeiten aus 15 Jahrhunderten. Regensburg 1983

–: Bosls bayerische Biographie, Ergänzungsband. 1000 Persönlichkeiten aus 15 Jahrhunderten. Regensburg 1988

BRECHT Bertolt: Gesammelte Werke in acht Bänden (und zwei Supplementbänden). Frankfurt am Main 1967/1982

CHRIST Lena: Gesammelte Werke. München 4. Auflage 1977

DITTMANN Ulrich / FROMM Waldemar: Oskar Maria Graf. Rebellischer Weltbürger, kein bayerischer Nationaldichter. Regensburg 1917

DÜNNINGER Eberhard / KIESSELBACH Dorothea (Hg.): Bayerische Literaturgeschichte in ausgewählten Beispielen. Band I: Mittelalter. Band II: Neuzeit. München 1965/1967

EBERSOLD Günther: Rokoko, Reform und Revolution. Ein politisches Lebensbild des Kurfürsten Karl Theodor. Frankfurt am Main 1985

ELLERMEIER Barbara: Hans Scholl. Biographie. Hamburg 2012

ENTRICH Manfred (Hg.): Albertus Magnus. Sein Leben und seine Bedeutung. Graz 1982

FELDMANN Christian: Die Wahrheit muss gesagt werden. Rupert Mayer – Leben im Widerstand. Freiburg 4. Auflage 1984

–: Sebastian Kneipp. Der fünfzehnte Nothelfer. Regensburg 2., aktualisierte Auflage 2021

–: Wahn oder Wunder? Die Resl von Konnersreuth – wie sie wirklich war. Regensburg 2010

GIDAL Nahum T.: Begegnung mit Karl Valentin. München 1995

GIEHSE Therese: „Ich hab nichts zum Sagen." Gespräche mit Monika Sperr. München 1973

GOEPFERT Günter: Das Schicksal der Lena Christ. München 1993

–: Franz von Pocci. Zeremonienmeister – Künstler – „Kasperlgraf". Weilheim 1988

GÖTTLER Hans: „… des freien Waldes freies Kind". Ein Emerenz-Meier-Lesebuch. Grafenau 2008

GOTTSCHALK Maren: Wie schwer ein Menschenleben wiegt. Sophie Scholl. Eine Biografie. München 2020

GRAF Oskar Maria: Wir sind Gefangene. Ein Bekenntnis. München 1978

–: Werkausgabe. Studienausgabe in 16 Bänden, hg. von Wilfried F. Schoeller. München 1994

HAAGE Peter: Ludwig Thoma. Bürgerschreck und Volksschriftsteller. München 1975

HANAUER Josef: Konnersreuth als Testfall. Kritischer Bericht über das Leben der Therese Neumann. München 1972

HAUB Rita: Pater Rupert Mayer. Ein Lebensbild. Oberpframmern 2007

HAUSBERGER Karl / HUBENSTEINER Benno: Bayerische Kirchengeschichte. München 1985

HEYDENREUTHER Reinhard: Kriminalgeschichte Bayerns. Regensburg 2003

HUBENSTEINER Benno: Bayerische Geschichte. Rosenheim 16. Auflage 2006

JARETZKY Reinhold: Bertolt Brecht. Reinbek 3. Auflage 2006

KARL Michaela: Liesl Karlstadt. Gesichter einer Frau und Künstlerin. Regensburg 2011

KNEIPP Sebastian: Meine Wasserkur. So sollt ihr leben. Die weltberühmten Ratgeber in einem Band. Hg. von Helga Marie Rebsamen-Fey. Stuttgart 9. Auflage 2018

KRAFFT Sybille: Bayerische Volksschauspieler. 12 persönliche Porträts. München 2013

KRAUS Andreas: Geschichte Bayerns. Von den Anfängen bis zur Gegenwart. München 1983

KRAUSS-MEYL Sylvia: Das „Enfant terrible“ des Königshauses. Maria Leopoldine, Bayerns letzte Kurfürstin (1776–1848). Regensburg 1997

LOCHER Wolfgang G.: Max von Pettenkofer. Pionier der wissenschaftlichen Hygiene. Regensburg 2020

LOHRUM Meinolf: Albert der Große. Forscher – Lehrer – Anwalt des Friedens. Mainz 1991

MAYER Rupert: Mein Kreuz will ich tragen. Texte des Predigers von St. Michael. Ostfildern 1978

MEIER Emerenz: Gesammelte Werke. Hg. von Hans Göttler. Zwei Bände, Grafenau 1991

MEMMINGER Josef: Karl Valentin. Der grantige Clown. Regensburg 2011

MOISY Sigrid von: Franz Graf Pocci (1807–1876). Schriftsteller, Zeichner, Komponist unter drei Königen (Ausstellungskatalog). München 2007
–: Von der Aufklärung zur Romantik. Geistige Strömungen in München (Ausstellungskatalog). Regensburg 1984
NEBEL Julian: Adele Spitzeder – Der größte Bankenbetrug aller Zeiten. München 2017
ORFF Carl: Erinnerungen. Leben und Werk. Mainz 2020
PANZER Marita A.: Agnes Bernauer. Die ermordete „Herzogin". Regensburg 2007
–: Lena Christ. Keine Überflüssige. Regensburg 2011
POCCI Franz von: Kasperls Heldentaten. 19 Puppenkomödien und Kasperliaden. München 1984
PRINZ Friedrich: Gestalten und Wege bayerischer Geschichte. München 1982
–: Die Geschichte Bayerns. München 1997
–: Ludwig II. Ein königliches Doppelleben. Berlin 1993
REISER Rudolf: Die Agilolfinger. Pfaffenhofen 1985
SACHS Hans: Meisterlieder, Spruchgedichte, Fastnachtsspiele. Auswahl. Stuttgart 2003
SCHÄFER Werner: Agnes Bernauer und ihre Zeit. München 1987
SCHMIDT-THOMÉ Adelheid: Ellen Ammann. Frauenbewegte Katholikin. Regensburg 2020
– : Sozial bis radikal. Politische Münchnerinnen im Porträt. München 2018
SCHOLL Sophie / HARTNAGEL Fritz: Damit wir uns nicht verlieren. Briefwechsel 1937–1943. Hg. von Thomas Hartnagel. Frankfurt am Main 2005
SCHRÖDER Jürgen (Hg.): Horváths „Lehrerin von Regensburg". Der Fall Elly Maldaque. Frankfurt am Main 1982
SCHULER Thomas: Strauß. Die Biographie einer Familie. Frankfurt am Main 2006
SCHULTE Michael: Karl Valentin. Eine Biographie. München 1998
SCHUMANN Dirk: Der Fall Adele Spitzeder 1872. Eine Studie zur Mentalität der „kleinen Leute" in der Gründerzeit. In: Zeitschrift für Bayerische Landesgeschichte 58 (1995), 991–1026
SCHWAIGER Georg: Johann Michael Sailer. Der bayerische Kirchenvater. München 1982
–: (Hg.): Lebensbilder aus der Geschichte des Bistums Regensburg (Beiträge zur Geschichte des Bistums Regensburg Band 23/24). Regensburg 1989/1990

SPANGENBERG Marcus: Ludwig II. Der andere König. Regensburg 2015
SPINDLER Max / KRAUS Andreas (Hg.): Handbuch der bayerischen Geschichte. Vier Bände, München 1979–2007
TENFELDE Klaus: Sozialgeschichte Bayerns. In: Geschichte und Gesellschaft. Zeitschrift für historische Sozialwissenschaft 17 (1991), 405–530
THOMA Ludwig: Gesammelte Werke. Sechs Bände, München 1968
–: Heilige Nacht. Eine Weihnachtslegende. München 3. Auflage 2011
VALENTIN Karl: Hoffentlich wird es nicht so schlimm, wie es schon ist. Texte – Sprüche – Stücke. Hg. von Josef K. Pöllath. Wiesbaden 2019
VEIT Elisabeth (Hg.): Das Beste von Karl Valentin. München 14. Auflage 2001
VOGEL Reiner: Hermann Höcherl. Annäherung an einen politischen Menschen. Regensburg 1988
VOLKERT Wilhelm: Geschichte Bayerns. München 5., aktualisierte Auflage 2017
–: Ludwig Thoma: Sämtliche Beiträge aus dem „Miesbacher Anzeiger“ 1920/21. Kritisch ediert und kommentiert. München 1989
WEBER Albrecht (Hg.): Handbuch der Literatur in Bayern. Vom Frühmittelalter bis zur Gegenwart. Geschichte und Interpretationen. Regensburg 1987
WEIGAND Katharina / ZEIDLER Jörg / SCHULLER Florian (Hg.): Die Prinzregentenzeit. Abenddämmerung der bayerischen Monarchie? Regensburg 2013
WENDT Gunna: Erika und Therese. Erika Mann und Therese Giehse – Eine Liebe zwischen Kunst und Krieg. München 2018
–: Liesl Karlstadt. Ein Leben. München 1998
–: Ruth Drexel. Eine Frau mit Eigensinn. München 2014
WOLFRAM Herwig: Tassilo III. Höchster Fürst und niedrigster Mönch. Regensburg 2016
ZANKEL Sönke: Mit Flugblättern gegen Hitler. Der Widerstandskreis um Hans Scholl und Alexander Schmorell. Köln 2008

Bildnachweis

alamy: 269
akg: 229
Archiv des Bistums Regensburg: 47
© archiv stefan moses: 197
Bayerische Staatsbibliothek München/Bildarchiv: 71, 99
Bundesarchiv: 189 (Bild 102-0024), 241 (B 145 Bild-F023363-0016, Fotograf: Jens Gathmann)
dpa: 93
https://commons.wikimedia.org: 59 (Sylvia Krauss-Meyl, CC BY-SA 4.0)
Josef Hanauer: *Pfarrer Johann Nepomuk Kleber, ein Original* (1986): 181
Katholischer Deutscher Frauenbund: 163
Kunstsammlungen des Bistums Regensburg: 19; 31 (Fotograf: Gerald Richter)
Kunstsammlungen und Museen Augsburg: 35
Nationalbibliothek, Bildarchiv und Grafiksammlung: 13
Staatsarchiv Freiburg, W 134 Nr. 008300: 157 (Fotograf: Willy Pragher)
Stadtarchiv München, DE-1992-FS-PER-C-0067-0: 134
Stadt Regensburg, Bilddokumentation: 141
SZ Photo: 42, 67, 77, 85, 111, 117, 125, 149, 171, 209, 221, 253, 259
Ullstein Bild: 201

Umschlagmotive: v. l. n. r. im Uhrzeigersinn: Ludwig II. (SZ Photo), Agnes Bernauer (Kunstsammlungen und Museen Augsburg), Carl Orff (Ullstein Bild), Ruth Drexel (alamy)